Gleich nebenan

Kurzkrimis aus dem Mörderischen Rheinhessen

Gleich nebenan

Kurzkrimis aus dem
Mörderischen Rheinhessen

Herausgegeben von Antje Fries

LEINPFAD
VERLAG

Die Handlung und alle Personen sind völlig frei erfunden; Ähnlichkeiten wären rein zufällig.

Umschlag: kosa-design, Ingelheim (nach einem Foto von Antje Fries)
Layout: Leinpfad Verlag, Ingelheim
Druck: Druckerei Wolf, Ingelheim

Leinpfad Verlag, Leinpfad 5, 55218 Ingelheim
Tel. 06132/8369, Fax: 896951
E-Mail: info@leinpfadverlag.de
www.leinpfad-verlag.de

ISBN 978-3-942291-13-2

Inhalt:

Antje Fries: Vorwort	7
Heidrun Immendorf: Gleich nebenan	9
Olaf Paust: Blutsbande	21
Antje Fries: Einmal im Jahr	41
Christian Pfarr: Stadtmusikant	53
Marion Schadek: Taxi 39 reloaded	63
Andreas Wagner: Drei Stunden fünfzehn	78
Vera Bleibtreu: Reden ist Silber, Schweigen ist Gold	94
Peter Jackob: Aus die Maus	113
Friederike Harig: Beichtstuhl	121
Wolfhard Klein: Der Mann vor meinem Haus	138
Claudia Platz: Notruf	155
Timothy McNeal: Rache-Route	176
Astrid Reck: Zahltag	187
Jürgen Heimbach: Witterungsbedingte Verzögerungen	201
Biografien	226

Vorwort

Antje Fries

Gleich nebenan – das ist die beruhigend bekannte Nachbarschaft, in der man sich seit Jahren oder gar seit Jahrzehnten sicher und geborgen fühlt. Einladend geöffnete Winzerhöfe inmitten sanft geschwungener grüner Hügel, womöglich noch im rotgoldenen Abendlicht, so stellt sich Rheinhessen oft dar und vermittelt eine Freundlichkeit, die Einheimischen genauso gefällt wie Urlaubern. Die pure Harmonie also!

Dass dem nicht so bleiben wird, dafür werden schon die folgenden 14 Kurzkrimis der Autorengruppe „Mörderisches Rheinhessen" sorgen, die das Vertraute ganz bestimmt in neuem Licht erscheinen lassen: Das lauschige Plätzchen im Trullo wird zur tödlichen Falle, der nette Nachbar zu einem gerissenen Verbrecher und selbst der Binger Mäuseturm wird Ihnen nach der Lektüre dieses Buches nicht mehr ganz so pittoresk und harmlos vorkommen wie bisher.

Dabei fallen die Mordwaffen ganz unterschiedlich aus, vom schlichten Wort über die klassischen Messer und Revolver bis hin zum Feuer. Einmal reicht sogar ein Diebstahl aus, um uns allen den Puls hochschnellen zu lassen angesichts des Diebesgutes ...

Es wird also spannend in und für Rheinhessen mit „Gleich nebenan"! Aber keine Sorge, Sie können sich auch weiterhin jederzeit gefahrlos nach draußen wagen: Wir alle morden nur, solange wir die Tastatur und den Bildschirm vor uns haben.

Ich freue mich, dass Angelika Schulz-Parthu vom Leinpfad

Verlag die Autorengruppe so überaus aktiv unterstützte und während der Produktion schier rund um die Uhr sämtliche roten Fäden aller Texte fest in Händen hielt, damit für eine „Nachlese“ zum Krimifestival „Mörderisches Rheinhessen“ gesorgt ist.

Antje Fries
Osthofen, September 2010

Gleich nebenan

Heidrun Immendorf

Wäre Fina Tosic eine andere gewesen, dann hätte sie sich gewehrt und nur sich selbst gerettet, aber das war ihr zu wenig. Was sie wirklich wollte, war die Wahrheit. Eine goldgerahmte Wahrheit, die sich nicht länger leugnen ließ und vor der niemand mehr die Augen verschließen konnte. Fina Tosic hatte sich ihre Rolle nicht ausgesucht. Sie war hineingerutscht in diese Sache, die nichts mit ihr zu tun hatte und von einem Ort handelte, der nicht ihre Heimat war.

Ihre Heimat war Zagreb, die Schöne an der Save, die wenig zu bieten hatte, wenn man nur Cello spielte und ein bisschen Deutsch sprach. Von den wenigen Auftritten, die ihr das Tourismusbüro vermittelte, ließ sich nicht leben, und so war sie ohne Zögern bereit gewesen, mit einer Delegation in die Partnerstadt Mainz zu reisen, um dort für Kultur und kroatisches Bier zu werben. Als Dolmetscherin taugte sie nicht viel, und die Missverständnisse, die aus ihrer mangelhaften Übersetzung erwuchsen, hätten fast zu einem vorzeitigen Ende der Reise geführt. Umso einnehmender und virtuoser fiel Fina Tosics Cellokonzert aus, das sie beim Festabend im Zagreb-Saal des Congress Centrums gab, und der eigentliche Grund war, dass es schließlich doch noch zu erfreulichen Vertragsabschlüssen für die kroatischen Gäste kam. Fina selbst nahm nicht von dem kroatischen Bier, mit dem sich die Zuschauer zuprosteten, sondern ließ sich von einem dunkelroten Dornfelder verführen, den man ihr in einem langstieligen Glas reichte. Es war ihre erste Begegnung mit Wein, und sie entdeckte in ihm eine Wirkung, wie sie sie nur aus dem Gleichklang mit ihrem Cello kannte. Ihr Körper entspannte sich, als striche sie den Bogen über die Saiten, und ihr Denken löste sich in einem prickelnden Schaum aus Leichtigkeit und Selbstvergessenheit auf. Den

Händen der Gäste, die sich anerkennend auf ihre Schultern legten oder sie am Arm berührten, als ließe sich so ein Teil von Finas Kunst auf sie übertragen, hielt sie stand ohne Zittern und Schüchternheit. Und die fremden Worte, die sich zuvor noch gesträubt hatten, von ihr verstanden zu werden, flossen in sie hinein wie ein Wissen, das nur darauf gewartet hatte, geweckt zu werden. Sie verstand selbst die Botschaft des Zettels, den sie aus der Menge der Hände entgegennahm und auf dem eine Reihe von Zahlen eine Telefonnummer bildete, die sie anrufen sollte, falls sie Lust dazu habe. Der Überbringer des Zettels war schon zum Ausgang verschwunden und hatte eine Antwort nicht abwarten wollen. Die Kühnheit des Zettels und die Scheu, sich ihr tatsächlich zu stellen, ließen Fina die Telefonnummer einstecken, was sich als weitsichtiger herausstellte, als ihr bewusst sein konnte, denn bereits am nächsten Tag befand sie sich in einer Situation, in der sie dringend Hilfe brauchte.

Eine Verwechslung hatte sie am Morgen an der falschen Stelle auf den Bus zurück nach Zagreb warten lassen. Während sie vor dem Hauptbahnbahnhof stand, sammelte sich die Delegation am Südbahnhof und wartete ihrerseits auf Fina. Als sich die Abfahrt nicht länger herauszögern ließ, fuhr der Bus ohne Fina Tosic und ihr Cello ab. Dem Mann am Telefon versuchte sie ihre Lage zu erklären, er aber sagte nur, er sei gleich da. Während sie nach dem Mann Ausschau hielt, dessen flüchtiger Anblick in ihr einzig die Erinnerung an sehr blonde kurze Haare hinterlassen hatte, begann sie sich vor dem eigenen Mut zu fürchten, der sie dazu gebracht hatte, einen völlig fremden Menschen um Hilfe zu bitten.

Wie ein leichtfertiger Eroberer war er ihr zwar nicht vorgekommen, und auch die Selbstverständlichkeit, mit der er auf ihren Anruf reagiert hatte, gaben zunächst keinen Anlass für eine Beunruhigung. Aber sollte sie sich nicht Gedanken machen, wofür er sie eigentlich halten und vor allem, welchen Dank er erwarten könnte? Die Behutsamkeit, mit der der Fremde ihr Cello auf die Rückbank seines Wagens bettete, nahm Fina die Sorge, sich auf ein Abenteuer einzulassen, dessen Folgen sich nicht kalkulieren ließen. Aus seiner Art, die Unterlippe unter die Oberlippe zu schieben und dabei das Kinn hochzuziehen, erkannte Fina eine Geste ihrer eigenen Unsicherheit. Er stellte keine Fragen und konzentrierte sich auf den Verkehr, der am Sonntagmorgen auch ohne geschärften Blick zu bewältigen gewesen wäre. Sie fuhren an der Universität vorbei, auf die er sie mit einer unerwarteten Fülle von Worten hinwies, die sie nur zu einem Bruchteil verstand, aber zumindest so viel, dass es ein für ihn wichtiges Gebäude sein musste. Wenig später bogen sie in eine Straße ein, die voller Kinder auf Einrädern und Skateboards war. In Reihen standen weiße Häuser mit roten Dächern und dunklen Autos davor, die einander so ähnelten, dass Fina erst mit der Zeit die Unterschiede herausfand und ihr inneres Muster erkannte.

„Da sind wir“, sagte der Mann, als sie vor einem der weißen Häuser anhielten. Er lief um den Wagen herum und half ihr beim Aussteigen. An der weißen Haustür hing ein Kranz aus brauner Tanne, der nicht zu den Nachbartüren mit ihren sommerlichen Gestecken aus Blüten und Bändern passte. Auf dem getöpferten Schild über der Klingel stand der Name Henning in einer Schrift, die Fina wie die eines Kindes vorkam, das sich um besonderes Schönschreiben bemüht hat. Henning hieß er also. Und wie davor? Als er begriff, was sie meinte, sagte er „Cordt“ und gab ihr, hoch aufgerichtet mit geraden Schultern und fast ein wenig offiziell, die Hand. „Ich heiße Cordt und die Kinder sind Sören und Donata.“

Der Name seiner Tochter schien ihm Mühe zu bereiten. Ihm fehlte die natürliche Melodie, die Eltern selbstverständlich ist, wenn sie den Namen ihres Kindes aussprechen. Auch schien Fina eine gewisse Verwunderung herauszuhören, als sei Cordt

Henning immer noch verblüfft, dass seine Tochter tatsächlich Donata hieß. „Die Idee meiner Frau", erklärte er, und aus der Beiläufigkeit, mit der er das sagte und dabei die Haustür öffnete, schloss Fina, dass sie gerade eine überaus wichtige Information erhalten hatte, nur unwesentlich wichtiger als die zweite, die er ihr Sekunden später in der Diele gab, während er ihr Cello lautlos gegen die mediterran gestrichene Wand lehnte: „Sie ist übrigens tot. Also, meine Frau jetzt."

Was seine Frau dazu veranlasst hatte, an einem Morgen vor zwei Monaten auf die Koblenzer Straße zu laufen und sich von einem Auto durch die Luft schleudern zu lassen, war Cordt Henning immer noch ein Rätsel. Der Polizeibericht hatte von einem Missverständnis gesprochen, das zu dem tragischen Unfall geführt haben musste. Aber Cordt Henning überzeugte diese hilflose Deutung nicht. Ließ sich ein Mensch tatsächlich derart von der Sonne blenden, dass er Rot und Grün verwechselte, wie die Polizei es vermutete? Henning hatte es ausprobiert und war joggen gewesen, genau wie sie, nur viel untrainierter, denn er sah keinen Sinn darin, ziellose Gänge zu machen, nur um sich zu bewegen. Verschwitzt und atemlos hatte er bei gleichem Sonnenstand die Ampel an der Koblenzerstraße erreicht und die Augen geschlossen, sie geöffnet und wieder geschlossen, aber rot war rot und grün war grün geblieben. Es musste eine andere Erklärung geben, und da er die optische Täuschung als wenig wahrscheinlich ausgeschlossen hatte, glaubte er die Lösung in einem akustischen Phänomen gefunden zu haben. Als seine Frau mit offener Schädeldecke und zerbrochener Wirbelsäule auf dem Asphalt verblutet war, da hatte noch ein Kopfhörer in ihren Ohren gesteckt, aus dem irgendein Tophit hervorknallte. Im Selbstversuch hatte sich Cordt Henning den gleichen betäubenden Geräuschen ausgesetzt und dabei eine vorübergehende Orientierungslosigkeit erlebt, so als ob sich sein Denken von der Welt ablöste, und er hatte für einen Augenblick die kitzlige Versuchung verspürt, etwas Kopfloses und Riskantes zu tun. War es nicht möglich, dass es seiner Frau für einen Moment genau so ergangen war und sie deshalb diesen unbewussten, tödlichen Schritt gemacht hatte?

Es war diese Frage, die von ihr blieb, tief drinnen in ihm, und mehr nicht.

Er trauerte nicht, er war nur überfordert. Von den Kindern, die weinten, von den Dingen, die ihr gehörten und die er in zahllosen Säcken verstaute, weil sie nichts mit ihm zu tun hatten. Er hatte nicht den Wunsch, ihr nahe zu sein, indem er sein Gesicht an ihren Kleidern rieb, und wenn ihn die Nachbarinnen voller Mitgefühl ansahen, dann fehlte ihm oft für Sekunden der Zusammenhang, bis er sich erinnerte, und er seiner Miene ein Schuldbewusstsein gab, das ihm als ehrlicher Schmerz ausgelegt werden konnte. Die Anteilnahme an seinem so unfassbaren Schicksal kam ihm vor wie ein hysterischer Aktionismus aus Einladungen zum Abendessen oder vorgekochtem Mahlzeiten in Tupperdosen. Cordt Henning brauchte kein Mitleid und keine warmen Speisen, er brauchte eine verlässliche und unabhängige Hilfe für den geregelten Ablauf seines Lebens. Er brauchte jemanden, der Sören und Donata zum Kindergarten und zu Freunden fuhr und bei ihnen war, wenn er abends Seminare und Konferenzen hatte. Als sich die Haustür hinter ihm und Fina Tosic schloss, als er ihr das Gästezimmer im Keller mit Fenster zum Garten gezeigt und ihr Handtücher in das kleine Bad in der Diele gelegt hatte, da war ihm, als sei diese Hilfe gerade bei ihm eingezogen.

Fina fügte sich in den Alltag der Hennings wie ein stiller Besucher, der den Mechanismus eines vorgefundenen Zusammenlebens instinktiv erfasst und sein Handeln danach ausrichtet. Sie tat, was notwendig war, und leitete keine eigenen Ansprüche daraus ab. Cordt Henning wunderte sich, mit wie wenigen

Worten sich ein Leben organisieren ließ. Finas Ruhe flößte den Kindern und auch ihm den Gleichmut eines Uhrwerks ein, das verlässlich und präzise tickte. Wann immer sie nichts in der Hand hielt, spielte sie auf dem Cello, das wie selbstverständlich aus dem Keller ins Wohnzimmer heraufgewandert war und dessen Ton dem Haus seine Balance gab. Cordt Henning verstand, dass es ihre Art war, mit ihm zu reden, und er vermisste die Worte nicht. Vielleicht hätten sie früher Worte für sich finden sollen, dann wäre Cordts Rache noch zu verhindern gewesen, aber sie gefielen sich beide in ihrem stillen Einvernehmen, das den anderen sein ließ, wie er war. Dieser exklusive Zustand war für Cordt Henning eine unbekannte Erfahrung. Für Fina Tosic war er nur eine Frage des Alkohols.

Das Wohlbefinden, das sie am Abend ihres Konzerts im Zagreb-Saal berauscht hatte, ließ sich nun herstellen, wann immer ihr danach war. Mit Wein aus Cordts Keller oder aus dem Supermarkt. Der Wein war ihr Begleiter während der langen Nachmittage auf dem Spielplatz, wenn sie mit den Müttern der Siedlung über Kinder und den bedauernswerten Witwer aus dem Färberweg sprach. Das Interesse der Frauen hatte eine weiche, pelzige Oberfläche und den rauen, kalten Kern der Neugier und Selbstvergewisserung. Wenn sie sich dafür interessierten, wie Cordt Henning seine einsamen Abende verbrachte und darüber mutmaßten, wie schwer er es mit seinen Kindern habe, dann befriedigte sich hier immer auch der Status des eigenen Wohlgefühls und der Unerschütterlichkeit eines ausgefüllten Lebens. Wenn sich die Todesumstände von Hennings Frau wie zufällig in ihre Unterhaltung mischten, dann dimmten sich ihre Stimmen zu einem rücksichtsvollen Murmeln, um die spielenden Kinder nicht zu beunruhigen. Fina Tosic lernte aus diesen Gesprächen, wie sehr sich ein Mensch Spekulationen preisgab, wenn er erstmal tot war. Vor wenigen Monaten noch war Cordts Frau eine der ihren gewesen und hatte sich eingefügt in die Choreographie aus gemeinsamen Grillabenden, Spielplatznachmittagen und einem scheinbar aufrichtigen Austausch von Alltagsproblemen. Und nun wurde sie zu einer seltsamen Erscheinung, deren zwanghaftes Joggen durch die Bretzenheimer Felder Rückschlüsse auf einen labilen Gesamtzustand herausforderte und die raunende Frage aufwarf, ob Cordt Henning am Ende nicht besser ohne sie dran wäre.

Nicht alles, was gesprochen wurde, konnte Fina verstehen und manches verstand sie auch falsch, aber ihre Aufmerksamkeit war gespannt wie die Saiten ihres Cellos, denn sie begriff, dass es nur eine scheinbare Offenheit war, in die sie einbezogen wurde, und es etwas geben musste, das die Frauen erst später besprachen, wenn man unter sich war. Welches geheime Wissen die anderen miteinander teilten, interessierte Fina am Anfang nicht wirklich. Sie strebte nicht danach, zu diesem Zirkel zu gehören, der aufnahm und fallen ließ und jedes Anderssein beargwöhnte. Diese Welt hatte nichts mit ihr zu tun, und der Alkohol in ihrem Blut hielt sie auf sicheren Abstand. Aber als sie etwa drei Monate nach ihrer Ankunft in Mainz auf der Rheinallee in eine Polizeikontrolle geriet, da verschaffte sich diese Welt Zutritt zu ihr und ließ sich nicht mehr abschütteln.

Der Polizist, der sie um eine Atemprobe bat und sich danach mit ihr im Streifenwagen zur Blutprobe aufmachte, gab ihr zu verstehen, dass das Ergebnis des Tests mit dem Verlust ihres Führerscheins für mindestens ein Jahr verbunden wäre und ob sie das wollte. Für einen Moment hatte Fina geglaubt, tatsächlich eine Wahl zu haben, aber als sich die Hand des Polizisten in ihren Nacken legte und er ihr Gesicht an seines heranzog, war jedes Missverständnis ausgeschlossen. Damals dachte sie noch, der Preis, den sie für ihre Freiheit zu zahlen hätte, wäre ein einmaliger Betrag, der sie nicht viel kosten würde, außer Überwindung. Das Geschäft, dem sie auf dem Beifahrersitz des Streifenwagens zustimmte, wurde jedoch zu Konditionen geschlossen, die kein Limit vorsahen, es sei denn, der Polizist wurde ihrer überdrüssig, was manchmal vorkam, aber nie lange anhielt. An solchen Tagen schickte er ihr seine Freunde, die für ihn die Schulden eintrieben und ihm berichteten, was sie mit ihr anstellten.

Fina kannte diese Männer. Sie wohnten in der Nachbarschaft, mit ihren Frauen und Kindern verbrachte Fina viele Stunden. Sie fragte sich, wie es möglich war, dass niemandem auffiel, was in Cordt Hennings Haus vor sich ging, wenn der an der Universität war und die Kinder nicht da. Im Gesicht der Frau des Polizisten suchte sie nach Anzeichen einer Ahnung, dass ihr Mann dienstags und donnerstags das kroatische Au-Pair-Mädchen Fina Tosic vergewaltigte und ihr mit jedem Stoß versicherte, wie gut es mit ihr war und wie reizlos mit seiner Frau. Es kam vor, dass die Polizistenfreunde weinten, wenn sie sich in sie ergossen, und Fina dachte zunächst, sie täten es aus schlechtem Gewissen, aber das stimmte nicht. Sie weinten aus Erleichterung. Indem sie etwas durch und durch Verachtenswertes taten, erleichterten sie sich von ihren Überforderungen und Enttäuschungen und den Schneeköniginnen in ihren genormten Reihenhäusern, die sich ihre Ehefrauen nannten. Sie fühlten sich unabhängig und gesetzlos wie Freibeuter, die nur ihren eigenen, männerbündischen Regeln gehorchten. Angst vor Entdeckung hatten sie nicht, denn sie glaubten an die Macht des Vertrages, den der Polizist mit Fina Tosic geschlossen hatte. Wer würde einem Mädchen glauben, das die Sprache kaum beherrschte und aus Kroatien stammte? Die Kleine schien wenig zu verstehen und schaute immer bloß, wenn man sie etwas fragte. Ob die kapierte, dass der Cordt ein armer Hund war, dem keine Frau lange treu blieb und dass die eine ausgerechnet vor das Auto des Polizisten gelaufen war?

Und ob Fina kapierte, aber sie fragte nicht nach und ließ sie reden. Sie waren die Quellen, die sie ausschöpfen musste, um sich ein Bild zu machen über das, was hier nicht stimmte. Reden wollten sie alle, besonders der eine, der nur zwei Häuser weiter wohnte und Clemens Rauscheid hieß. Er suchte Fina auch dann auf, wenn ihm dieses Privileg nicht zustand. Noch in der Diele pflegte er sie gegen die Wand zu drücken und den Reißverschluss ihrer Hose zu öffnen, um sie sich dann wie ein Beutestück über die Schulter zu werfen und zum Sofa im Wohnzimmer zu tragen. Meistens kam er in der Mittagspause, bevor seine Praxis wieder öffnete und während Cordt Hennings Kinder oben in ihren gelben und blauen Zimmern schliefen, so als würze ihre Anwesenheit den Akt mit der erregenden Vorstellung des Entdecktwerdens. Fina fürchtete diesen Moment, da Sören und Donata vorzeitig erwachen würden und sie so sähen, mit aufgestellten Beinen auf dem roten Ledersofa und einem halbnackten Mann dazwischen. Dann würde sie gestehen müssen, was sie getan hatte, wo sie hineingeraten war, obwohl sie noch nicht genug beisammen hatte, um ihr Wissen freizulassen.

Bislang war alles gut gegangen. Niemand ahnte etwas, niemand bemerkte etwas, und selbst die Samenflecken auf dem roten Sofa erwiesen sich als Finas Komplizen, denn sie ließen sich stets mit Wasser beseitigen. Fina konnte weiter sammeln und in ihr rotes Buch schreiben, das sie vom ersten Tag ihres Vertrages führte und in das sie alles aufnahm, was der Polizist und seine Freunde offenbarten. Wie so oft war es Clemens Rauscheid, der ihr die entscheidenden Informationen lieferte, denn er gefiel sich besonders in der Rolle des Eingeweihten. Über ein Jahr habe die Frau von Cordt Henning ein Verhältnis mit dem Polizisten gehabt und dann, bumm, einfach vors Auto. „Hier passieren Sachen", hatte Rauscheid gesagt, „die glaubt man nicht."

Als Fina Tosic an einem Montagnachmittag hört, wie sich die

Haustür unerwartet öffnet und Cordt Henning sein „Bin da“ durch das Haus ruft, ist der Moment gekommen, da sich die Wahrheit nicht länger hinhalten lässt. Fina hatte in all den Monaten gehofft, dass sie diese Zeit der Lügen und Geheimnisse überstehen würde, ohne ihr Geschöpf zu werden, aber als sie in Cordt Hennings Augen sich selbst sieht, wie sie reglos den Mann zwischen ihren Beinen erträgt, da muss sie erkennen, wie sehr sie sich Gewalt angetan hat. Sie wird die Eindringlinge, die auf ihr geschwitzt haben, nicht wegwischen können, und wenn sie es schon für sich nicht kann, wie soll dann Cordt Henning vergessen können, was er in diesem Moment sieht? Er hat seinen Nachbar Clemens, mit dem er gestern noch bei Mainz 05 im Stadion gewesen war, von Finas Körper heruntergerissen und unter Tritten und Schlägen aus dem Haus geworfen. Finas Cello donnert er krachend gegen den Türrahmen, aber als nur das Griffbrett bricht, verschafft ihm das keine Befriedigung. Er wirft es die steinerne Kellertreppe hinunter und noch den Schirmständer, das Bobbycar und den Spiegel aus der Diele hinterher. Dann sackt er in sich zusammen und weint. Warum Fina, warum?

Das Begreifen ist ein mühsamer Weg. Das Cello ist zerbrochen, kein Wein betäubt mehr, nun müssen sie reden, aber wo beginnen?

Fina macht den Anfang mit ihrer Schuld und wie groß ihre Angst gewesen war, dass er sie nicht mehr gebrauchen könnte, wenn ihr Führerschein fort war und sie ihm nicht mehr hätte helfen können mit den Kindern und allem. Nur deshalb habe sie sich eingelassen auf das Geschäft mit dem Polizisten, das müsse er ihr glauben. Er tut es, aber das ändert nichts.

Von allem, was jetzt auf ihn zukommt, hätte Cordt Henning lieber keine Ahnung. Was bringt ihm das neue Wissen über den Tod seiner Frau? Lieber würde er weiter mit einer Täuschung leben als der Vorstellung, dass sie ihn mit dem Polizisten betrog all die Zeit. Und als der sie nicht mehr wollte, sich vor seinen Wagen warf, um ihr Leben zu beenden. Wie fern sie und Cordt sich tatsächlich gewesen waren, dafür ist ihr Selbstmord der letzte, quälende Beweis. Mit ihm könnte er sogar leben, aber was ist mit allem anderen? Er hatte den Polizisten fast für einen Freund gehalten. Cordts Vater war sein Ausbilder gewesen. Sie hatten Urlaube miteinander verbracht und gleichzeitig Kinder bekommen. Und doch hatte sich dieser Mann Cordts Frau genommen und jetzt auch noch Fina, die Stille, die ihm Ruhe und Sicherheit gab und die er nicht zusammenbringt mit den Bildern von Brutalität und Geilheit, die seinen Kopf beherrschen. Wie sie sich hatte benutzen lassen um seinetwillen. Was hatte sie zu ihm gesagt? „Dieser Ort und diese Menschen haben dir die Ehre genommen." Was für ein altmodischer Begriff das war und traf er überhaupt zu? Hier ging es nicht so sehr um Ehre, hier ging es vor allem um ein Verbrechen. Was man Fina angetan hatte, sollte eigentlich ihn treffen. Nur ein paar Häuser weiter gab es eine Kraft, die ihn hasste und demütigen wollte. Die Quelle dieses Hasses war Cordt Henning unbegreiflich. Wenn er in der Vergangenheit nach ihren Ursprüngen suchte, blieb der Bildschirm seiner Erinnerungen schwarz. So weit er auch zurückging bis zu den Anfängen ihrer Freundschaft, er fand kein Ereignis oder Wort, das ihm eine Erklärung angeboten hätte. Sein Vater ist tot und kann ihm nicht helfen. Lag dort die Wurzel einer Demütigung, die der Polizist nun an den Sohn weitergab? Der Tod des Vaters hatte sie noch näher zusammenrücken lassen, und Cordt Henning war es damals so vorgekommen, als habe der Polizist seine Ohnmacht mit einer noch intensiveren Freundschaft betäuben wollen. Sie hatten sich gegenseitig getröstet, obwohl es keinen Trost geben konnte für den jähen Tod bei einem Einsatz, den der Polizist nicht hatte verhindern können. Hilflos und selbst angeschossen hatte er zusehen müssen, wie die Kugel des Bankräubers im Kopf von Cordt Hennings Vater eingeschlagen war. So etwas kam vor, und jeder Polizist musste damit rechnen, dass sich das Verbrechen einmal gegen ihn selbst richtete. Cordt Henning hatte das akzeptiert und nie in Erwägung gezogen, dass den Freund eine Schuld traf. Ob er heute wieder so denken würde?

Der Zweifel an allem, was er für wahr gehalten hatte, frisst sich durch seinen Kopf und von dort bis zum Herz. Nichts ist mehr, wie es war und wird je wieder so sein. Das Mädchen, das neben ihm sitzt und nicht weiß, wohin mit seinen Händen, ist ein Opfer, das er nicht hinnehmen kann. So wenig, wie er hinnehmen kann, welches Spiel mit ihm getrieben wurde. Er weiß, dass es keine Gerechtigkeit geben wird, weder für sie noch für ihn. Der goldene Rahmen, den sich Fina für die Wahrheit gewünscht hatte, rettet seine Ehre nicht; er hängt schief, und keine Justiz wird in der Lage sein, ihn ins Gleichgewicht zu bringen.

Wenn sein Vater ihn früher zum Schießstand mitgenommen und er die Wucht gespürt hatte, mit der die Kugeln den Lauf der Pistole verließen, dann waren ihm die Macht über Leben und Tod und die Sekunden, die darüber entschieden, bis zur Übelkeit bewusst geworden. Er hatte diese Übungen gefürchtet und war ihnen nur dem Vater zuliebe gefolgt. Die Erinnerung an diese Kraft, die sich damals in seiner Hand entladen hat, gibt ihm jetzt die Gewissheit, jedes seiner Ziele zu erreichen. Als ihm die Frau des Polizisten die Tür öffnet, ist er so ruhig und konzentriert wie Fina, als sie noch Cello spielte. Er bittet darum, den Freund zu rufen und wartet im Türrahmen. Der Mann, der ihm in der Diele entgegenkommt, hat kein Gesicht mehr. Cordt Henning zielt auf sein Herz und trifft mit einem Schuss. Er zieht die Tür zu und geht weiter. Die Wege sind kurz hier, und es gibt viel zu tun.

Blutsbande

Olaf Paust

Der gelbe Strahl der Straßenlaterne kämpfte gegen die Nacht. Der Lichtschein war nicht sehr groß. Er reichte gerade, um die dunkle Holztür des kleinen Fachwerkhauses zu erfassen, vor der ein Mann stand und dreimal klopfte. Obwohl er sich bemühte, keinen allzu großen Krach zu machen, hallten die Schläge laut durch die kleine Seitenstraße, die normalerweise um diese Zeit von Geräuschen jeder Art verschont blieb.

„Ich bin's. Mach auf", flüsterte der Mann, als sich über ihm ein Fenster einen Spalt weit öffnete. Es dauerte einen Augenblick, bis sich die Holztür bewegte und Paul Simon das Haus betreten konnte. Mechanisch tastete er nach dem Lichtschalter links neben der Tür und drückte vergeblich darauf.

„Die Birne ist kaputt", sagte eine männliche Stimme. „Warte, ich mach' Licht."

Im nächsten Moment warf der fahle Schein einer kleinen Tischlampe scharf umrissene Schatten in den Raum. „Viel dunkler geht es nicht", murmelte Paul und ging zu einem Sessel, der unweit der Lampe stand.

„Was ist los?", fragte Achim Simon den späten Gast, der sich unaufgefordert setzte und die Füße weit von sich streckte. An seinen derben Stiefeln klebte Lehm. Ein paar Brocken fielen auf den Dielenboden.

Paul musterte seinen Bruder eine Weile und stellte wieder einmal fest, dass Achim alt geworden war. Und das trotz des trüben Lichts, das die Haut normalerweise weicher und jünger erscheinen lässt. Aber selbst Tageslicht hätte nicht viel an dem Eindruck geändert. Achim Simon war grau und faltig geworden. Der jugendliche Teil schien komplett aus seinem Körper entwichen zu sein. Unter den Augen hingen Tränensäcke wie volle Wannen, und sein früher dichtes schwarzes Haar, auf das er so stolz gewesen war, zeigte deutlich lichte Stellen. Sein Schlafanzug schlabberte an ihm, wie ein altes Geschirrhandtuch im Wind. Es war ein jämmerlicher Anblick. Paul empfand wieder Mitleid für seinen Bruder, den er früher so oft wegen seines Aussehens beneidet hatte. Er zögerte und überlegte, ob er besser noch warten sollte. Vielleicht wäre morgen früh auch noch früh genug. Andererseits drängte es ihn, die Nachricht zu übermitteln.

„Er kommt raus“, sagte er knapp. Mehr nicht. Und Achim verstand sofort. Die drei Worte reichten völlig, um den jüngeren Simon aus der Fassung zu bringen. Achim fuhr sich über die ungekämmten Haare, schlug dann die Hände vors Gesicht, schüttelte den Kopf, lief durch das Halbdunkel des kleinen Wohn- und Esszimmers, stieß irgendwo an, ohne es zu merken, und ließ sich endlich auf einen Esszimmerstuhl sinken.

„Jetzt schon?“, fragte er leise. „Ich dachte, er hätte noch ...?“

„Gute Führung“, entgegnete Paul lakonisch. „Man kann alles machen, man muss sich anschließend nur benehmen, dann wird einem verziehen.“ Er betrachtete seinen Bruder wieder, der ein gutes Stück von ihm entfernt saß. Seine Mimik, seine Gestik. Sie waren genau so, wie er es erwartet hatte. Achims Reaktionen waren immer vorherzusehen. Das war seine große Schwäche.

„Wann?“, fragte Achim.

„Vielleicht diese Woche, vielleicht nächste oder übernächste. Steht noch nicht fest. Ich dachte, es ist besser, wenn du es gleich erfährst.“

Achim stand wieder auf, setzte seinen Gang fort und nahm nach zwei Zimmerrunden wieder Platz. Er sah unsicher zur Treppe, die in den ersten Stock führte. Dorthin, wo sich das Schlafzimmer befand. Und das Kinderzimmer, das er am liebsten aus seinen Gedanken verdrängt hätte.

„Ich muss es Ines sagen“, flüsterte er.

„Ja“, seufzte Paul. „Das musst du wohl.“ Und ich beneide

dich nicht darum, dachte er. Er starrte auf seine Schuhe und fand, dass er sie dringend putzen musste. Es hatte gestern fast den ganzen Abend geregnet. Der Boden im Weinberg war sehr nass gewesen. Die Lehmbrocken hingen tief in den Rillen der Gummisohlen. Er war noch nicht dazu gekommen, sie sauber zu machen. Aber das war jetzt auch egal. Es gab Wichtigeres.

„Ich will dann mal", sagte er und erhob sich. Es kam keine Reaktion. „Wenn du willst, komme ich morgen früh wieder vorbei." Und zögernd fügte er hinzu: „Soll ich es Ines sagen? Vielleicht fällt es mir leichter?"

Achim schüttelte den Kopf.

„Wie du willst." Paul stellte sich neben seinen Bruder und klopfte ihm auf die Schulter. „Tut mir leid für euch." Dann ging er hinaus.

Vor der Tür holte er tief Luft und sah, wie das spärliche Licht in dem kleinen Fachwerkhaus wieder ausging. Ich beneide dich wirklich nicht, dachte er. Und Achim hatte nicht mal gefragt, woher er die Information hatte. Vielleicht hätte es ihn noch mehr verwirrt, wenn er erfahren hätte, dass sie von Leni, der Dorf-Tratsche, stammte. Manchmal war es besser, ihr Geschwätz zu überhören. Aber leider stimmte vieles von dem, was sie erzählte. Leni wusste alles, was in Gau-Fronheim vor sich ging. Fast alles.

Nachdem die Tür hinter Paul ins Schloss gefallen und das Licht erloschen war, saß Achim Simon noch eine Weile in der Dunkelheit und dachte über vieles nach. Die Erinnerung war plötzlich so lebendig wie sein Verstand, obwohl alles schon beinahe acht Jahre zurücklag. Einen Moment meinte er, Klarissas Stimme zu hören, auch wenn es nur ein Wunschdenken war. Klarissa kam nicht mehr zurück. Nicht mal wenn sie es gewollt hätte. Sie lag 1 Meter 60 tief in der Erde. Von dort kam niemand zurück.

Er hatte keine Ahnung, wie Ines auf die Nachricht reagieren würde, und er versuchte es sich auch gar nicht auszumalen. Stattdessen überlegte er, wie Marcin Nowack wohl nach sieben Jahren Gefängnis aussehen mochte. Sicher nicht mehr so gut, wie damals, als ein 14-jähriges Mädchen aus Rheinhessen ihn angehimmelt hatte. Eine pubertäre Schwärmerei, mehr nicht. Und doch hatte sie ausgereicht. Für einen Mann aus Polen ohne feste Arbeit. Noch dazu einen Kerl, der sich einen Dreck um die Folgen scherte. Schwanger mit 14!

Achim spürte, wie die alte Wut in ihm hochkroch. Und die Angst. Nicht um sich, diese Angst hatte er schon lange nicht mehr. Aber um Ines. Wie würde sie reagieren? Würde ihre Stimme endgültig verstummen? Würde sie nie wieder sprechen? Jetzt, wo der alte Heeb gerade meinte, dass die Chancen gar nicht mal schlecht stünden, dass sie ihre verlorene Stimme wiederfand?

Was sollte er tun? Sollte er es ihr wirklich sagen? „Du, der Kerl, der uns das angetan hat, kommt frei. Reg dich bitte nicht auf. Wir finden schon einen Weg, um damit klarzukommen. Verlass dich drauf!" Und wenn nicht, was dann? Ja, was dann? Er wusste es nicht. Vielleicht würde es Paul wissen. Paul hatte ein Gespür für das, was richtig war. Auf ihn war Verlass. Vor seiner Haustür muss jeder alleine kehren – oder Hilfe holen. Der Satz stammte von Paul. Ihm würde schon etwas einfallen. Paul fiel immer etwas ein.

„Wir müssen die Sache allein in Ordnung bringen!", sagte Paul am nächsten Morgen.

Sie saßen am Tisch, auf dem bis vor einigen Minuten noch das Frühstück gestanden hatte, bevor Achim es wieder abräumte, weil niemand nach Essen zumute war. Die Luft roch nach abgestandenem Kaffee, Wut und Verzweiflung. Ines war noch nicht wach. Achim hatte schon zweimal nach ihr gesehen. Und jedes Mal war er auf Zehenspitzen wieder nach unten geschlichen, um sie nicht zu wecken.

Er hatte kein Auge zugetan. Die ganze Nacht hatte er auf dem Stuhl zugebracht und sich den Kopf zermartert, ohne zu einem Ergebnis zu kommen. Paul wirkte dagegen frisch und kein bisschen müde.

„Weiß es Ines schon?“, fragte er.

Achim schüttelte den Kopf.

„Verstehe. Vielleicht hast du recht. Vielleicht ist es besser, es ihr nicht zu sagen. Wer weiß, wie sie reagiert. Wir müssen die Sache auf uns zukommen lassen und dann losschlagen.“

„Losschlagen?“, echote Achim. „Wie meinst du das?“

„Was glaubst du, was er macht, wenn er rauskommt?“

Achim zuckte mit den Schultern.

„Er wird sich rächen! Ja, sieh mich nicht so entgeistert an! Er wird sich dafür rächen, dass er sieben Jahre sitzen musste.“

„Glaubst du wirklich?“

„Der Kerl ist unberechenbar“, sagte Paul düster. „Er hatte sieben Jahre Zeit, sich alles genau zu überlegen. Warum sollte er sonst hierherkommen?

„Wer sagt denn überhaupt, dass er kommt?“ fragte Achim unsicher. „Vielleicht will er ja nach Polen zurück?“ Und um sich selbst Mut zu machen, fügte er noch schnell hinzu: „Könnte doch sein.“

Paul verschränkte die Arme und lehnte sich zurück. „Junge, wo lebst du bloß? Natürlich kommt er hierher. Das ist so sicher wie deine Pension.“

Achim schwieg mit gesenktem Kopf. Er sah sehr unglücklich aus. Pauls energische Stimme wurde um eine Nuance weicher. „Es ist besser, wenn wir uns nichts vormachen, Achim. Er wird kommen und vielleicht sogar schneller, als uns lieb ist.“

Erschrocken sah Achim auf. „Was weißt du Paul? Hast du etwas gehört? Sag schon.“

Paul Simon verzog den Mund. „Na ja, man hört so einiges. Leni sagt …"

„Leni?", rief Achim so laut, dass er selbst erschrak. Skeptisch sah er zur Treppe hoch. Doch es war nichts zu hören.

Sein Bruder zuckte mit den Achseln. „Ich mag sie auch nicht. Aber sie hört nun mal das Gras wachsen und sie hat einen Bekannten in Mainz, der bei der Polizei arbeitet. Angeblich soll Nowack morgen rauskommen. Er muss sich wohl nach einer Bleibe im Ort erkundigt haben. Sagt dir Guste Seifert noch was?"

„Was ist mit der?"

„Ihr gehört doch der alte Aussiedlerhof. Draußen hinter Römers Gut."

„Da wohnt keiner mehr."

„Eben. Er soll sich dort eingemietet haben. Guste macht noch aus Dreck Gold. Und ihr ist scheißegal, woraus der Dreck besteht."

Eine Weile war es still im Zimmer. In Achims Kopf fuhren die Gedanken Karussell. Es dauerte einige Runden, bis die Fahrt zu Ende war.

„Was hast du vor?", fragte er.

„Wir dürfen nicht warten, bis er etwas unternimmt", sagte sein Bruder ernst. „Und wir sind diesmal allein, mein Junge. Es wird uns keiner helfen. Die haben alle die Nase voll vom letzten Mal. Ich habe schon mit einigen gesprochen. Mike, Götz, Hartmut und auch mit Tom."

Beim Nennen der Namen, zuckte Achim unwillkürlich zusammen. Da war sie wieder die Nacht, die er mehr oder minder erfolgreich verdrängt hatte. Diese Nacht, die einem tagelangen Martyrium ein abruptes Ende gesetzt hatte. Sie waren zu zehnt gewesen. Zehn wütende Männer aus dem Dorf. Mit Knüppeln und Messern bewaffnet waren sie durch den Ort gezogen, bis vor den alten Hof, in dem Nowack damals hauste. Es war zwei

Uhr morgens gewesen, als sie bei ihm klingelten und niemand aufmachte. Nowack hatte anscheinend mitbekommen, was los war, und war abgehauen. Sie hatten alles auf den Kopf gestellt, ihn aber nicht entdeckt und deshalb beschlossen, sich zu teilen und ihn zu suchen. Draußen in den Weinbergen. Immer zu zweit waren sie wie Spürhunde durch die Rebenreihen gestapft, mit Taschenlampen in zittrigen Händen. Angetrieben durch ihre Wut und Entschlossenheit, es dem Kerl heimzuzahlen. Aber sie hatten ihn nicht gefunden. Jedenfalls lange nicht. Dann hatten sie sich noch mal geteilt, um ein größeres Gebiet absuchen zu können. Es war schon fast hell gewesen, als der Kohle-Hans fündig geworden war. Wie ein Tier hatte sich Nowack unter einer Plane versteckt. Vielleicht hätte der Kohle-Hans eine Chance gehabt, wenn sie zu zweit geblieben wären. So hatten sie ihn nur noch erschlagen aufgefunden. Wer weiß, was noch passiert wäre, hätte nicht irgendjemand aus dem Dorf die Polizei gerufen. Eine Streife hatte Nowack am nächsten Tag in der Nähe von Alzey gefasst.

„Achim? Hörst du mir überhaupt zu?" Pauls Stimme riss ihn aus seinen Gedanken. „Also ich schlage vor, dass wir ihm gleich nach seiner Ankunft einen Besuch abstatten. Und dieses Mal wird er uns nicht wieder überraschen. Dafür werde ich sorgen."

„Was hast du vor?", fragte Achim erneut.

Paul grinste. Es war ein wölfisches Grinsen. „Lass mich nur machen. Ich gehe gleich noch mal bei Leni vorbei. Mal hören, ob sie schon genauer weiß, wann der Kerl rauskommt. Und dann schlage ich vor, dass wir uns bei mir treffen. Ist vielleicht besser, wegen Ines."

Ines! Der Gedanke an sie ließ Achim erschauern. Wenn sie mitbekam, dass Nowack wieder im Dorf war und Paul und er ihn aufsuchen wollten. Nein. Sie durfte es auf keinen Fall erfahren. Nicht bevor sie bei ihm gewesen waren. Es gab keine andere Möglichkeit. Paul schien seine Gedanken zu erraten.

„Bist du immer noch unsicher?"

„Wenn ich ehrlich bin …"

„Mir ist auch nicht wohl bei der Sache", sagte Paul mit belegter Stimme. „Aber leider kommt man mit Ehrlichkeit manchmal nicht weiter."

Achim stand pünktlich um drei Uhr nachmittags vor Pauls Tür und dachte an die Zeit, als seine Großeltern noch dieses Haus bewohnt hatten. Damals hatten hier acht Menschen ausreichend Platz gefunden. Jetzt bewohnte Paul das große Gebäude allein. Im Grunde war das Haus für einen alleinstehenden Mann viel zu groß. Aber Paul hatte es unbedingt gewollt, auch wenn es aus Platzgründen viel besser zu einer Familie gepasst hätte. Es waren die Rechte des Erstgeborenen, die Achim dazu bewogen hatten, in das viel kleinere Fachwerkhaus der verstorbenen Eltern zu ziehen, in denen die Renovierungsarbeiten nie ein Ende nahmen und die Kosten manchmal die Grenze des Vertretbaren überschritten. Ines hatte sich nie darüber beklagt. Nur einmal hatte sie gefragt, was Paul eigentlich mit so einem großen Haus wollte. Eine Antwort hatte Achim seiner Frau darauf nicht geben wollen. Nicht einmal ihr zuliebe hätte er deswegen mit Paul einen Streit vom Zaun gebrochen. Das kleinere Haus reichte. Musste reichen. Zumindest in diesem Punkt war es gut, dass sie keine weiteren Kinder bekommen hatten.

Achim sah mit Wehmut zu den großen Fenstern hoch. Klarissa hatte oft in diesem Haus übernachtet, das den Vergleich mit den Villen in Gonsenheim nicht zu scheuen brauchte, wie Paul einmal richtig bemerkt hatte. Paul hatte sich immer rührend um seine Nichte gekümmert. Er hatte sie geliebt, wie eine eigene Tochter. Er war ein großartiger Mensch.

Achim rieb sich den Bauch. Das mulmige Gefühl, das ihn

seit dem Morgen beschlich, wurde er nicht los. Es war fast vergleichbar mit damals, als Klarissa …

Es kostete ihn Mühe, nicht daran zu denken. Pauls Plan, wie immer er auch aussehen mochte, war zweifellos durchdacht. Trotzdem war ihm nicht wohl dabei. Auch damals waren sie sehr entschlossen gewesen. Vor allem Paul. Und alle waren ihm ohne zu zögern gefolgt. Auch der Kohle-Hans.

Schluss jetzt, dachte er. Schluss mit der Grübelei.

Als Paul nach dem ersten Klingeln vor die Tür trat, war ihm nicht im Geringsten anzumerken, dass sie bald dem Menschen gegenübertreten würden, der ihr Familiengefüge zum Einsturz gebracht hatte. Paul sah aus, als ob er in den Weinberg wollte. Er trug wie immer Gummistiefel, Latzhosen und einen Anorak. In der Hand hielt er seinen Autoschlüssel.

„Wir fahren besser", meinte er. „Nicht, dass wir noch jemandem begegnen. Ich habe heute keine Lust auf langes Gequatsche."

Schwungvoll zog er das Garagentor hoch und fuhr den Landrover heraus. Achim öffnete die Tür und nahm auf dem Beifahrersitz Platz.

Sie fuhren die Weingartenstraße hinunter, vorbei an großzügigen Vorgärten und tadellos gepflegten Häusern. Der Großteil war erst in den vergangenen fünf Jahren gebaut worden. Die meisten Leute, die hier wohnten, verdienten so viel, dass sie es irgendwie zeigen mussten, und sei es auch nur durch üppige Vorgärten. Einige hatten auch geerbt, wie Paul, der stur geradeaus sah. Zu sehen war niemand. Nur ein neugieriger Schnauzer stand hinter einem Gartenzaun und bellte das vorbeifahrende Auto an. Nach zweihundert Metern bogen sie in die Hauptstraße ein und nach weiteren dreihundert Metern brach Paul sein Schweigen.

„Er wurde heute früh entlassen und ist gleich mit dem Bus hierhergefahren. Leni hat mich angerufen, nachdem sie es erfahren hat. Pech, dass sie heute zu einem Geburtstag eingeladen ist. Sonst stünde sie wahrscheinlich längst vor Nowacks Tür." Er bremste, weil sich eine Katze nicht für eine Straßenseite entscheiden konnte.

„Ich bin auf seine Reaktion gespannt, wenn wir bei ihm auftauchen."

„Ja", sagte Achim kleinlaut.

„Angst?"

„Quatsch. Was sagen wir, wenn wir ihn sehen?"

„Dass wir ihn nicht sehen wollen. Nicht hier und am besten überhaupt nicht mehr", erwiderte Paul grimmig. „Er soll sich zum Teufel scheren."

„Und du glaubst, dass er das macht?"

„Warten wir's ab."

Sie bogen von der Hauptstraße ab und fuhren halb rechts in einen schmalen asphaltierten Weg. Rechts vor ihnen tauchte die Silhouette des Römer-Hofs auf.

„Gleich sind wir da", sagte Paul überflüssigerweise, während sie Römers Gutshof hinter sich ließen. Der Landrover wurde langsamer. Paul nahm den Fuß noch weiter vom Gas und bog nach links ab. Nach etwa dreihundert Metern bremste er vor einem lang gestreckten Gebäude, das schon bessere Zeiten gesehen hatte. „Lausige Bude. Kann man auch nur an einen Kerl wie Nowack vermieten."

Paul stellte den Motor ab und stieg aus. Achim öffnete die Beifahrertür und spähte über den Hof zu den Fenstern des Wohnhauses. Der Aussiedlerhof bestand aus drei Gebäudeteilen. In einem waren die ehemaligen Wirtschaftsräume untergebracht, genau gegenüber befanden sich die Wohnräume. Dazwischen war die Scheune. Über allem lag der Geruch von Moder und Verfall.

Achim zögerte, doch Paul zog ihn am Arm. „Wollen wir mal sehen, ob er zu Hause ist."

Widerwillig folgte Achim seinem Bruder, der mit energischen Schritten vorauseilte. Sie liefen über den Hof zur Eingangstür und drückten auf eine alte Klingel ohne Namensschild. Es dauerte nicht lange, bis die Tür geöffnet wurde und ein Mann heraustrat, der sich in sieben Jahren so wenig verändert hatte, dass Achim der Atem stockte. Nowacks Bürstenhaarschnitt sah noch genauso aus wie damals. Seine Arme waren noch genauso sehnig und sein Oberkörper hatte immer noch kein Gramm zu viel. Er trug Jeans, Turnschuhe und ein Holzfällerhemd, das trotz der kühlen Witterung bis zu den Oberarmen hochgekrempelt war. Zwei mausgraue Augen wanderten zwischen den Besuchern hin und her.

„Was wollen Sie?", fragte Nowack rau.

Paul streckte sich. Es sah aus, als ob er sich größer machen wollte, obwohl er fast genauso groß wie sein Gegenüber war.

„Wir sollen Ihnen ausrichten, dass Sie hier nicht willkommen sind", sagte er. „Am besten nehmen Sie Ihre Klamotten und verschwinden gleich wieder."

Nowack grinste.

„Und wenn ich das nicht will? Was dann?"

„Wir meinen es ernst, Nowack!", sagte Paul. „Verschwinden Sie! Sie sind hier nicht erwünscht. Niemand will Sie sehen. Sie werden keine Arbeit finden und kein Geld verdienen. Niemand wird mit Ihnen sprechen oder Sie beachten. Sie sind nicht vorhanden, verstehen Sie? Sie stören nur unseren Frieden."

Nowack trat einen Schritt auf ihn zu. Sein Grinsen erstarb.

„Wollen Sie jetzt mal meinen Rat hören?", fragte er in seinem harten, aber einwandfreien Deutsch. „Um Ihren Frieden hätten Sie sich früher Gedanken machen sollen. Nehmen Sie ihre Beine unter den Arm und machen Sie sich dünn. Oder ich rufe die Polizei und zeige Sie an wegen Belästigung und – wie heißt es so schön? – Hausfriedensbruch."

Achim sah, wie Paul die Fäuste ballte und die Lippen zusammenpresste. Für einen Augenblick hatte er das Gefühl, sein Bruder würde sich auf den anderen Mann stürzen, der nicht den Eindruck machte, als hätten ihn Pauls Worte im Geringsten beeindruckt.

Doch Paul beherrschte sich. „Das werden Sie noch bereuen, Nowack!“, zischte er. „Wir wollten fair zu Ihnen sein. Aber das hat anscheinend keinen Sinn. Komm, Achim! Wir gehen.“ Ohne ein weiteres Wort drehte sich Paul um, und Achim blieb nichts anderes übrig, als seinem Bruder zu folgen. Als er am Wagen noch einmal zur Tür hinübersah, war Nowack wieder im Haus verschwunden.

„Was machen wir jetzt?“, fragte er, als Paul den Rückwärtsgang einlegte, um den Wagen zu wenden.

„Das war nicht unser letztes Treffen. Ganz bestimmt nicht.“ Mehr sagte Paul während der ganzen Rückfahrt nicht.

Das Wiedersehen mit Nowack hatte Achim aufgewühlt. Es fiel ihm schwer, sich vor Ines nichts anmerken zu lassen, die wie gewöhnlich im Wohnzimmer saß und stumm vor sich hinstarrte. Am liebsten hätte er mit ihr darüber gesprochen, ein paar Worte, um seine innere Ruhe wiederzufinden. Aber das war angesichts ihres Zustandes unmöglich. Ines war nur noch eine Hülle, an der alles, was um sie herum passierte, abprallte. Sie nahm ihre Mahlzeiten ebenso wortlos ein, wie die beiden jungen Katzen, die ihnen vor zwei Monaten zugelaufen waren. Kein Laut kam über ihre Lippen. Weder schlechte noch gute Nachrichten noch irgendwelche Ereignisse konnten sie dazu bringen, ihr Schweigen zu brechen. Ihre tiefe Trauer um Klarissa hatte ihren Mund versiegelt. Dass sich daran noch jemals etwas ändern würde, glaubte allenfalls ihr Therapeut, aber der war Zweckoptimist.

Achims Unruhe wuchs mit Pauls nächstem Besuch.

„Halt dich für morgen Abend bereit“, sagte er.

„Was hast du vor?“

„Wir werden ihn ein für allemal vertreiben.“

„Paul, ich bin mir nicht sicher, ob wir das machen sollen. Es ist wieder alles so präsent. Die Erinnerung.“

„Ach ja? Dann erinnere dich, warum Klarissa nicht mehr da ist. Oder muss ich dich erinnern, warum sie in den Rhein sprang? Wer daran schuld ist?“

„Bitte, Paul.“

„Der Kerl hat sie auf dem Gewissen“, sagte Paul kalt. „ Er hat ihr den Kopf so weit verdreht, dass sie nicht mehr klar denken konnte. Er hat sie dazu gebracht, sich von uns abzuwenden. Hast du das vergessen?“

„Nein, natürlich nicht.“

„Wir zahlen es ihm heim. Er hätte nicht zurückkommen dürfen. Niemals. Hast du gehört, was er gesagt hat? Die Polizei will er rufen, der verfluchte Hund. Ausgerechnet er. Aber das wird er bereuen. Ich hole dich morgen Abend um acht ab. Und Achim ...“ Pauls Stimme wurde leise.

„Ja?“

„Ich kann mich doch auf dich verlassen?“

„Ja, natürlich.“

Paul nickte. „Also dann.“ Er ging zu Haustür.

Achim sah ihm traurig hinterher.

„Paul, ich ...“

„Was ist?“

„Nichts. Es ist nichts.“

Sein Bruder zog die Tür hinter sich zu.

Mit schweren Schritten schleppte sich Achim die Treppenstufen hoch und erschrak. Am Ende der Treppe stand Ines. Ihre großen Augen sprachen Bände. „Ines, ich...“ Er ging auf sie zu, wollte über ihr Gesicht streicheln, doch sie wandte sich ab und eilte ins Schlafzimmer. Die Tür fiel hinter ihr ins Schloss.

Es war bitterkalt. Die Vorboten des Winters meldeten seine baldige Ankunft. Achim saß mit dickem Pullover und Anorak auf dem Beifahrersitz des Landrovers, den ein grimmig blickender Paul Simon durch die holperigen Straßen von Gau-Fronheim steuerte. Der letzte Winter hatte seine Spuren hinterlassen. Der Asphalt war an vielen Stellen aufgeplatzt, überall waren Schlaglöcher. Geld um sie zu beseitigen, war nicht da. Im Scheinwerferlicht tanzten die Umrisse der angrenzenden Häuser. Um diese Zeit war auf den wenigen Straßen des Ortes nichts mehr los. Selbst die Katzen saßen lieber vor den warmen Öfen.

Paul sprach noch weniger als beim letzten Mal, und Achim traute sich nichts zu fragen. Es war Pauls Feldzug. Er war nur das Fußvolk, der Befehlsempfänger. Als sie den Römer-Hof passierten, lenkte Paul den Wagen rechts an den Straßenrand, schaltete den Motor aus und löschte das Licht. „Den Rest laufen wir, damit er uns nicht hört."

Er nahm eine kleine Sporttasche vom Rücksitz und griff nach einem Spaten. Es dauerte einen Moment, bis Achim merkte, dass es gar kein Spaten, sondern eine Schrotflinte war.

„Bist du verrückt?", rief er. „Was willst du damit?"

Paul winkte ab. „Zur Sicherheit. Ich habe nicht vor, sie zu benutzen. Und jetzt halt keine Volksreden und komm. Es wird Zeit."

Sie liefen durch die Dunkelheit und orientierten sich an den Weinreben rechts und links der Straße.

Nach einer Weile sagte Paul: „Da vorne ist es. Findest du nicht auch, dass es heute lausig kalt ist?" Er lachte. „Wir werden ihm einheizen."

Zuerst verstand Achim nicht, doch dann dämmerte es ihm. „Du willst den Hof in Brand stecken? Ja, spinnst du denn völlig? Das kannst du nicht machen."

„Warum nicht? Der alte Kasten wird eh nicht mehr genutzt. Nur von einem und der gehört da nicht hin."

Achim blieb stehen und schüttelte fassungslos den Kopf. „Da mache ich nicht mit, Paul. Wenn das rauskommt. Das ist Mord, Paul. Wir sind doch keine Mörder."

Langsam stellte Paul die Sporttasche auf den Boden. Die Flinte behielt er in der Hand. Seine Hand war verkrampft. „Weißt du, wie lange es dauert, bis ein Mensch ertrinkt?"

Achim sah ihn entsetzt an. „Was hat das damit zu tun?

„Klarissa ist langsam ertrunken", fuhr Paul unerbittlich fort. „Ganz langsam. Und wer ist Schuld? Muss ich dich schon wieder daran erinnern? Dieser Kerl dort drüben hat sie auf dem Gewissen. Und Hans dazu. Und wer weiß, was er noch vorhat. Wir müssen ihm zuvorkommen, mein Junge. Wenn wir es nicht machen, wird er es tun. Und er kennt keine Gnade. Also reiß dich zusammen."

Tränen stiegen Achim in die Augen. Zornig wischte er sie weg. „Paul, ich kann nicht. Das ist zu viel. Lass uns noch mal darüber schlafen. Vielleicht fällt uns noch was anderes ein."

Sein Bruder bedachte ihn mit einem abfälligen Blick. „Geh nach Hause zu deiner Ines und schlüpf unter ihre Decke", höhnte er. „Vielleicht gefällt ihr das so gut, dass sie ihre Stimme wiederfindet."

Er griff nach der Tasche und marschierte los, ohne sich noch einmal umzusehen. Achim sah ihm verzweifelt nach. Unschlüssig schielte er zum Auto, zur Straße und wieder zu Paul, der sich immer weiter entfernte. „Verdammt", schrie er und lief hinter seinem älteren Bruder her.

„Es ist stockdunkel da drüben", keuchte Achim, als er Paul erreicht hatte. „Wir können nichts sehen. Wie willst du dich orientieren?"

„Ich habe eine Taschenlampe dabei. Das reicht." Paul blieb stehen. „Mach dir nicht so viele Gedanken. Ich mach das schon." Mit einem Handgriff zog er den Reißverschluss der Sporttasche auf und holte eine schwarze Metalllampe heraus.

„Eine alte Petroleumleuchte“, erklärte er. „Die leg ich in die Scheune zwischen das Stroh. Das brennt wie Zunder. Brauchst bloß draußen zu warten. Also keine Panik.“

„Und wenn sie uns finden? Was machen wir dann?“

„Warum sollen sie uns finden? Wir haben mit der Sache nichts zu tun. Allenfalls die Seifert, weil sie die Versicherungssumme kassieren will. Wenn der alte Hof überhaupt versichert ist. Und jetzt sei still. Wir müssen leise sein.“

Paul knipste die Taschenlampe an. Ein dünner Strahl huschte über den Boden. Sie liefen bis zur Ecke des Wirtschaftsgebäudes und drückten sich gegen die Wand. „Alles ruhig. Schlaf schön, du Mistkerl“, zischte Paul. Und zu seinem Bruder gewandt: „Warte hier. Ich will sehen, ob das Scheunentor offen ist.“ Er hängte sich die Schrotflinte über die Schulter und eilte in gebückter Haltung los, die Sporttasche in der einen, die Taschenlampe in der anderen Hand.

Achims Augen hatten sich an die Dunkelheit gewöhnt. Er konnte sehen, wie sein Bruder das Scheunentor erreichte, kurz daran rüttelte, es einen Spalt zur Seite schob und in dem Spalt verschwand. Auf der anderen Seite blieb es dunkel. Nowack schien tatsächlich zu schlafen. Achim wurde es übel bei dem Gedanken, was gleich passieren würde. Vielleicht hätte er Paul doch aufhalten sollen. Was sein Bruder vorhatte, war Wahnsinn. Es war genauso verrückt wie damals, als sie durch die Weinberge gestapft waren, um Nowack zu suchen. Auch das war Pauls Idee gewesen. Eine verrückte Idee, die Hans mit dem Leben bezahlt hatte. Vielleicht hätte er ihm die Schrotflinte dalassen sollen, dachte Achim. Die brauchte er doch nicht. Aber mit Paul war nicht zu reden. Immer mit dem Kopf durch die Wand. In solchen Momenten glaubte er manchmal, einen Fremden vor sich zu haben. Wenn Paul sich etwas in den Kopf setzte, biss er es bis zuletzt durch. Da waren sie völlig verschieden.

Achim lehnte mit dem Rücken gegen die Wand und wartete.

Nach einer Weile sah er auf das beleuchtete Zifferblatt seiner Armbanduhr. Wo blieb Paul nur? Er war mindestens schon fünf Minuten weg. So lange konnte das doch nicht dauern.

Nach weiteren fünf Minuten wurde Achim unruhig und rief leise den Namen seines Bruders in Richtung der Scheune, ohne dass eine Reaktion kam.

Zehn Minuten später bekam es Achim mit der Angst. Irgendetwas stimmte nicht. Verdammt, dachte er. Was nun? Hilfe holen konnte er schlecht. Der Römer-Hof war zwar nicht weit, aber es war sehr spät und was sollte er sagen? „Mein Bruder will den Nowack ausräuchern und ist verschwunden?"

Achim beschloss, noch einen Moment zu warten. Endlich meinte er aus der Scheune ein Geräusch zu hören. Er drückte sich enger gegen die Wand und hielt die Luft an. Doch es blieb ruhig. Kein Laut drang zu ihm herüber. Er vernahm nur seinen eigenen Atem, der ein bisschen zu heftig ging.

Es war jetzt über 25 Minuten her, dass Paul in der Scheune verschwunden war. Es blieb ihm keine Wahl, er musste nachsehen. Mit zittrigen Beinen lief er tief gebückt an der Fassade des Wirtschaftsgebäudes entlang bis zu der Stelle, an der er seinen Bruder das letzte Mal gesehen hatte. Leise rief er mehrmals seinen Namen. Doch es kam keine Antwort. Achim nahm allen Mut zusammen und drückte sich durch den Spalt des Scheunentors. Drinnen war es noch dunkler, und er brauchte einen Moment, um sich wieder zu orientieren. Die Scheune war recht groß und schien zum großen Teil leer zu sein. Links hinten in der Ecke meinte er, die Umrisse eines alten Leiterwagens zu erkennen und daneben eine mindestens ebenso alte Weinpresse. Auf der rechten Seite waren mehrere Verschläge zu sehen, alle etwa hüfthoch. Von Paul war nichts zu sehen. Achim schritt langsam alles ab, sah über die Pforten der Verschläge, ohne etwas zu entdecken. Plötzlich sagte eine Stimme hinter seinem Rücken: „Suchst du mich?"

Erschrocken drehte sich Achim um. Es war Nowack. Er hielt eine Schrotflinte im Arm. Der Lauf war auf ihn gerichtet.

„Dein Bruder liegt hinter dem Leiterwagen“, sagte er, „zusammen mit der Petroleumlampe. War das deine Idee?“

„Was ist mit ihm?“ Achim wollte zum Wagen hinübereilen, doch der Lauf der Flinte hielt ihn zurück.

„Er ist bewusstlos“, sagte Nowack und lächelte dünn. „Er war genauso überrascht wie du. Aber du hast meine Frage noch nicht beantwortet: Wolltet ihr mich grillen?“

Achim schüttelte langsam den Kopf. Leise sagte er: „Nein, das wollte ich nicht.“

„Also war es seine Idee.“ Nowack nickte grimmig. „Dachte ich mir.“

Achim schluckte mehrmals. Sein Hals war staubtrocken. „Was haben Sie mit uns vor?“, krächzte er.

„Dich erschießen natürlich, was sonst?“

Achim hielt die Luft an. Doch dann ließ Nowack auf einmal die Schrotflinte sinken und begann zu lachen. „Gott, was bist du für ein Idiot. Was hast du eigentlich gegen mich?“

Einen Moment war Achim sprachlos. Der Schreck saß ihm so tief in den Gliedern, dass er niemals wieder herauskommen konnte. Unsicher schielte er zur Flinte, dann in Nowacks Gesicht, das im Halbdunkel unscharf war. Der Mann vor ihm bewegte sich nicht und wartete. Achim nahm seinen ganzen Mut zusammen. „Das fragen Sie? Nach allem, was passiert ist?“

Nowack musterte ihn weiter. „Erklär's mir.“

„Sie haben meine Tochter auf dem Gewissen.“

„Habe ich das?“

„Das wissen Sie doch. Sie haben sie geschwängert, Sie ...“ Achim schluckte den Rest herunter, weil sich Nowacks Miene verdüsterte.

„Das habe ich nicht“, sagte Nowack ernst.

„Sie lügen.“

„Ich habe die Kleine nicht angerührt. Ich hätte ihr nie etwas getan. Wir waren Freunde."

„Freunde?"

Achim spürte Zorn. Wäre das Gewehr nicht gewesen, hätte er sich vielleicht in diesem Moment auf Nowack gestürzt, um die Lügen aus ihm herauszuprügeln. So blieb er nur ruhig mit geballten Fäusten stehen.

„Du glaubst mir nicht?"

„Nein."

Nowack holte tief Luft. Er schien zu überlegen. „Ich hätte ihr nie etwas tun können, selbst wenn ich es gewollt hätte", sagte er plötzlich mit einer Inbrunst, die Achim aufhorchen ließ. „Verstehst du nicht? Ich bin impotent. Seit meinem 16. Lebensjahr. Ich hatte einen Motorradunfall. Ich saß auf dem Sozius bei meinem Vater, als uns ein Wagen entgegenkam. Mein Vater war sofort tot und ich ..." Er brach ab.

In Achims Kopf begann es zu dröhnen. „Was sagen Sie da?", flüsterte er. „Sie sind ...? Das kann nicht sein. Das ist unmöglich."

„Deine Tochter wusste das. Ich habe es ihr erzählt", fuhr Nowack in bitterem Ton fort. „Wir haben viel gesprochen. Über alles. Auch über ihre Ängste. Sie war sehr reif für ihr Alter. Vielleicht war das ihr Verhängnis."

„Was reden Sie da?", stammelte Achim. „Ich verstehe kein Wort."

„Es gibt Menschen, die stehen auf so was. Sogar in der eigenen Verwandtschaft. Sie hatte Angst vor ihrem Onkel, wusstest du das nicht? Natürlich nicht. Hast wohl nie was mitgekriegt? Ihr eigener Onkel hat sie geschwängert. Der liebe Onkel Paul."

Achim wurde es heiß. Irgendwo am Horizont tauchte etwas auf, das er nicht greifen konnte und vor dem er plötzlich Angst hatte. Er leckte über seine Lippen und spürte sie kaum. In seinem Bauch begann es zu rumoren, als rühre jemand mit einem riesigen Löffel darin herum. Die Beine wurden weich wie Watte und drohten jeden Moment umzuknicken. „Sie lügen!“, schrie er. „Sie verdammter Lügner!“

„Was seid ihr nur für eine Familie?“, fuhr Nowack ungerührt fort. „Kriegst nichts mit und wunderst dich, dass deine Tochter nicht aus noch ein weiß. Und dann sucht ihr einen Sündenbock. Da kommt der Pole gerade recht, nicht wahr? Der lungert hier herum und stellt Kindern nach. Den machen wir fertig. Egal ob er es abstreitet: Auf den hört sowieso keiner. Das Schwein muss büßen. Die Jagd ist eröffnet.“ Nowack spie die letzten Worte aus. „Ihr ekelt mich an! Du und deine Familie. Hier!“

Die Flinte flog vor Achims Füße, wo sie noch lag, als Nowack längst die Scheune verlassen hatte.

Als Paul Simon irgendwann wach wurde, lag die Schrotflinte nicht mehr auf dem Boden. Ihr Lauf war genau auf sein Gesicht gerichtet. Er hatte keine Zeit mehr, sich darüber zu wundern.

Einmal im Jahr

Antje Fries

Einmal im Jahr trafen sich die Schwestern Ludovika, Genoveva und Irmintrude. Einmal im Jahr, nur für ein Wochenende, ganz ohne Anhang. Das hatten die drei all' die Jahre durchgehalten und nicht bereut. Meist trafen sie sich bei Ludovika, die mit ihrem Mann im Elternhaus in der Binger Oberstadt geblieben war, einer alten Villa mit verwunschenem Garten und Blick auf Rhein und Niederwalddenkmal.

Ihre Eltern waren streng katholisch gewesen, weshalb es für keine der drei Töchter in Frage gekommen war, einen Protestanten zu heiraten. Irmi als die Jüngste hatte es versucht, aber das war ihr schnell ausgeredet worden, damals vor vierzig Jahren. So hatte sie sich den schmucken blonden Rheinschiffer aus dem Kopf schlagen müssen und den Erwin aus Vaters Weinbruderschaft bekommen, der gerade dabei war, den umsatzstarken Weinhandel seiner Vorfahren in Köln zu übernehmen.

Ludos Richard gehörte der Weinbruderschaft ebenfalls an. Außerdem war er nach wenigen Jahren schon Kompagnon in Vaters Anwaltskanzlei geworden, was ihn in dessen Augen endgültig dazu berechtigte, mit Ludo in der Villa auf dem Berg zu residieren.

Angesichts der Scherereien, die die Eltern mit Irmi und ihrem Matrosen gehabt hatten, hatte Geno gehofft, man werde sie bei der Vergabe einfach vergessen und sie brauche nicht zu heiraten, wenn sie schon nicht selbst aussuchen dürfe. Aber natürlich wurde auch für die mittlere der drei Töchter ein gläubiger und anständiger Gatte gefunden, der Frankfurter Apotheker Distelkorn. Dass er ein Bein nachzog, bereits verwitwet und Vater zweier Kinder war, machte ihn für Genos Eltern nicht weniger interessant.

Einmal im Jahr trafen sich also Ludovika, Genoveva und Irmintrude. Oft hatten sie sich einfach für zwei Nächte in einem kleinen Hotel auf der anderen Rheinseite, drüben in Rüdesheim, eingemietet. Sie mussten ja nicht weit weg von zu Hause, nur weit genug, um unter sich zu bleiben. Manchmal waren zwei der Schwestern auch weiter gereist, um die dritte zu besuchen, die gerade zur Kur weilte. Oder aber man hatte sich, da die Bildung der Damen ja schließlich auch den Gatten am Herzen lag, am Rande einer wichtigen Kunstausstellung getroffen, diese schnell durchlaufen und danach anderthalb Tage im Schwesternkreis genossen.

Ludo konnte immer weg. In der kinderlosen Ehe mit Hauspersonal fiel es Richard hinter seiner Tageszeitung nicht einmal auf, wenn sie ihm für ein, zwei Tage nicht am Esstisch gegenüber saß.

Das war bei Geno schon anders: Zu den zwei Kindern des Apothekers hatte sie zwei weitere bekommen, sodass sie in den ersten Jahren oft heftigen Streit mit ihrem Mann bekam, wenn sie für das eine Wochenende im Jahr verschwinden wollte.

Irmis Sohn war pflegeleicht gewesen und hatte sich auch von der Schwiegermutter hüten lassen. Sie konnte sich meist irgendwie freimachen zu den Treffen, selbst wenn sie dafür beißende Kommentare von Erwins Mutter zu hören bekam.

Sie trafen sich einmal im Jahr. Diesmal wieder in Rüdesheim. Ludos Fünfundsechzigster musste geplant werden, denn nur zu solch' denkwürdigen Festen konnten die Schwestern sich nochmals im Jahr treffen. Abgestiegen waren sie wie seit fast 35 Jahren in der altehrwürdigen Pension Schiffer am Rheinufer. Alle drei waren heilfroh, dass sich nach Gottlob Schiffer und seiner Tochter Rosalinde nun auch Marthe, die Enkelin, entschlossen hatte, die Pension weiterzuführen. Marthe servierte den Schwestern Sekt, als sie sich im März an einem grau verhangenen Tag zur Mittagszeit am hintersten Tisch direkt am Fenster trafen.

„Aber Marthe!", rief Geno aufgeregt. „Willst du uns betrunken machen?"

„Ach was!", lachte Marthe und stellte die Gläser ab. „Ein Willkommensschlückchen, meine Damen. Schließlich haltet ihr uns schon so lange die Treue. Auf euer Wohl!"

Die Schwestern kicherten und nippten am Sekt. Marthe goss nach. Bereits am frühen Nachmittag füllten die drei Damen den trüben Nachmittag mit ihren Lebensgeschichten. Nach dem Abendbrot, das Marthe mit am Tisch der Schwestern eingenommen hatte, fragte sie: „Aber was ich nun gar nicht verstehe: Wenn ihr doch alle drei nicht aus Liebe geheiratet habt, warum seid ihr schon so lange mit diesem Männern zusammen?"

„Wir sind katholisch!"

„Eine Scheidung würde meinen Ruf ruinieren!"

„Andererseits bin ich ja auch finanziell bestens versorgt."

Kopfschüttelnd faltete die Wirtin die Ecken ihrer Serviette zu kleinen Dreiecken. Dann hob sie den Kopf und sagte: „Aber jetzt, wo Ludo fünfundsechzig wird, da solltet ihr endlich was ändern!"

„Wie meinst du das?", fragte Irmi mir gerunzelter Stirn.

„Na, so, wie ich's sage. Zwanzig Jahre habt ihr bestimmt noch, vielleicht auch dreißig oder mehr, aber eure Männer doch auch. Nehmt euer Leben endlich selbst in die Hand und macht, was ihr wollt. Lange genug habt ihr brav getan, was von euch erwartet wurde!"

In Genos Augen blitzte es plötzlich auf: „Ja, ich hab ja immer gedacht, dass mein Apotheker früh genug das Zeitliche segnen würde, sodass mir noch ein paar Jährchen bleiben. Immerhin ist er Choleriker mit Bluthochdruck. Aber den Gefallen will er mir einfach nicht tun."

Irmi setzte ihr Rieslingglas, das dritte bereits, ab und kicherte: „Nachhelfen müsste man, wie im Roman!"

Ludo hob ihre linke Augenbraue und brummte: „Mädels, wenn euch einer hört!"

„Ach, wenn ich nochmal jung sein könnte!", rief Irmi. „Ich würde mich glatt auf die Suche nach dem schönen Matrosen von damals machen!"

„Das kannst du auch heute noch tun", meinte Marthe. „Übers Internet kriegst du doch von fast jedem raus, wo er abgeblieben ist."

„Nur das nicht!", schimpfte Ludo lachend. „Erinnert euch daran, was das für ein Drama war, damals! Die Jüngste vom Herrn Advokaten will mit einem protestantischen Flussschiffer durchbrennen, hieß es da. Unsere Eltern haben sich fast zu Tode geschämt und schon deshalb ganz schnell den guten Erwin aus dem Hut gezaubert."

„Und bei dem bist du all' die Jahre geblieben?", staunte Marthe.

„Was blieb mir denn übrig?", seufzte Irmi.

„Na, durchbrennen und den Matrosen finden!"

„Ach, aber nicht zu den damaligen Zeiten. Heute, ja, da würden die jungen Mädchen sowas machen!"

„Und was hält dich davon ab, es nochmal zu versuchen?"

„Nun stell' dir das doch bloß mal vor: Am blonden Hermann sind ja sicher auch die Jahre nicht spurlos vorüber gegangen. Der wohnt vielleicht längst im Pflegeheim und schiebt einen Rollator vor sich her. Nein, da kann ich auch beim Erwin bleiben!"

„Oder dir Hermanns jüngeren Bruder anlachen!", riet Marthe grinsend.

„Zugegeben, reizen würd's mich ja ..."

„Na also! Wartet mal eben, ich hole mein Laptop her, dann gucken wir gleich!" Marthe stand auf, lief um die Theke herum und verschwand im Gang dahinter.

Einmal im Jahr trafen sich Ludovika, Genoveva und Irmintrude. So viel gelacht wie in diesem Jahr hatten sie schon lange nicht. Und so viele Zukunftspläne geschmiedet auch nicht. Das lag eindeutig an Marthe, der jungen Wirtin, die in Windeseile den blonden Hermann ausfindig gemacht hatte: Mittlerweile war aus dem Matrosen von damals ein stattlicher Kapitän geworden. Obwohl er annähernd das Rentenalter erreicht hatte, fuhr er noch zur See. Und zwar so richtig: Hermann war Kapitän der MS Atlantis, eines riesigen Kreuzfahrtschiffes einer deutschen Reederei.

„Er sieht immer noch gut aus!“, stellte Irmi fest, als die vier Frauen gebannt auf den Bildschirm von Marthes Laptop starrten.

„Da siehst du mal, was du verpasst hast, weil du damals nicht mit ihm durchgebrannt bist!“, bemerkte Geno. „Also, ich an deiner Stelle, ich wäre ja ...“

„Nichts wärst du!“, entrüstete sich Irmi. „Du hast auch ohne größeren Protest den Distelkorn genommen, den sie dir vorgesetzt haben!“

„Hast ja recht.“

Ludo war still gewesen während der letzten Minuten. Immer wieder aufs Neue musterte sie eingehend das Bild des Kapitäns. Dann fragte sie: „Irmi, wann hast du eigentlich den Erwin geheiratet?“

„Genau sechs Wochen nachdem die Eltern den Hermann bei seinem ersten und einzigen Besuch bei uns zu Hause vor die Tür gesetzt hatten.“

„So schnell?“, staunte Marthe.

„Jetzt wird mir das alles auch erst richtig klar“, sagte Ludo leise und sah ihre jüngste Schwester an. „Dein Sohn ist Hermann wie aus dem Gesicht geschnitten!“

Irmi schüttelte den Kopf: „Der kam als Frühchen auf die Welt, das wisst ihr doch.“

Nun warf auch Geno noch einen Blick auf den Bildschirm: „Und ich habe mich seinerzeit gefragt, warum alle so ein Gewese darum machen, dass du eine Frühgeburt hattest, wo das Kerlchen doch trotzdem ein satter Sechspfünder war."

Irmi knetete unter dem Tisch ihre Hände und sagte leise: „Aber der Erwin weiß bis heute nichts davon, und das soll auch so bleiben."

„Und deinem Sohn willst du seinen richtigen Vater vorenthalten?", fragte Marthe.

„Die beiden verstehen sich bestens. Warum sollte ich also einen Keil zwischen sie treiben?"

„Aber den Hermann, den werdet ihr euch trotzdem ansehen!", beschloss die Wirtin.

Ludovika, Genoveva und Irmintrude trafen sich immer einmal im Jahr. Nur in diesem Jahr war das anders: Sie hatten eine weitere Verabredung für den Herbst, zu Ludos Fünfundsechzigstem. Den würden sie gemeinsam auf der MS Atlantis verbringen: Einmal Hamburg, Madeira, Gibraltar, Genua.

Einmal im Jahr fuhr der angesehene ehemalige Rechtsanwalt Dr. Richard Bechtolsheimer aus Bingen mit seiner Gattin zum Wandern in die Alpen. Er liebte die einsamen Täler, in denen sich winters die Massen zum Skifahren drängten, in denen einem im Sommer aber nur dann und wann einmal ein anderer Wanderer begegnete. So fiel es auch nicht auf, als seine Gattin ihm an einer geeigneten Stelle einen kräftigen Schubser gab und er erst zweihundert Meter tiefer mit zerschmetterten Knochen am Fuße einer Geröllhalde liegenblieb. Völlig panisch war die arme Frau Bechtolsheimer eine Stunde später in der nächsten Berghütte erschienen und hatte atemlos um Hilfe gebeten: Ihr Mann sei beim grandiosen Rundblick über das Tal abgerutscht und liege nun weiß Gott wo da unten, man müsse ihm helfen, die Bergwacht müsse ganz schnell, und er habe doch Asthma, und wenn sie doch nur ein Handy, und ach und ach und ach. Die völlig verzweifelte Frau wurde mit mehreren Enzianschnäpsen ruhiggestellt, während der Hüttenwirt sich mit zwei seiner Söhne auf die Suche nach dem verunglückten Urlauber machte. Doch Bechtolsheimer war nicht mehr zu helfen gewesen: Nachdem die Bergwacht sich bis zu seinem geschundenen Körper abgeseilt hatte, war klar, dass er den Sturz höchstens wenige Minuten überlebt haben konnte. Jegliche Hilfe wäre zu spät gekommen. Der Tourismusverein schilderte den Wanderweg daraufhin neu aus, von gelber („aussichtsreich") zu roter („anspruchsvoll") Markierung.

Einmal im Jahr klagte der Apotheker Distelkorn dermaßen über seine Gicht, dass seine Gattin ihm eine Kur empfahl. Diesmal hatte er tatsächlich zugesagt und war bereit, im Sommer drei Wochen im Allgäu zu verbringen. Für die Apotheke hatte er einen jungen Kollegen gefunden, der begeistert die Vertretung übernahm. Am Vorabend seiner Abreise in die Kur nahm Distelkorn ein Wannenbad, wie jeden Freitag. Diesmal verwöhnte ihn seine Gattin mit einem Tee aus der eigenen Apotheke, einer Kräutermischung gegen Gicht. Verwundert ob der ungewohnten Fürsorge schlürfte Distelkorn seinen Tee, genoss das warme Wasser und wurde immer schläfriger. Die sieben im Tee gelösten Schlaftabletten hatte er nicht bemerkt. Dass kurz darauf das Wasser abgelassen und durch eine ätzende Flüssigkeit ersetzt wurde, fiel ihm ebenfalls nicht mehr auf. Auch, dass immer wieder abgelassen, nachgegossen und umgerührt wurde, um die Zersetzung zu beschleunigen, entging ihm natürlich. Aber dem Abwasserwerk entging ja auch die erstaunliche Menge an Salzsäure, die, verdünnt durch enorm viel Wasser, immer mal wieder durch das Frankfurter Abwassernetz floss. Nur der Kurklinik entging nicht, dass der Patient Distelkorn nicht erschien. Doch der hatte sich ja auch telefonisch höchstpersönlich abgemeldet, glaubte jedenfalls die junge Dame an der Rezeption.

Einmal im Jahr fuhr der Kölner Weinhändler Erwin Unkerath nach Spanien, um dort Rotweine aller Art zu verkosten und zu bestellen. Diesmal hatte er die Fahrt gestrichen, weil wegen der Wirtschaftskrise sowieso die einheimischen, erschwinglicheren Weine besser gingen. An einem lauen Sommerabend genoss er einen selten guten Dornfelder aus dem Barrique, ein Gewächs aus Rheinhessen, der Heimat seiner Frau und zeitweise auch seiner eigenen, als er in jungen Jahren eine Ausbildung zwischen Rhein und Nahe gemacht hatte. „Ich verstehe ja immer noch nicht, warum du nicht mal kosten willst!“, sagte er zu seiner Frau, die sich, man stelle sich das vor, wirklich und wahrhaftig ein alkoholfreies Kölsch eingeschenkt hatte. Später am Abend ärgerte sich Unkerath dann ganz plötzlich, dass er den Wein getrunken hatte. Eigentlich nicht den Wein, sondern den Sud aus Tabak, den seine Gattin beigefügt hatte. Die Nacht überlebte er nicht, und seine Körperteile landeten, im Gartenhäcksler fein geschreddert, nach und nach in einem Wildschweingehege, über dessen Zaun man auch spät abends noch gut die eine oder andere Portion für die netten Tiere werfen konnte. Unkeraths Auto war mit monströsem Blubbern in einem nahen Baggersee geflutet worden und wurde nie gefunden. Den Gartenhäcksler und eine alte Plastikwanne nahm alsbald die Kölner Sperrmüllabfuhr mit, während die ratlose Frau Unkerath, bedauert von sämtlichen Freunden und Bekannten, noch immer darauf wartete, dass ihr Gatte endlich aus Spanien zurückkehren möge, denn wie in jedem Jahr sei er schon vor vierzehn Tagen aufgebrochen, habe aber leider sein Handy vergessen, weshalb sie nun überhaupt keinen Kontakt zu ihm aufnehmen könne. Schließlich reise er schon immer spontan durch die Gegend. Hoffentlich sei ihm nur nichts passiert!

Zweimal trafen sich in diesem Jahr Ludovika, Genoveva und Irmintrude. Das majestätische Schiff ragte hoch über die meisten Häuser der Hansestadt hinaus, und wie in einem Bienenstock schwirrten aufgeregte Wesen hinein und hinaus, räumten, schleppten, summten und flatterten. Getrennt waren die Schwestern aus ihren Heimatstädten angereist, um sich erst in der geräumigen Kabine auf der MS Atlantis zu treffen. Ludos Fünfundsechzigster war einfach ein angemessener Anlass. Die Schwestern ließen sich Sekt bringen und stießen auf den Beginn ihrer großen Freiheit an. „Was haben eigentlich eure Kinder gesagt?", fragte Ludo, die als kinderlose Witwe ja keine Fragen aus der Familie zu erwarten hatte.

„Nichts", kicherte Geno. „Zu den Distelkorn-Kindern habe ich ja sowieso schon seit Jahren keinen Kontakt mehr, seit sie ihren Vater aus der Apotheke raushaben und das Gebäude verkaufen wollten. Und meine Große ist ja in Amerika, der Kleine in China. Denen habe ich längst unter Tränen erzählt, wie senil ihr Vater mittlerweile geworden ist. Sie machen sich mit mir Sorgen, wo er abgeblieben sein könnte, weil er irgendwie nicht im Kurhotel ankam, aber sie haben mir auch zugeraten, die Reise anzutreten. Ich solle mir mal was Gutes tun, mich ablenken."

Ludo schüttelte den Kopf: „Unfassbar, dermaßen durchtrieben! Und wie war's bei dir, Irmi?"

Irmi grinste. „Vater und Sohn haben sich ja immer gut verstanden, aber wie bei euch in der Apotheke wollte auch bei uns der Senior im Weinhandel nicht aufhören. Das hat den Junior natürlich gestört, und so ist er gar nicht übermäßig böse darum, dass sein Vater vermutlich irgendwo in Spanien verschollen ist. Ich fand's unglaublich leicht, das alles."

„Kommt mit an Deck, wir legen gleich ab!", rief Geno aufgeregt nach einem Blick durch das Fenster der Kabine.

„Und die Koffer?“ Ludo hatte es gern ordentlich.

„Später!“

Zu dritt winkten die Schwestern der Stadt Hamburg, als die MS Atlantis ablegte und Kurs aufs Meer nahm. Plötzlich stieß Geno Irmi in die Seite: „Da ist er, guck mal!“

Und wirklich, Irmi erkannte in dem schmucken Mann in Uniform ihren Hermann wieder. Da stand er nun, nach so vielen Jahren. Damals hatte er Baumwolltrikots und Arbeitshosen getragen, heute zierte ihn Marineblau mit vielen goldenen Streifen.

„Ein Bild von einem Mann!“, seufzte sie.

„Mehr Falten als im Internet“, konstatierte Geno trocken.

„Aber die schicke Uniform!“ Ludo war begeistert.

„Den treffen wir später noch. Und jetzt ab in die Kabine, endlich die Koffer auspacken!“, befahl Geno und scheuchte ihre Schwestern vor sich her.

Sie hatten sich alle drei neu eingekleidet. Das war das Mindeste, was sie sich als reisende Witwen leisten mussten. Nur Irmi hatte wohl etwas übertrieben.

„Herrje, du bist sogar mit Hutschachtel angereist?“, fragte Ludo. „Ich hab dich noch nie mit Hut gesehen.“

Irmi sank auf den Sessel neben ihrem Schrank und hielt die Hutschachtel auf dem Schoß.

„Wie soll ich's euch sagen?“, begann sie. „Ich wusste halt nicht, was ich mit ihm machen sollte.“

„Mit dem Hut?“, fragte Geno erstaunt.

„Mit dem Kopf.“

„Mit dem Kopf?“ echoten die älteren Schwestern entsetzt.

„Er hat nicht in den Häcksler gepasst. Da hab ich ihn eben mitgenommen, wie immer. Aber macht euch keine Sorgen. Ich hab ihn ganz dicht in Folie eingeschweißt. Er riecht nicht und nichts!“

Bleich fasste sich Ludo ans Herz und japste: „Spinnst du?“

Irmi blickte zu Boden. „Wahrscheinlich."

Ludovika, Genoveva und Irmintrude hatten sich zum zweiten Mal in diesem Jahr getroffen. Ihre Kreuzfahrt genossen sie sehr, wenngleich Ludo und Geno darauf achteten, Irmis Schrank nicht zu nahe zu kommen. Den Kapitän beobachteten sie aus der Ferne und nahmen sich vor, sich darum zu kümmern, einmal abends an den Kapitänstisch gesetzt zu werden.

Kurz vor Madeira erklärte Irmi nach dem Abendessen: „Es ist soweit!"

Als die meisten Passagiere längst schliefen und die Decks sowieso völlig leer waren, weil die letzten noch aktiven Mitreisenden an den Bars hingen, schlichen die Schwestern mit der Hutschachtel aufs Oberdeck.

„Meinst du, er geht unter? Ich hab mal gelesen, dass Gärgase Leichen wieder nach oben treiben", sagte Geno unsicher.

„Aber nicht, wenn er eingeschweißt ist. Und durch die Löcher im Boden wird die Schachtel schon volllaufen! Außerdem hoffe ich, dass ein netter, größerer Hai seinem Ruf entspricht und die Aufgabe ordentlich erledigt." Irmi stellte die Schachtel auf die Reling, klopfte leicht auf den Deckel und sagte: „Ab mit dir!" Dann schubste sie die Fracht von Bord und zu dritt sahen sie zu, wie die schwere Hutschachtel von den Wellen verschluckt wurde.

„Nanu, was machen Sie denn da?"

Die Schwestern fuhren herum. Dass der Kapitän hinter ihnen aufgetaucht war, hatten alle drei nicht bemerkt. Ludo riss erschrocken die Augen auf, aber Geno lächelte den Kapitän an und sagte: „Ach, wissen Sie, wir haben endlich gemerkt, dass unsere Irmi kein Hutgesicht hat. Da haben wir beschlossen, dass sie sich von einigem Alten trennen sollte. Immerhin haben Sie hier an Bord auch ein ganz nettes Angebot!"

„Irmi? Ach, da kannte ich vor langen Jahren auch mal eine.

Ein Jugendflirt. Ein völliger Irrtum, im Nachhinein besehen. Nun ja. Guten Abend, die Damen.“

Und glücklich, dass die Bord-Boutiquen offensichtlich dem Geschmack seiner Passagierinnen entsprachen, tippte der Kapitän an seine Mütze und wollte sich wieder auf seinen nächtlichen Rundgang machen.

Er war bekannt für seine einsamen Touren an Deck. Dass drei unbescholtene deutsche Witwen ihn als Letzte sprachen und dass er unfreiwillig über Bord gegangen war, vermutete später niemand. Immerhin war in der Nacht ein starker Sturm aufgekommen.

Stadtmusikant

Christian Pfarr

Tut mir leid, dass es gerade Sie trifft, aber ich verspreche Ihnen, dass Sie nicht viel Mühe mit meinem Fall haben werden. Ich bin nämlich unschuldig, das werden Sie schnell einsehen. Am liebsten hätte ich mich selbst verteidigt, aber dem wurde leider nicht stattgegeben. Somit sind Sie also mein Zwangsverteidiger. – Wie? Sie hören lieber Pflichtverteidiger? Mir auch recht. Ich darf wohl davon ausgehen, dass Sie hinreichend über die Vorgänge informiert sind, die zur Anklage gegen mich geführt haben. – Nein? Bitte sehr: meinetwegen auch noch einmal ganz von vorn – hoffentlich reicht die Besuchszeit dafür aus.

Sie wissen wahrscheinlich, dass ich der amtierende Mainzer Stadtmusikant bin, und zwar überhaupt erst der dritte, der diesen Posten innehat. Irgendwer hatte die gute Idee, dass die Stadt Mainz neben einem Stadtschreiber und einem Stadtdrucker doch auch einen Stadtmusikanten haben sollte. Und um die Sache möglichst interessant zu machen, gehört es sozusagen zur Stellenbeschreibung, dass der jeweilige Amtsinhaber beziehungsweise die Amtsinhaberin einen Brückenschlag von der Musik zu anderen Künsten vollzieht. Beim ersten Mal hat sich ein bekannter Musikwissenschaftler und Dirigent mit dem Werk des Mainzer Dichterkomponisten Peter Cornelius auseinandergesetzt und eine von ihm entdeckte unbekannte Cornelius-Oper namens „Die Heinzelmännchen von Köln" am Mainzer Staatstheater uraufgeführt. Beim zweiten Mal hat eine renommierte Komponistin den Soundtrack zu einer experimentellen Verfilmung des Lebens und Wirkens von Johannes Gutenberg als einer Art Psychedelic-Oper beigesteuert, mit Matthias Schweighöfer in der Hauptrolle – vielleicht haben Sie den Film auf ARTE gesehen, nein? Danach wollte man neue Wege gehen und entschied sich für mich. Ich schildere Ihnen das alles nur deshalb so ausführlich, damit Sie verstehen, welche Beweggründe mich zu meinem Handeln bewogen haben, das mir jetzt als kriminelle Tat ausgelegt wird.

Diesmal wollte man also eine Musikerpersönlichkeit haben, die aufgrund ihrer musikalischen Ausrichtung in der Lage ist, unterschiedliche Altersgruppen anzusprechen, und deren künstlerisches Profil sowohl die Hochkultur als auch Populäres abdeckt. Dieses glaubte man in meiner Person gefunden zu haben: Ich bin Mitglied der vor allem im Osten sehr populären Mittelalter-Rockband „Rattenkönig“ und habe im Rahmen meines Germanistik-Studiums über die Rolle des Spielmanns Volker von Alzey im Nibelungenlied promoviert – das sollte eigentlich für einen Stadtmusikanten genügen. – Wie bitte? Vorbestraft? Nie und nimmer, hier nicht und dort nicht, weder politisch noch kriminell. Aber hören Sie mir doch erstmal zu!

Nachdem ich den Ruf nach Mainz erhalten hatte – richtig, ich komme aus Erfurt – habe ich mich so gut es ging vorbereitet und ein wenig in der Mainzer Musik- und Literaturgeschichte gestöbert. Dabei ist es gerade für jemanden wie mich nahezu ausgeschlossen, nicht auf den Minnesänger Heinrich von Meißen, genannt Frauenlob, zu stoßen, der im frühen 14. Jahrhundert in Mainz lebte und auch starb. – Sagen Sie bloß! Sie waren auf dem hiesigen Frauenlob-Gymnasium? Da muss ich Ihnen ja wohl nicht – wie meinen Sie? Keine Ahnung? – Und ausgerechnet Sie sollen meine Verteidigung übernehmen?! Also hören Sie zu!

Das für mich Nächstliegende war doch, in der Stadt nach Spuren von Frauenlob zu suchen. Und da stößt man als erstes auf die Frauenlobstraße, die vom Bahnhof aus quer durch die Neustadt bis zum Rheinufer führt. Restaurants, Anwaltskanzleien, Arztpraxen, Apotheken, Bäckereien, Schulen, Spielplätze, Musikgeschäfte, Weinstuben, Wohnbebauung. Und zum Abschluss unten am Rhein ein Brunnen, der ein imposantes

Denkmal aus Bronze einfasst: die Barke des Frauenlob. – Kennen Sie auch nicht? Also, es ist immer wieder erschütternd, wie wenig Ahnung viele Mainzer von ihrer Stadt haben – aber egal. Auf dieser Barke, die ein Segelschiff mit Besatzung darstellt, steht vorne am Bug ein Mann mit einer Laute in der Hand – klar, dass es sich bei dieser Figur um Frauenlob handelt. Und als ich zum ersten Mal davor stand und das Arrangement in Augenschein nahm, veränderte sich mein Leben: Der Mann mit der Laute sah nämlich genau so aus wie der Mann, der mich jeden Tag im Spiegel anschaut, so wie der Mann, der Ihnen jetzt gegenübersitzt – Sie werden es vielleicht erraten haben: wie ich. Nun steht dieses Denkmal seit etwa 30 Jahren an seinem Platz, stand dort also schon zu einem Zeitpunkt, an dem Mainz für mich so weit entfernt war wie die Rückseite des Mondes. Und der Künstler, der es entworfen hat, war und ist mir persönlich auch nicht bekannt, so wenig wie ich ihm. Wäre die Ähnlichkeit zwischen mir und der Frauenlob-Figur also reiner Zufall?

Ich recherchierte weiter. Heinrich von Meißen ist wohl Mitte des 13. Jahrhunderts im sächsischen Meißen zur Welt gekommen – es gibt allerdings auch die Theorie, dass er in Mainz als Sohn des Ratsherrn Diether zur Meise geboren wurde, was allerdings wenig wahrscheinlich ist. Meine Großmutter väterlicherseits stammt übrigens auch aus Meißen.

Der Name Frauenlob leitet sich angeblich davon ab, dass der Dichter bei einem Streit mit seinem Mainzer Berufskollegen Barthel Regenbogen auf der Bezeichnung „Frau“ statt des seinerzeit üblichen „Weib“ bestand, weshalb ihn die Mainzer Frauen bei seinem Begräbnis im Kreuzgang des Mainzer Doms das Ehrengeleit gegeben haben sollen. Eine hübsche Legende, mehr nicht. Im Mittelalter bedeutete „wip“ soviel wie unser heutiges Wort „Frau“ und „vrouwe“ soviel wie „Herrin“ – und da Frauenlob vor allem die Gottesmutter Maria besang, hatte seine Wortwahl bestimmt nichts mit Gender Mainstreaming zu tun. – Was meinen Sie mit „zur Sache"? Ich versuche doch die ganze Zeit über zu erklären, weshalb Sie überhaupt hier sind, und Sie wollen sich nicht einmal die Zeit nehmen, zu erfahren, wer Frauenlob eigentlich war? Wussten Sie zum Beispiel, dass Frauenlob hier in Mainz die allererste Meistersinger-Schule Deutschlands gegründet hat – über hundert Jahre vor der ungleich bekannteren in Nürnberg, die hauptsächlich durch Richard Wagners Oper berühmt wurde? Aber das interessiert Sie wahrscheinlich so wenig wie das Mainzer Kultur-Establishment, das wohl mehrheitlich glaubt, die Mainzer Hofsänger hätten die Musik erfunden!

Wenn ich also die vom Schöpfer des Denkmals intuitiv erfasste physiognomische Ähnlichkeit zwischen Frauenlob und mir, darüber hinaus die bei Frauenlob wie bei mir gleichermaßen ausgeprägte Affinität sowohl zur Musik als auch zur Literatur, ferner unser beider nach Meißen zurückreichenden familiären Wurzeln zusammenaddierte, lag doch auf der Hand, dass hier mehr im Spiel sein musste als bloßer Zufall. Ich durchsuchte die Stadt nach weiteren Spuren von Frauenlob und stieß dabei auf eine wenig aufschlussreiche und überdies nicht einmal authentische Grabplatte im Kreuzgang des Doms, weiterhin auf ein im Stil des Historismus errichtetes Schulgebäude in der Neustadt sowie auf ein in dessen unmittelbarer Nähe befindliches Mosaik namens Minnesängerbrunnen am Frauenlob-Platz – das war es dann praktisch auch schon.

Stichwort Frauenlob-Platz. Dort fand neulich ein großer Mittelaltermarkt statt: mit Hexen und Gauklern, Musikanten und Bärenführern, Handwerkern und Feuerfressern, Kräuterweibern und Landsknechten – das volle Programm eben, und der Höhepunkt war der Auftritt meiner Band „Rattenkönig". Sie glauben gar nicht, was an diesem Wochenende los war, und der Samstagabend war der unbestreitbare Höhepunkt. – Was?

Sie waren selber vor Ort? Da brauche ich Ihnen ja nichts zu erzählen!

Wo war ich stehen geblieben? Ach ja, wir hatten von der Barke des Frauenlob gesprochen, diesem Bronze-Denkmal am Rheinufer. Auf diesem Schiff befindet sich eben nicht nur Frauenlob, sondern auch noch eine Anzahl anderer Figuren, deren Funktion und Identität man teilweise nur erraten kann. Für die Angelegenheit, die uns beide hier zusammenführt, ist aber nur der Mann wichtig, der hinten aus der Luke am Heck hervorspäht. Im Sinne der Anklage gilt er nämlich als das Opfer.

Bei diesem Mittelaltermarkt auf dem Frauenlob-Platz gab es, wie bereits erwähnt, all das, was so ein Event üblicherweise ausmacht, darüber hinaus aber noch ein paar Besonderheiten, die sich die Veranstalter nur im größeren Rahmen leisten – wie zum Beispiel ein Konzert mit „Rattenkönig". Aber das war leider nicht alles. Sie wissen, was eine Moresca ist – nein? Also: dabei handelt es sich um einen in der Renaissance-Zeit aus Nordafrika importierten Tanz mit kunstvollen Sprüngen und Bewegungen – möglicherweise geht er auf stilisierte Kampfszenen zwischen Christen und Mauren zurück, daher auch der Name. Er war vor allem in Südeuropa verbreitet und wird von darauf spezialisierten Ensembles bis heute gepflegt. Eines dieser Ensembles ist die italienische Truppe „Quattrocento", die ebenfalls für den Mittelaltermarkt engagiert war. „Quattrocento" eröffneten das Spektakel am Freitagabend auf der Hauptbühne, Samstagabend waren wir mit „Rattenkönig" an der Reihe, am Sonntagnachmittag sollten „Quattrocento" den Markt mit einer weiteren Moresca beenden. Ich muss zugeben, dass mich die Vorführung am Freitag durchaus beeindruckte: die prächtigen Kostüme, die akrobatische Choreographie, die blitzenden Schwerter, die mitreißende Musik – alles hochprofessionell und gekonnt. Wenn da nicht dieser Typ mit der Laute gewesen wäre, der die einzelnen Teile der Moresca in einer

– trotz seines starken Akzents – unerträglichen Selbstgefälligkeit anmoderierte und dabei so tat, als sei es für das Mainzer Publikum eine unverdiente Ehre, dass er sich überhaupt dazu herabließ. Er nannte sich „Il Buffone", was er wohl mit „Hofnarr" übersetzt hätte, obwohl mir „Hanswurst" angemessener erschien. Komischerweise war ich offenbar der einzige, der sich an der Arroganz dieses Typen störte, denn die anderen Zuschauer fanden seine Art ausgesprochen charmant und witzig – aber ich hatte ihn eben durchschaut! Vielleicht war das der Grund, dass er mich bei seinen Zwischenansagen und Liedeinlagen andauernd so herausfordernd fixierte, obwohl ich über 20 Meter von ihm entfernt in einer Menschenmenge stand und es schon stark dämmerte.

Nun müssen Sie wissen, dass ich mir im Rahmen meiner Recherchen das Figurenensemble der Frauenlob-Barke sehr intensiv angesehen hatte und deshalb sofort merkte, dass es sich bei diesem Buffone um niemand anderen als den Bronzekopf in der Heck-Luke handelte – das ist ein Ding, nicht wahr? Mir war aber zu diesem Zeitpunkt noch nicht klar, was er mit Frauenlob zu tun hatte. Das erschloss sich mir erst, als ich spätabends nach der Vorstellung noch einmal hinunter zum Rheinufer ging. Die Gesellschaft, die sich um diese Zeit am Brunnen herumtrieb, hätte mir unter normalen Umständen Angst machen mögen, aber ich trug während des ganzen Mittelaltermarkts meine „Rattenkönig"-Bühnenkleidung, die in ihrer archaischen Exotik ganz dazu geeignet ist, potentiellen Kombattanten Respekt einzuflößen.

Keine Frage, der Mann am Heck war der Wichtigtuer von „Quattrocento", so sicher wie ich selber als Frauenlob am Bug stand! War das von Bedeutung? Ich vorn, er hinten – eine Reihenfolge, ein Zeichen, eine Handlungsanweisung? War es mir aufgetragen, stolz und aufrecht am Bug stehend meine Überlegenheit auszuspielen und den Möchtegern-Konkurrenten auf die hinteren Plätze zu verweisen und gleichsam unter Deck einzusperren? – Mir fällt auf, dass Sie mich gar nicht mehr unterbrechen – hören Sie mir überhaupt noch zu?

Spät in der Nacht vertiefte ich mich noch einmal in Frauenlobs Lebensgeschichte, gerade auch in die nur legendär überlieferten Teile, weil da meiner Erfahrung nach häufig mehr Wahrheit drinsteckt als in den sogenannten gesicherten Fakten. Frauenlob hatte sich offenbar vor allem in Norddeutschland umgetan, hatte seine Dienste diversen Königen und Bischöfen angeboten und war schließlich als Protegé des Erzbischofs Peter von Aspelt nach Mainz geholt worden, wo er am 29. November des Jahres 1318 starb – wie es heißt an einem Gift, das ihm ein im Wettstreit unterlegener „welscher", also italienischer Sänger verabreicht haben soll. Dämmert Ihnen was?

An nächsten Abend war also unser Auftritt mit „Rattenkönig", dessen Erfolg ich Ihnen nicht zu beschreiben brauche, weil Sie ja selbst dort waren. Nur so viel: ich hatte eigens für diesen Anlass ein paar Fragmente Frauenlobs für meine Band bearbeitet, weil ich testen wollte, wie sie beim Publikum ankämen. Ich trug mich nämlich – und trage mich selbstverständlich immer noch – mit dem Gedanken, in meiner Eigenschaft als Stadtmusikant eine Rocktheater-Revue mit dem Titel „Frauenlob und die Meistersinger von Mainz" auf die Bühne zu bringen. Ich glaube nämlich, dass ich nicht nur berechtigt, sondern geradezu verpflichtet bin, das künstlerische Erbe Frauenlobs anzutreten und weiterzuführen, denn ich bin sein direkter Nachfahre und Träger seines Erbguts – oder wenn Sie's lieber esoterisch mögen: seine Reinkarnation. – Nein, daran gibt es für mich keinen Zweifel, die Indizien sind doch eindeutig!

Ich sah den Buffone während unseres Auftritts direkt vor der Bühne in der ersten Zuschauerreihe stehen und ließ ihn die ganze Zeit nicht aus den Augen. Er tat so, als sei er vor Begeisterung geradezu aus dem Häuschen, tanzte bei den schnelleren

Stücken wie ein übergeschnappter Derwisch und bahnte sich unmittelbar nach Ende des Konzerts den Weg in den Backstage-Bereich, wo er sich überschwänglich bedankte und mich dringend bat, mit „Rattenkönig" nach Italien zu kommen, er könne mir dort bei der Auftrittsvermittlung behilflich sein: Arena in Verona, Marktplatz in Siena, Caracalla-Thermen in Rom und so weiter. Natürlich ahnte er nicht, dass ich längst seinen eigentlichen Plan kannte. Dass ich wusste, dass er in mir nur einen lästigen Konkurrenten sah, den er bei erster sich bietender Gelegenheit aus dem Weg räumen wollte. Genauso wie es sein Vorfahr – wenn nicht er selber – vor 700 Jahren mit Frauenlob gemacht hatte. Aber Geschichte wiederholt sich nicht.

Sie wissen wahrscheinlich, dass der Wein im Mittelalter teilweise so minderwertig war, dass man ihn mit Gewürzen versetzte, um ihn überhaupt hinunterzubekommen – man muss sich das ein bisschen so vorstellen wie erkalteten Glühwein. – Ja, das sehe ich ähnlich wie Sie! Aber auf Mittelaltermärkten wird einem diese Plörre als historische Spezialität angeboten, und man merkt bei all dem Zimt- und Muskat-Aroma gar nicht, was da noch so alles im Steinkrug herumschwimmt. Ebenso kann man auf solchen Märkten alle Arten von Kräutern und Hausmitteln kaufen, und Geheimrezepturen für Hobby-Giftmischer lassen sich in der Regel auch auftreiben. – Erraten Sie schon, wie's weiterging? Ich hatte jedenfalls nicht vor, das Mordopfer dieses neidischen Italieners zu werden und beschloss, bei diesem Duell als erster zu ziehen.

Ich tat so, als interessiere ich mich für sein Angebot und schlug vor, die Details bei einem ordentlichen Trunk besten Gewürzweins zu besprechen. Ich holte also zwei große Humpen bei einem etwas weiter entfernten Stand und vergaß nicht, den Wein meines Gastes heimlich mit einer kräftigen Menge Belladonna nachzuwürzen – Sie wissen schon, Tollkirschen-

Extrakt. Weckt bei entsprechender Dosis Tote wieder auf, wird aber auch für den umgekehrten Effekt eingesetzt. Wir tranken den Gewürzwein, heuchelten, dass er köstlich schmecke, und waren beide froh, als die Krüge leer waren. Währenddessen unterhielten wir uns über Mittelalter-Rock und über denkbare Kooperationen, spachen von „Ougenweide", von „In Extremo", von „Subway to Sally" und Angelo Branduardi.

Ich regte einen kleinen nächtlichen Spaziergang an, der uns zunächst zur Frauenlob-Barke führte. Ich zeigte dem Buffone die Figur am Bug und den Kopf am Heck und wies ihn auf die frappierende Ähnlichkeit hin – er konnte oder wollte in beiden Fällen nicht den Hauch einer Ähnlichkeit erkennen, fand das Ganze aber zum Schreien komisch und schrie tatsächlich entsprechend laut. Auf unserem weiteren Weg am Rheinufer entlang in Richtung Theodor-Heuss-Brücke steigerte sich seine Stimmung bis zu Euphorie, und ich hatte Mühe, ihn daran zu hindern, wildfremde Passanten anzufallen und abzuküssen. Als wir bei der Heuss-Brücke angekommen waren, begann er plötzlich zu weinen und sagte, der Anblick der Brücke wecke das Heimweh nach seiner Geburtsstadt Venedig, dort gebe es nämlich auch viele Brücken. Ich schlug vor, über die Brücke hinüber nach Mainz-Kastel zu gehen und anschließend auf der anderen Seite zurückzulaufen.

Der Buffone war jetzt dermaßen auf- und abgedreht, dass er nur noch Italienisch sprach und auch das in einem mir unverständlichen, wahrscheinlich venezianischen Dialekt – ich kann deshalb nicht wiedergeben, was seine letzten Gedanken und Worte gewesen sind. Jedenfalls kletterte er auf das gusseiserne Brückengeländer und vollführte dort halsbrecherische Sprünge und Tanzfiguren – wie auf einem überdimensionalen Schwebebalken, nur eben in 15 Meter Höhe über dem Rhein, der gerade dort eine besonders starke und tückische Strömung hat. Erschrockene Passanten beschworen den waghalsigen Tänzer in heller Aufregung, doch vom Geländer herunterzusteigen. Allerdings wagte sich keiner in seine unmittelbare Nähe, wohl um ihn nicht zu einer unkontrollierten Bewegung zu veranlassen. Irgendwer musste die Polizei informiert haben, denn ich sah Blaulicht, das sich ohne Martinshorn, aber vergleichsweise schnell der Bücke näherte. „Fa' la ruota!“, rief ich dem Buffone zu, weil ich gesehen hatte, dass das unter italienischen Artisten die Aufforderung war, ein Rad zu schlagen. Er folgte meiner Aufforderung mit heller Begeisterung, bis er Rad schlagend an das Ortsschild knallte, das mitten auf der Bücke die Mainzer Stadtgrenze markiert: ein dumpfes Geräusch, ein kurzer Juchzer, ein klägliches Blöken des umgeschnallten Dudelsacks – dann ein mittlerer Platsch. Salto mortale.

Zwei Tage später wurde die Leiche im Schiersteiner Hafen angetrieben, umringt und betrauert von schnatternden Enten, Gänsen und Schwänen, darunter mehreren schwarzen. Erst dann bin ich zur Polizei gegangen – nicht um mich zu stellen, sondern um Meldung zu machen. Ein klarer Fall von Notwehr mit einem Quäntchen verspäteter Wiedergutmachung – oder sehen Sie das anders? Sie haben die ganze Zeit über nichts mehr gesagt, wahrscheinlich weil Sie eingesehen haben, dass es nichts mehr zu sagen gibt. Es gab nur die Wahl: entweder er oder ich. – Ich denke, ich brauche Sie jetzt nicht mehr. Aber vielen Dank, dass Sie mir zugehört haben.

Übrigens: gehen Sie doch gelegentlich mal runter zur Barke des Frauenlob und achten Sie besonders auf die Mönchsfigur, die mit ausgestrecktem Arm an der Reling steht – aber schauen Sie vorher noch einmal in den Spiegel!

Taxi 39 reloaded

Marion Schadek

Greta hatte gerne ihre Ruhe. Unter anderem deshalb war sie in dritter Ehe mit einem Friedhofsgärtner verheiratet. Der erzählte ihr nach Feierabend wenigstens nichts von intriganten Kollegen oder schwierigen Kunden.

Kennengelernt hatten sie und Alex sich auf der Beerdigung ihres ersten Mannes, Friedrich, der ermordet worden war. Für kurze Zeit hatte Alex gar als Hauptverdächtiger gegolten, bis ein junger Rumäne, der kein erkennbares Motiv hatte, als Täter überführt werden konnte.

Als eine Art Wiedergutmachung hatte Greta Alex mit der Grabpflege beauftragt. Für ihn war es Ehrensache, dass er an Trauerfeiern teilnahm, um so eine gute Kundenbeziehung nicht nur zu den Hinterbliebenen, sondern auch zu „seinen" Toten herzustellen.

Gefunkt hatte es zwischen ihnen kaum ein Jahr später, am Sarg ihres zweiten Mannes Heiner. Wieder hatte Alex den Zuschlag für die Grabpflege bekommen und wieder war er zur Trauerfeier erschienen. Doch diesmal hatte er eine Frage: „Wollen Sie wirklich, dass ich mit Begonien die Worte ‚Free Greta' pflanze?"

Greta hatte ihm fest in die Augen gesehen und dann gefragt: „Glauben Sie, Primeln wären besser geeignet?"

Bei allem Verständnis für ihre Situation – so könne er nicht arbeiten, erklärte Alex. Er müsse wissen, was genau sich hinter den Wünschen seiner Auftraggeber verbarg, erst recht bei so speziellen. „Diese Worte hat er quer über sein letztes Scheißporträt von mir geschrieben, bevor er sich in seinem Atelier erhängt hat", stieß Greta hervor. „Wollen Sie sich nicht auch den Ort des Grauens ansehen?"

Alex wollte. Und blieb. Zunächst auf eine Flasche Wein,

den sie aus blickdichten rabenschwarzen Gläsern für Blindverkostungen tranken. Dann über Nacht. Am nächsten Morgen wusste Alex, dass es sich bei Greta um die Lokalchefin der hiesigen Tageszeitung handelte und insbesondere ihre Weinreportagen und Winzerporträts über die Grenzen von Rheinhessen hinaus für Furore sorgten. Vom schlagartigen Verlust ihres Geruchssinns – vermutlich ausgelöst durch den Anblick von Heiners von der Decke baumelnder Leiche – ahnte Alex bis heute nichts. Dabei waren sie seit über sechs Monaten verheiratet.

Vielleicht würde dieses lästige Handicap von allein verschwinden, wenn sie es einfach ignorierte. Beim Tinnitus hatte das ja schließlich auch geklappt. Hinterher hatten alle, einschließlich der Spezialisten an der Mainzer Uniklinik, behauptet, sie könne nicht „richtig" krank gewesen sein, sonst wäre das nie wieder weggegangen. Diesmal hatte sie auf jegliche Arztbesuche verzichtet und die Anzahl der Personen, die um ihr Problem wussten, auf eine, nämlich auf sich selbst beschränkt.

Trotz seines jugendlichen Alters und eines beeindruckenden Vorstrafenregisters hatte Alex Stabilität in Gretas Leben gebracht. Mit 24 war er halb so alt wie sie, schien aber als Friedhofsgärtner genug zu verdienen, um seine wirtschaftliche Unabhängigkeit zu wahren. Jedenfalls lebte er nicht – wovon selbstverständlich alle Nachbarn im scheinbar beschaulichen Finthen ausgingen, das wusste sie genau – von Gretas Geld. Die neugierigen Blicke, die sie trafen, wenn sie ein Geschäft im ländlichsten Stadtteil von Mainz betrat, amüsierten sie inzwischen nur noch. Einzig beim Bäcker Marktl in der Lambertstraße war ihre Amour fou nie ein Thema gewesen. Im Gegenzug hatte Greta nie eine Miene verzogen, wenn ihr Blick auf seine Fotogalerie an der Wand gefallen war: Bäcker Marktl mit Roberto Blanco, Bäcker Marktl mit Heino, Bäcker Marktl mit dem Ortsschild von Marktl, dem Geburtsort von Papst Benedikt XVI, ...

Vor kurzem war er überraschend gestorben. Die Trauerrede hielt sein Lebensgefährte, von dessen Existenz viele Finther bei dieser Gelegenheit überhaupt erst erfuhren.

Um die Blumen auf dem Grab kümmerte sich Alex.

Gretas dritter Mann war nicht nur ein gefragter Friedhofsgärtner, sondern auch ein begnadeter Koch, höflich, witzig und charmant. Einzig die Aussicht auf Kontakt mit der Polizei konnte ihn in panikartige Zustände versetzten. Greta fragte sich, allerdings nur im Stillen, woher das wohl kam.

Ein unverhoffter Anruf der Chefredakteurin, die von Gretas Ambitionen, in die Wirtschaftsredaktion zu wechseln, wusste, sorgte für kurzzeitige Verstimmung zwischen den Eheleuten.

„Hast du heute Zeit, nach Nackenheim zu fahren?", hatte die Chefin von ihr wissen wollen. „Zur Jahresversammlung der Rheinhessischen Weinjournalisten."

Wow! Das war genau die Art von Einspringer, auf die Greta so lange gehofft hatte, um ihr Können unter Beweis zu stellen. Exakt die richtige Mischung aus Expertenrunde und zwanglosem Geplauder, das man prima verwenden konnte, um einen wirtschaftslastigen, faktenreichen Artikel mit ein wenig Unterhaltung zu würzen. Außerdem war das Rahmenprogramm – Modenschauen der russischen Labels „2 Top Gun" und „LO" – vielversprechend. Die Designer ließen ihre Models über Laufstege schweben, die wie Friedhöfe hergerichtet waren, oder drückten ihnen Waffen in die Hand. Am Ende der Show traten sie selbst mit Kalaschnikows im Anschlag vors Publikum, um zum Schein die Mannequins zu erschießen. Während der letzten Moskauer Modewoche hatte das für reichlich Aufregung gesorgt, weil die künstlerische Darbietung als Angriff tschetschenischer Rebellen missverstanden worden war.

Natürlich hatte Greta, die selbst keinen Führerschein besaß, im festen Vertrauen darauf zugesagt, dass Alex sie wie immer chauffieren würde. Sobald sie aufgelegt hatte, eröffnete Alex ihr, dass das diesmal leider nicht ginge. Er war in der Woche davor wegen Trunkenheit am Steuer seinen Führerschein losgeworden, wie er ihr erst jetzt gestand.

„Reg' dich nicht auf, Schatz", sagte er schnell. „Ich habe eine Idee."

„Sind Sie die Weinjournalistin?", rief der Taxifahrer durch sein zur Hälfte heruntergekurbeltes Seitenfenster.

Greta nickte. „Weinjournalistin" hatte er gesagt. Das klang eindeutig weniger nach „die Spionin, die aus dem Kaninchenstall kam" oder nach warmer Redaktionsstube als „Lokalreporterin".

„Ich bin Rafik. Ihr Mann hat mich beauftragt, Sie zu abholen."

„Abzuholen", verbesserte Greta ihn automatisch.

„Ah … Ja, gut, abzuholen", murmelte Rafik. „Ich bin Libanese, wissen Sie?"

Herausfordernd sah er Greta an. Die hielt seinem Blick stand und sagte schließlich hoheitsvoll: „Das macht ja nichts."

Die Verwirrung stand Rafik ins Gesicht geschrieben. Vom Beifahrersitz her ertönte schallendes Gelächter. Erst jetzt bemerkte Greta den dicken Mann mit Baskenmütze, dessen Sitz so weit zurückgeschoben war, dass er fast auf der Rückbank saß.

„Hallo, ich bin der Edwin", stellte er sich vor. „Wir sind Kollegen und haben dasselbe Ziel. Macht es dir etwas aus, hinten zu sitzen?"

Es machte Greta nie etwas aus, hinten zu sitzen. Greta saß immer hinten, um ihre Notizen ausbreiten und noch einmal in Ruhe durchgehen zu können. Während der Fahrt fiel für gewöhnlich kein Wort zwischen ihr und Alex.

„Normalerweise sitze ich lieber vorne. Aber bleiben Sie ruhig, wo Sie sind, heute kann ich auch eine Ausnahme machen", erklärte sie, setzte sich hinter Rafik und holte demonstrativ ihre Kladde heraus, in der sie sofort mit hochgezogenen Augenbrauen zu lesen begann.

Das Taxi fuhr los. Greta las natürlich nicht wirklich. Woher kannte Alex nur immer so viele merkwürdige Leute? Hoffentlich würde keiner auf die Idee kommen, sich während der Fahrt mit ihr unterhalten zu wollen.

„Sag mal, bist du die Greta, genannt ‚die Weinnase ?", fragte Edwin.

Greta tat, als habe sie nichts gehört. Sie hielt den Blick weiterhin starr auf ihre Notizen gerichtet.

„Ja, ist sie. Ist die berühmte Weinjournalistin, hat Alex gesagt", antwortete Rafik an ihrer Stelle.

„Mensch, das ist ja toll!", rief Edwin, ehrlich erfreut. „Endlich mal jemand, der wirklich Ahnung hat und nicht bei einem Fachmagazin arbeitet, wo es genügt, sich die Promotexte der Werbekunden herunterzuladen. Bei der Blindverkostung setzt du dich dann aber neben mich, ja? Du weißt ja, zwei Nasen riechen mehr als eine!"

Gereizt blickte Greta auf. Das hatte ihr gerade noch gefehlt.

„Ich glaube nicht, dass ich dafür heute Zeit haben werde. Sie sollten nicht zu fest auf mich zählen", erklärte sie entschieden.

Doch Edwin hatte bereits eine angeregte Unterhaltung mit Rafik begonnen, bei der er Gretas Verdienste um den Weinjournalismus aufzählte.

Nicht ohne Stolz bemerkte sie, dass er sich wirklich sehr eingehend mit ihrer Arbeit der letzten 15 Jahre befasst zu haben schien. Wer war der Kerl? Greta räusperte sich. Sofort drehte Edwin sich wieder zu ihr um.

„Entschuldigung – Sie sagten, Sie heißen Edwin, richtig? Und wie weiter?"

Edwin nannte ihr seinen Nachnamen, mit dem Greta auch

nicht mehr anfangen konnte. Und dann sein Pseudonym.

„Sie sind das?“ Greta schrie fast.

„Wissen Sie, dass Ihre Artikel mich zum Weinjournalismus gebracht haben?“

Fast konnte sie das abgegriffene Magazin zwischen den Fingern spüren, das damals jemand im Zug nach Paris im Abteil hatte liegenlassen. So wollte sie auch schreiben können, hatte Greta spontan beschlossen und fortan jede von Edwins Veröffentlichungen verschlungen, um sich davon für ihre eigene Arbeit inspirieren zu lassen.

„Edwin“, sagte Edwin und streckte ihr seine rechte Hand direkt neben seinem Gesicht entgegen.

„Greta“, sagte Greta und schlug ein. Die restlichen Minuten der Fahrt verbrachten sie schweigend.

Vor der Carl-Zuckmayer-Halle parkte eine Limousine direkt unter einem der Fenster des Saals, in dem die Veranstaltung stattfinden sollte. Ein paar Schwarzgekleidete mit Sonnenbrillen verströmten genügend Autorität, um anderen Autofahrern klarzumachen, sie sollten sich bei ihrer Parkplatzsuche lieber in genügend großer Entfernung umsehen.

Rafik ließ den Motor laufen, während Edwin und Greta ausstiegen. „Russenmafia“, murmelte er missbilligend.

„Hoffentlich“, sagte Greta nachdenklich. „Immer noch besser als der Emir des Kaukasus.“

Tschetschenische Rebellen zählten offenbar nicht zu Rafiks Spezialgebieten. Sowieso alles Banditen, fand er, und verschwand mit dem Hinweis, sollten Greta und Edwin die Veranstaltung unbeschadet überstehen, könnten sie sein Taxi Nummer 39 später gerne über die Zentrale anfordern.

Gretas Nackenhaare stellten sich auf, als sie den Saal betraten.

„Das ist wirklich geschmacklos“, flüsterte sie und deutete mit einer Kopfbewegung auf den Laufsteg, der den Raum in der Mitte teilte.

Mit grellbunten Plastikblumen und weißen Styropor-Kreuzen bestückte Gräber waren in regelmäßigen Abständen über den schwarzen Samt verteilt. Edwin zuckte mit den Achseln.

„Das Geschmacksempfinden des Publikums ist manchmal unergründlich", bemerkte er nüchtern. „Außerdem – falls es doch schiefgeht, steht der Fluchtwagen ja schon bereit."

Greta wusste, worauf Edwin anspielte. Kürzlich war bei einem Schönheitswettbewerb in Nieder-Olm der Veranstalter aus dem Fenster geflüchtet und davongebraust. Die Kandidatinnen hatten daraufhin die Organisation an sich gezogen, spontan eine Jury gebildet und selbst eine „Miss Rheinhessen" gekürt.

Edwin stöhnte auf, als er Gerald, den tapferen Radioreporter eines Ein-Mann-Senders aus Bingen-Gaulsheim auf sich zukommen sah. Im Vorfeld des Treffens hatte es – wie jedes Jahr – einen intensiven E-Mail-Austausch der Teilnehmer gegeben. Dabei war insbesondere über die Frage, ob man sich – zumindest für diesen einen Tag – auf ein einheitliches Erscheinungsbild festlegen wolle, diskutiert worden. Manche waren dafür gewesen, schon allein, um sich von den Food- und Tabak-Fachjournalisten abzugrenzen. Die Mehrheit hatte diesem Ansinnen eine Absage erteilt. Edwin hatte sich einen kleinen Scherz erlaubt und vorgeschlagen, alle sollten in rosa T-Shirts mit dem Aufdruck „Ich trinke (Wein), also bin ich" auf der Vorderseite und „Schnaps, das war sein letztes Wort" auf der Rückseite erscheinen. Gerald hatte diesen Vorschlag ganz offenbar ernst genommen.

„Huuuuuhuuuuu! Ed-wiiiiiin!", rief er und winkte wie von Sinnen.

Edwin entschloss sich für die Flucht nach vorn.

„Gerald, mein Held!", rief er und schloss den gerührten

Kollegen in seine mächtigen Arme. „Ich bin stolz auf dich!"

Dann flüsterte er Gerald etwas ins Ohr. Strahlend schritt der Mann in Rosa nach draußen.

„Was hast du ihm erzählt?", wollte Greta wissen.

„Dass die Pressefotografen gerne ein Foto von ihm vor der Russenlimousine hätten", erwiderte Edwin leichthin. „Irgendwer wird ihn schon fotografieren – und wenn's die Mafia für ihr Archiv ist. Hauptsache, wir sind ihn los, oder?"

„Das ist ganz schön gemein von dir", sagte Greta.

Trotzdem konnte sie sich ein Grinsen nicht verkneifen.

Die Modenschau war bewusstseinserweiternd. Die Models fuchtelten tatsächlich wie angekündigt mit Waffen herum oder hatten Styropor-Kruzifixe geschultert, während sie über den Laufsteg schritten und dabei auf dem einen oder anderen Grab ein paar Tanzschritte hinlegten. Der Höhepunkt aber war ihr Abgang – alle dreizehn stürzten sich nacheinander aus dem Fenster. Nicht aus dem, unter dem die Limousine parkte, sondern aus dem daneben, unter dem mittlerweile ein Sprungtuch gespannt worden war. Die leuchtend grüne Sicherheitsvorkehrung schloss mit dem Fensterbrett ab und war auch vom Saal aus gut sichtbar.

Edwin hatte dafür gesorgt, dass er und Greta nur mit „echten, nicht gefühlten" Journalisten an einem Tisch saßen. Auf ihren Platzkarten standen nur die Vornamen. Man kannte sich, sollte das heißen. „Du hast von solchen Veranstaltungen am meisten, wenn du die Nähe zu Leuten suchst, die es nicht nötig haben, jedem zu erzählen, für wen sie arbeiten. Leute, die von einer Sache mindestens genauso besessen sind wie du selbst. Sonst bist du im Nu von Groupies umringt, die Geschichten aus deiner glorreichen Vergangenheit hören wollen. Dabei lernst du nichts."

Greta hätte sowohl auf die Lektion als auch auf die merkwürdige Gesellschaft, von der sie höchstens das Fürchten zu lernen erwartete, gerne verzichtet. Stefania, die mondäne Schwarzhaarige, betrachtete kritisch ihre dunkelblau lackierten Fingernägel und ließ keinen Zweifel daran, dass sie nicht angesprochen zu werden wünschte. Greta war froh, dass Edwin zwischen ihnen saß – schon allein seine Leibesfülle vergrößerte den Abstand beträchtlich. Der Platz zu Stefanias Rechten war für Gerald reserviert, dessen Fototermin sich offenbar hinzog, denn er war noch immer nicht wieder aufgetaucht. Daneben saß Jan-Heiko, ein wohlgenährter Mittdreißiger, dessen mittlerer Hemdknopf jeden Moment abzuspringen drohte. Komplettiert wurde die Tischrunde durch Hermine, eine ehemalige Weinkönigin hoch in den Fünfzigern, die als vertrauensbildende Maßnahme jeden Gesprächspartner mit „Schatz“ oder „Liebes“ anredete und vor einigen Jahren die Ratgeberliteratur für sich entdeckt hatte. Greta hatte aus gegebenem Anlass zweimal damit begonnen, Hermines „Plötzlich Witwe“ zu lesen, hatte dann aber jedes Mal wieder zu schnell geheiratet, um herausfinden zu können, was die Tipps wert waren.

„Ich geh‘ mir mal schnell die Nase pudern“, flüsterte Greta Edwin zu, nachdem der erste Wein zur Blindverkostung in ihren Kelchen gelandet war.

„Machst du Witze?“, gab Edwin mit gespielter Empörung zurück. „Tue nichts, das unserer Poleposition schaden könnte, hörst du? Ich verlasse mich darauf, dass du deinen Gesichtserker frei von pudrigen Einflüssen hältst!“

„Ich vertraue dir jetzt ein Geheimnis an“, sagte Greta beschwörend. „Meine Nase ist nichts im Vergleich zu meinem Geschmackssinn. Spätestens wenn wir mit dem Zeug herumschmatzen und -spucken dürfen wie an der Vogeltränke, bin ich wieder voll da. Ich kann sogar ganz auf meine Nase verzichten, wenn es sein muss."

Edwin warf ihr einen zweifelnden Blick zu. Offenbar fiel es ihm schwer, das zu glauben. Kein Wunder. In der Klinik hatte man ihr gesagt, dass der Geschmackssinn immer in Mitleidenschaft gezogen würde, wenn der Geruchssinn gestört sei. Nur … in ihrem Fall war das anders. Schmecken konnte sie nach wie vor einwandfrei.

Greta ignorierte die missbilligenden Blicke des Moderators, der größten Wert darauf legte, dass alle circa 50 Versammelten seinen Anweisungen folgten und synchron verkosteten, hielt sich demonstrativ die Nase zu und nahm einen Schluck aus ihrem Glas. Da sie den Mund offen lassen musste, um überhaupt noch Luft zu kriegen, sah das Ganze nicht sonderlich elegant aus. Aber schließlich war es ja auch nicht Eleganz, mit der sie Edwin beeindrucken wollte.

„Saulheimer Frühburgunder, Holzfass, Weingut Thörle, Jahrgang 2008", sagte sie bestimmt und tippte auf die entsprechende Spalte des Fragebogens. „Schreib das schon mal hin. Bei dem Wein bin ich mir ganz sicher. Den kenne ich … Sag mal, hörst du mir überhaupt zu?"

„Was? Ich … Doch, doch, natürlich … Es ist nur … Es riecht hier irgendwie angebrannt, findest du nicht?"

„Ah, dann geht das nicht nur mir so", stellte Stefania fest und ließ ihr Glas sinken.

„Hm ja, stimmt", schaltete sich Jan-Heiko ein und steckte seine Nase nachdenklich in sein Glas.

„Liegt wahrscheinlich am Holzfass", sagte Greta schnell.

Dann warf sie Edwin einen fragenden Blick zu. „Darf ich mir jetzt die Nase pudern gehen?", sollte das heißen. Edwin notierte Gretas Ergebnis und entließ sie mit einer huldvollen Handbewegung. „Sie möge tun, was sie nicht lassen kann."

Greta merkte sofort, dass etwas nicht stimmte. Das lag weniger an dem reichlich verstört wirkenden Mann in Schwarz mit der Knarre als vielmehr an dem seltsam verdrehten Körper, der in einem rosa T-Shirt steckte, das an einigen Stellen brannte. Ob es das war, was Edwin und die anderen gerochen hatten, schoss es Greta durch den Kopf. Der Schriftzug auf dem T-Shirt war bereits zu „… aps, das war sei …“ zusammengeschnurrt. Ganz offensichtlich war es Gerald, der den Weg zur Damentoilette versperrte. Wie immer in solchen Situationen reagierte Greta routiniert.

„Feuer!“, brüllte sie. „So tun Sie doch was! Sehen Sie nicht, dass der Trottel brennt?“

Der Mann in Schwarz, der bislang ungläubig auf den angekokelten Radioredakteur gestarrt hatte, kam schlagartig zu sich und richtete seine Waffe auf Greta.

„Curva!“, fluchte er. „Du ruhig, sonst du auch tot.“

„Greta-Schatz, der Edwin will wissen, wo du blei … Ach herrje, was ist denn hier los?“

Hermine sah bestürzt auf den brennenden Gerald. Hinter ihr tauchte Stefania auf, die die Situation voll und ganz erfasste.

„Gib mir mal deine Jacke“, forderte sie den Mann in Schwarz auf. „Na los, mach schon. Willst du, dass die ganze Bude abfackelt?“

Ungeduldig schob sie seine Waffe beiseite, so dass die Mündung auf Hermine zeigte. Die wurde augenblicklich kreidebleich.

„Curva! Ich nur wollen Zigarette loswerden“, stieß der Mann hervor, blieb aber ansonsten unbeweglich stehen.

„Die Russenmafia!“, rief Hermine entsetzt.

„Ach was“, versetzte Stefania. „Ein polnischer Saisonarbeiter. Ich brauche jetzt eine Jacke!“

„Hier, nehmen Sie meine.“ Greta reichte Stefania ihr Jackett.

„Dank *dir*“, erwiderte die mit hochgezogenen Augenbrauen. Ach, richtig, unter Kollegen wurde ja zwangsgeduzt. Wie Greta das hasste …

Stefania gelang es, die Flammen mit Gretas Kaschmir-Jackett zu ersticken, das aber leider hinterher nicht mehr ganz so aussah wie zwei Tage zuvor, als sie es in einer Gonsenheimer Boutique gekauft hatte. Greta beschloss, sich später darüber aufzuregen.

„Mädels, wo bleibt ihr denn?“, ertönte nun Jan-Heikos Stimme. „Jetzt sieh dir das an, Edwin – der ganze Tisch ist hier versammelt. Hallo, Janek, du warst toll vorhin. Was ist denn mit Gerald los? Ist ihm nicht gut?“

Jan-Heiko, der für Gretas Empfinden das nötige Fingerspitzengefühl in dieser doch nicht ganz alltäglichen Situation vermissen ließ, kniete sich neben den reglos am Boden Liegenden und drehte ihn auf den Rücken. Geralds starrer Blick verhieß nichts Gutes.

„Curva!“, fluchte der Mann in Schwarz erneut. Hermine stieß einen Schrei aus, als er seine Knarre fallen ließ.

„Ganz ruhig, Hermine-Schatz, das ist nur eine Attrappe. Hast du ihn damit vorhin nicht über den Laufsteg gehen sehen?“, versuchte Jan-Heiko sie zu beruhigen.

„Der da ist … ein russisches Model?“, fragte Hermine, die vorhin bei der Show nicht so genau hingesehen hatte.

„Janek ist Pole“, erklärte Stefania. Sie legte dem Mann in Schwarz eine Hand auf die Schulter. Zu ihrem Erstaunen stellte Greta fest, dass selbst die kühle Stefania mit den Tränen zu kämpfen schien.

„Wie ist das passiert?“, fragte Edwin leise.

„Ich nur wegwerfen Zigarette … Und wuuuummmm … Feuer … Chef sagen, du nix rauchen … Wenn du rauchen, ich dich werfe aus Show … Sehe ich Chef und werfe ich schnell weg Zigarette … und wummm …“, jammerte Janek.

„Das erklärt das brennende T-Shirt, aber nicht, weshalb er tot ist“, stellte Greta sachlich fest. „Ich kann keinerlei Verletzungen erkennen.“

„Dann sollten wir vielleicht die Polizei rufen“, schlug Hermine, um Fassung bemüht, vor.

„Keine Polizei!“, riefen Edwin, Stefania und Jan-Heiko wie aus einem Munde, und auch in Janeks Augen flackerte Panik auf. Für einen Moment musste Greta an Alex denken …

„Und was tun wir dann?“, fragte sie schließlich.

„Ich rufe uns ein Taxi“, erklärte Edwin. „Glaubt ihr, ihr könnt Gerald schon mal zum Parkplatz bringen? Gleich ist Pause, da wird es einen Ansturm auf die Toiletten geben.“

„Na klar“, versicherte Jan-Heiko schnell. Sein Blick fiel auf einen herrenlosen Servierwagen. „Janek, hilf mir mal …“

„Und, wie war's gestern?“, wollte Alex wissen.

„Gut“, sagte Greta, um sich sofort wieder hinter ihrer Zeitung zu verschanzen.

„Bist du mit Rafik klargekommen?“, setzte Alex zögernd nach.

„Klar“, sagte Greta leichthin. „Ich bewundere den Familiensinn, den sich viele Libanesen bewahrt haben. Vielleicht mache ich da mal eine Reportage drüber. Mal sehen.“

„Ah, na prima … Ich muss jetzt zur Arbeit. Fährst du heute in die Redaktion?“

Greta ließ die Zeitung sinken.

„Nein, ich glaube nicht“, sagte sie dann. „Einen schönen Tag!“

Alex ließ sich seine Verunsicherung nicht anmerken, als er seiner Frau zum Abschied einen Kuss auf die Stirn drückte. Sobald er gegangen war, sah Greta die Zeitung noch einmal gründlich von Anfang bis Ende durch. Ihr Bericht über die gestrige Veranstaltung war als Vierspalter auf der Panorama-

Seite vertreten. Kein Wort darüber im Wirtschaftsteil. Sei's drum. Erleichtert stellte sie fest, dass Geralds Tod in diesem Zusammenhang unerwähnt blieb.

Rafik hatte ihnen dabei geholfen, die Leiche in den Kofferraum seines Taxis zu verladen und nach Mainz-Bretzenheim zu fahren, wo Rabie, einer der zahlreichen Cousins des libanesischen Taxifahrers, wohnte, der zufällig Pathologe war. Sie hatten gemeinsam beschlossen, dass nur Greta und Janek im Taxi mitfahren und alle anderen wieder zurück in den Saal gehen und bis zum Ende der Veranstaltung bleiben würden. Für eine Tageszeitungsredakteurin war es normal, dass sie sich früher verabschiedete, um ihren Artikel noch rechtzeitig abliefern zu können. Und dass niemand nach Janek suchen würde, war Greta nach den ersten zehn Minuten Autofahrt auch klar. Er kam regelmäßig nach Deutschland, um Jan-Heiko bei der Weinlese oder Stefania in ihrem Edelrestaurant zu helfen – schwarz, versteht sich. Wenn Stefanias – äußerst eifersüchtiger – Ehemann seine Eltern in Umbrien besuchte, stand Janek ihr auch für gemeinsame Freizeitaktivitäten zur Verfügung. Rabie glaubte nach einer eher makroskopischen Untersuchung, dass wahrscheinlich ein Herzinfarkt zum Tode geführt habe. Vielleicht, so sagte er, hätte die skurrile Modenschau zu seinem Unwohlsein beigetragen. Aber die Todesursache sei eindeutig eine natürliche gewesen.

Sie hatten das alberne rosa T-Shirt – oder vielmehr das, was davon übriggeblieben war – gegen ein weißes Hemd aus Rabies Schrank ausgetauscht. Janek hatte ihnen geholfen, Gerald auf den Rücksitz des Taxis zu hieven und anzuschnallen; dann hatte er sich abgesetzt. Rafik setzte Greta schnell noch zu Hause ab, bevor er über Funk die Zentrale informierte, einem Fahrgast gehe es nicht gut, er würde jetzt mit ihm in der Uniklinik vorbeifahren.

Da Gerald keine Angehörigen hatte, beschlossen Jan-Heiko und Stefania, dass sie sich die Kosten für die Grabpflege teilen würden. Greta versprach, ihnen einen zuverlässigen Friedhofsgärtner zu vermitteln, der sicher Verständnis für ihren Wunsch „alles außer Rosa“ haben würde.

Drei Stunden fünfzehn

Andreas Wagner

1.

Friedrich J. Becher war gut vorbereitet. Wie immer. Sein ganzes Leben bestand aus guter Vorbereitung. Sonst hätte er es sicher nicht so weit gebracht. Er lehnte sich in seinem weichen Autositz zurück und atmete tief ein. Wenige Minuten der Ruhe noch, dann war es so weit.

Auch wenn es noch nicht so aussah, der Zeitplan griff bereits. Dieses Abwarten in der Stille war fest eingeplant. Vier Minuten dreißig, wenn alles glatt gelaufen war bis hierher. Er kannte die Strecke auswendig und ihre unkalkulierbaren Verkehrsbedingungen. Im Berufsverkehr brauchte man für die vierundvierzig Kilometer schon mal mehr als eine Stunde.

Jahrelang war er die Strecke gefahren, bevor er sich mit dem vielen Geld selbständig gemacht hatte. Unser Aussteiger, so hatten sie hinter seinem Rücken gewitzelt. Der ist dem Erfolgsdruck nicht gewachsen gewesen. Ganz oben ist die Luft sehr dünn. Das halten nur die wenigsten über längere Zeit aus. Infarkt oder Ausstieg. Er hatte sich für die letzte Variante entschieden. Sie war eindeutig gesünder. Mehr vom Leben, weniger Stress und nicht bei jedem weißen Kärtchen mit schwarzem Rahmen derselbe nervige Gedanke: Könnte ich der nächste sein, die Einschläge kommen näher.

Also raus aus der Firma, aus den Verbindungen, dem sozialen Netzwerk, das er so fein gesponnen hatte. Raus aus den Kontakten, die jahrelang alles bedeutet hatten. Geldwert waren die gewesen. Sein Kapital und sein Pfund, mit dem er beim Alten jede Gehaltserhöhung und jeden Bonus durchzusetzen vermocht hatte. Der wusste genau, was passieren würde, wenn er zur Konkurrenz wechseln würde.

Mehr als ein Dutzend Mal hatten sie versucht, ihn abzuwerben. Über Headhunter hintenherum. Die ganz billige Masche. Ausloten was geht. Unverschämte Angebote. Astronomische Summen und gigantische Boni. Damals in den goldenen Neunzigern. Mal sehen, ab welchen Summen der schwach wird. Mit Geld ist doch jeder einzufangen. Einen Tag später hätte es der Alte erfahren. Jeden noch so unverfänglichen Flirt. Man kannte sich untereinander. Die Branche war überschaubar. Friedrich J. Becher war auf die anonymen Anfragen nie eingegangen. Interessanter waren die direkten gewesen. Ganz zufällig bei einem Glas Riesling im Golfclub. Belangloses Gequatsche, drum herum um den heißen Brei und doch so schnell zu durchschauen. Die Frage nach dem Handicap, dem neuen Sportwagen, dem florierenden Markt für Firmenübernahmen, dann das kurze Schweigen. Er kannte das und wusste, was dann zwangsläufig kommen musste. Ihre Zukunft? Wollen Sie nicht mal was anderes ausprobieren? Wir wären offen für ein Gespräch! Bevor Sie zu irgendjemand anderem wechseln, kommen Sie doch zu uns! Unsere Türen stehen Ihnen offen.

Zuerst hatte er sich dadurch geschmeichelt gefühlt. Sein Marktwert und damit auch sein Selbstbewusstsein stiegen von Jahr zu Jahr. Er wurde zum Alphatier. Mein wichtigster Mann im ganzen Laden, nannte ihn der Alte. Mit Ihnen könnte ich noch mal ganz von vorne anfangen. Etwas ganz Neues. Sprachlos war der Alte, als er es ihm ins Gesicht sagte. An den Moment erinnerte er sich noch ganz genau. Die Farben dieses Vormittags kurz vor Ostern. Ihr zarter Duft. Seine Leichtigkeit. Dieses Gefühl der Freiheit, das seine Worte trug. Es war die Anzeige in der Zeitung gewesen und seine Müdigkeit in den letzten Jahren. Schleichend war sie gekommen und ständig in ihm gewachsen. Die Angst vor dem vollständigen Zusammenbruch und das verlockende Angebot im Immobilienteil der Wochenendausgabe. Renommiertes Weingut aus Altersgründen abzugeben. Fünf Hektar Weinberge in besten Lagen, mit allen Maschinen, Kellerei und eigener Abfüllanlage. Das war schon immer sein Traum gewesen, sein großer Traum. Eine Spinnerei über Jahre, die mit seiner Begeisterung für Rieslinge und die Burgunder wuchs. Madeleine hatte ihn davon abgehalten. Sie hing zu sehr an ihrem Lebensstil, den sie glaubte dafür aufgeben zu müssen. Sie brauchte die Stadt, schicke Parties, Sterneküche, Weihnachten in St. Moritz, Ostern in der Finca auf Mallorca, Uhren aus Schweizer Manufakturen, blitzende Steinchen in Gold gefasst und eigenes Personal. Das war ihre Welt und auch seine nach 24 gemeinsamen Jahren. Eine Welt, die sich kaum mit den Spinnereien von alten Weinbergen und Handarbeit vertragen konnte. Nach der Scheidung war es nur noch eine Frage der Zeit.

Der Alte wünschte ihm alles Gute und willigte sogar in seine Abfindungsforderung ein. Im Gegenzug unterschrieb er ihm, eine fünfjährige Karenzzeit einzuhalten. Keine berufliche Betätigung als Unternehmensberater für Großfusionen. Nur das Weingut und nichts anderes wollte er. Acht Jahre war das jetzt her. Friedrich J. Becher atmete tief durch und sah auf die Uhr. Vierunddreißig Sekunden noch. Er steckte sich die wollene Sturmhaube in die Tasche und griff nach dem Alurohr, das neben ihm auf dem Beifahrersitz lag. Er hatte sich für die Variante mit dem Kunststoffüberzug entschieden. Leicht gepolstert reichte sie aus, um einen Menschen für einige Zeit schlafen zu schicken oder auch mal für mehr.

2.

Georg Emanuel Gleiber fühlte die Anspannung. Eine leichte Übelkeit, die er vor jedem großen Auftritt verspürte. Das flaue Gefühl in der Magengegend bevor es losging. Ein trockener Husten begleitete ihn die letzten beiden Stunden. Hartnäckig meldete er sich immer wieder. Das heisere Bellen eines alten

Hundes. Vier, fünf Mal hintereinander, in schneller Folge. Dann erst fühlte sein Rachen ein wenig Entspannung. Für ein paar Minuten nur. Bevor der nächste würgende Anfall kam, der ihn an den näher rückenden Auftritt erinnerte. Der war Routine, wie das bellende Husten davor. Heute hatte das alles aber schon früher angefangen. Das deutliche Zeichen, dass die Veranstaltung am Abend keine alltägliche war.

Ein Höhepunkt! Der krönende Abschluss. Sein Meisterstück quasi. Georg Emanuel Gleiber nickte sich selbst zu. Eine stille Bestätigung. Ganz persönlich nur für ihn. Das war seine Krönung. Dieser Abend, die handverlesenen Gäste. Das Beste, was Frankfurt zu bieten hatte. Gut einhundert Milliarden Bilanzsumme waren da heute Abend versammelt, um ihm alleine zu lauschen. Seinen Ausführungen, Erklärungen, seinem Kunstwerk. Geführt durch die Worte aus seinem Munde. Gefesselt würden sie an seinen Lippen hängen. Zu ihm aufschauen aus großen Augen werden sie, da war er sich ganz sicher. Unternehmer, Vorstände, Aufsichtsräte, nichts weniger. Dafür hatte er höchstpersönlich gesorgt. Zufrieden strich er sich durch seine vollen halblangen Haare, die er jeden Morgen mit reichlich Gel glatt nach hinten legte. Seit sie zur Hälfte ergraut waren, gefiel er sich noch besser. Silbernes Selbstbewusstsein, das er im Badezimmerspiegel genoss. Der graue Leitwolf, so nannte er sich selbst, wenn er sich im Spiegel besah. Überlegen und voller Tatendrang auch mit gut fünfzig noch. Immer die Nase im Wind, bedacht, aber entschieden zupackend, wenn sich eine gute Gelegenheit bot. Und das heute Abend war eine gute Gelegenheit. Die beste, die sich seit Jahren bot.

Aus über dreihundert Anmeldungen hatte er seinen Kreis für heute Abend ausgewählt. Genau dreiundsechzig Personen. Alleine die Warteliste las sich wie das Who is who der Bankenwelt. Ein Abend, der jede Krise vergessen ließ. Für eine Nacht nur die sich selbst auferlegte Zurückhaltung ablegen. Deswegen war der Andrang so riesig gewesen. Man gönnte sich ja sonst kaum noch etwas, weil es sofort breitgetreten wurde, am besten noch in der Presse, in großen schwarzen Lettern. Dieser Unternehmer entlässt 1000 Mitarbeiter und bestellt zeitgleich eine neue Yacht mit Helilandeplatz. Das ging an den meisten nicht so spurlos vorüber. Sie achteten peinlichst darauf, was sie wofür ausgaben. Exklusiv sollte es sein, aber dezent. Es durfte bloß keiner mitbekommen, dass man sich einmal etwas Außergewöhnliches gönnte. Eine kleine Belohnung für das, was man tagtäglich leistete, für die kleinen Erfolge in solch schwierigen Zeiten.

Und er hatte das genau so vorausgesehen. Gegen alle Unkenrufe. Zu teuer, in den heutigen Zeiten, in der Krise, in der doch alle sparen müssten. Nicht die, die heute Abend auf ihn warten würden. Die wollten genau das, was er ihnen bot. Einzigartig, nie wieder genau so möglich. Einmal erlebt und doch Gesprächsstoff für einen ganzen Lebensrest. Nach ein paar Stunden schon waren die wenigen Plätze ausgebucht, die durch die Auswahl der Weine vorgegeben waren. Seltene Tropfen, die nur äußerst schwer zu beschaffen waren, wenn überhaupt.

Der Preis spielte keine Rolle. Niemand nörgelte daran herum, solange die Leistung stimmte. Und die war wirklich nicht zu übertreffen. 10.000 Euro für eine Weinprobe. Auch hier setzte er Maßstäbe. Der Gedanke daran erstickte den gerade einsetzenden neuen Hustenanfall. Der Stolz beendete das Würgen. Wie schön war das doch, was ihn heute Abend erwartete!

3.

Friedrich J. Becher verschloss die Tür seines Wagens. Ein Knopfdruck, dann das surrende Geräusch der Türverriegelung.

Die Blinker vorne und hinten blitzten kurz auf und bestätigten, dass der Wagen jetzt zu war. Sein silberner Porsche Cayenne fiel hier gar nicht auf. Er stand in guter Gesellschaft, ein paar Limousinen, ein paar Sportwagen, dezente Farben verrieten die Vorstände, knalliges Rot und Gelb die Investmentbanker. Dazwischen ein überlanger Maybach in Beige. Der war schwerer zuzuordnen: indischer Industrieller oder arabischer Ölscheich. Das wäre eine Wette wert, für die es aber einen Partner gebraucht hätte und den konnte er heute Abend weiß Gott nicht gebrauchen.

Friedrich J. Becher atmete tief durch und versuchte den Zustand seiner rechten Hand zu erfassen. Zitterte sie oder war sie so ruhig, wie er sich selbst fühlte? Es war das Gewicht des Metallrohres, das er spürte und das seine Hand ganz leicht nur in Bewegung versetzte. Eigentlich war er es gewohnt, schwere Lasten zu tragen und körperliche Anstrengung wegzustecken. Aber das war nun mal kein ganz normaler Einsatz heute.

Vorsichtig ließ er seinen Blick wandern. Er hatte das geübt, vor dem Spiegel, etliche Male. Es sollte nicht verdächtig wirken. Den meisten Kleinkriminellen sah man doch schon nach wenigen Sekunden an, dass sie etwas im Schilde führten. Unauffällig vor der Bank, beobachtend, der Blick auf die Uhr, kurz vor Feierabend, der letzte Kunde kam raus und sie drängten hinein. So wollte er nicht aussehen. Langsame, aber entschlossene Schritte. Er kannte den Weg genau, diese hundert Meter vom Parkplatz bis zum Eingang des Clubs und er hatte einen minutiösen Ablaufplan aufgestellt, der kein auffälliges Abwarten zuließ. In knappen dreißig Sekunden würde er die gläserne Eingangstür erreichen und bis dahin auch das Alurohr unter dem Sakko seines schwarzen Maßanzuges verstaut haben. Die goldene Nadel an seinem Revers würde ihm den Einlass erlauben. Alle Mitglieder der Ehrwürdigen Societät trugen sie und bekamen damit Zutritt zu den Räumen des wohl exklusivsten Clubs der Bankenmetropole. Einhundert Nadeln steckten in den feinsten und teuersten Stoffen dieser Erde und nur, wenn eine zurückkam, gab es die Chance aufgenommen zu werden. Aber die Ehrwürdige Societät war heute nicht sein Ziel, sondern der große Saal, der den Mitgliedern für eigene Veranstaltungen zur Verfügung stand. Nach Anmeldung und peinlichst genauer Prüfung des Programms.

Eine Sache wie diese heute Abend brauchte die Intimität der Clubräume, das dunkle Holz, die schweren Fauteuils und die dicken Vorhänge, die nichts nach außen dringen ließen. Hinzu kam die vornehme Stille, die die Räume ausstrahlten und die er jahrelang selbst genossen hatte.

Mit der rechten Hand schob Friedrich J. Becher die gläserne Tür auf und trat entschlossenen Schrittes in den mit hellem Marmor ausgelegten Flur der Ehrwürdigen Societät. Den Druck des Metallrohres spürte er unter seinem Gürtel am Rücken. Er nickte dem Butler im Frack zu und steuerte auf die breite Treppe zu, die nach oben führte. Für den nächsten Schritt hatte er großzügige 120 Sekunden eingeplant. Die reichten aus und er würde ganz sicher der erste sein.

4.

Georg Emanuel Gleiber war gerade damit beschäftigt die erste der 75 Flaschen zu entkorken, als er gedämpfte Schritte auf dem Flur vernahm. Es war sofort da, das Gefühl abgrundtiefer Verachtung gewürzt mit einer guten Portion Hass. Hass auf die Person, die ihn bei dieser erfüllenden Prozedur störte. Er hatte sich extra von allem befreit für diesen grandiosen Moment. Diese knappe Stunde bis die ersten hier eintrafen und er als Gastgeber gefragt war, um Hände zu schütteln, Schultern zu klopfen, gute Freunde zu herzen und ihren Frauen die Aufwartung zu machen. Er hatte den ganzen Tag so durchgeplant, dass er jetzt genau nicht mehr gestört werden konnte. Das wussten eigentlich auch die wenigen Menschen, die er noch für diesen Abend brauchte. Sie waren alle verschwunden auf seine Anweisung hin und würden es ganz sicher nicht wagen hier aufzutauchen. Alle kannten ihn nur zu gut und sie wussten, wie er sich einen solchen Abend und die Vorbereitung darauf vorstellte. Also wer war dieses Arschloch, das da draußen auf dem Flur quer lief?

Georg Emanuel Gleiber hielt sein französisches Kellnermesser fest in der rechten Hand. Die zarten Schnitzereien im hellen Olivenholz konnte er ganz deutlich in seiner Handfläche spüren. Es waren seine Initialen in geschwungenen Buchstaben, die das exquisite Einzelstück zierten. Es war genau an die Formen seiner rechten Hand angepasst worden. Selbst schwierigste Korken stellten kein großes Hindernis für dieses perfekte Werkzeug dar. Er hatte sich mit seiner Hilfe schon Zugang zu manchem Schatz verschafft, auch wenn er von fast gänzlich aufgelösten Korken bedroht wurde. Die Weinsäure hatte sie über die Jahrzehnte schwach und brüchig gemacht. Meist kam auch noch unsachgemäße Lagerung und nachlässige Pflege hinzu. Wer nahm sich schon so viel Zeit für diese seltenen Weine und verkorkte sie alle zehn, fünfzehn Jahre neu?

Seit 1987 hatte er jede Flasche Wein mit diesem Messer geöffnet, jede Flasche, für die er verantwortlich zeichnete. Und dass dieses Messer ein Meisterwerk der Handwerkskunst war, merkte man alleine schon an der kleinen scharfen Klinge, die er für das Aufschneiden der dicken Aluminiumkapseln brauchte. Sie hatte bis zum heutigen Tag nicht ein einziges Mal nachgeschliffen werden müssen. Er verspürte große Lust, die kurze Klinge ohne Vorwarnung in den Körper zu rammen, der die Dreistigkeit besaß, ihn hier zu stören.

Der Duft, der aus der geöffneten Flasche aufstieg, holte Georg Emanuel Gleiber aus seinen Gedanken zurück. Er atmete einmal tief durch und drehte den Korken von der Spirale.

Jetzt herrschte wieder Ruhe auf dem Flur und das war gut so. Er konnte einfach mit solchen Störungen nicht umgehen. Sie zerstörten die Atmosphäre, die er sich für solche einzigartigen Abende aufbaute und die er brauchte, um später auch alle seine zahlenden Gäste in seinen Bann zu ziehen.

Das Aufziehen der Flaschen war sein Ritual, und wer auch immer dort draußen vorbeigestampft war, er hätte diese Flasche 2000er Château Margaux auf dem Gewissen gehabt.

Jetzt war alles wieder ruhig.

Langsam griff er mit seiner Linken nach dem bereitgestellten Glas. Es war mundgeblasen und speziell für den Genuss junger Bordeauxweine gemacht. Georg Emanuel Gleiber rechnete alle Premier Grand Crus der Jahrgänge 1990 und jünger hierzu, zumindest im Hinblick auf den Gebrauch dieses speziellen Glases.

Vorsichtig goss er sich einen ordentlichen Schluck ein. Der Wein brauchte die Luft, die ihm das ausladende Glas gab und er brauchte diese Flasche für die richtige Einstimmung auf diesen Abend. Alleine aus diesem Grund hatte er die Flasche, die nun wieder vor ihm auf dem polierten Tisch stand, mit hierher gebracht. Es war einer seiner Lieblingsweine der jüngeren Jahrgänge und er passte nicht zum heutigen Thema, aber er war sein Appetithappen, seine feierliche Vorfreude und sein ganz dezenter Anheizer.

Während er den ersten Schluck des kräftigen Roten in seinem Mund kreisen ließ und die rauen Gerbstoffe auf seine erfahrenen Geschmackspapillen spülte, wanderte sein Blick über die gedrängt stehenden Flaschen auf dem stabilen Buffetwagen. So waren sie schon vor vier Tagen aus der Klimakammer im Keller des Hauses hier hoch transportiert worden. Sie mussten sich an die neue Umgebung gewöhnen, ganz sachte, um sie nicht zu verschrecken. Der große Raum war dafür extra in eine kontrollierte Klimazone verwandelt worden, deren Temperatur er selbst mehrmals täglich kontrolliert hatte. Es war perfekt und so sollten auch die Weine von ihm schmecken.

Georg Emanuel Gleiber fühlte die zarte Wärme, die sein Inneres aussandte, das damit auf den ersten Schluck Margaux reagierte, den es empfangen hatte. Wärmende Dankbarkeit nur konnte es sein, die er in sich spürte. Und ein Gefühl der Entschleunigung. Jetzt lief wieder alles in geordneten Bahnen, die negativen Schwingungen waren weg, die atmosphärischen Störungen ausgeräumt.

Er würde jetzt noch die wenigen Flaschen öffnen, die das von ihm verlangten. Einige der Weine brauchten Luft, obwohl sie schon so alt waren. Er wusste genau welche. Die anderen wollte er nur vom Buffetwagen auf den vor ihm stehenden polierten Tisch stellen, damit sie von den ankommenden Gästen aus gebührendem Abstand bewundert werden konnten. Sie wollten sie ganz sicher alle sehen, noch bevor er mit seinen einführenden Worten beginnen würde.

Georg Emanuel Gleiber spürte, dass das sein Abend werden würde. Der Abend, der ihn zur Legende machte, der seinen Ruhm, den er unbestreitbar bereits besaß, noch beträchtlich mehrte. Noch nie hatte es eine solche Weinprobe gegeben: Château Petrus eine Zehnjahresvertikale aus zwei Jahrhunderten. Zwanzig Weine, das alleine reichte schon aus. Das besondere Schmankerl: er hatte bewusst die großen Krisenjahre noch dazu genommen: 1914 der Beginn des Ersten Weltkrieges; 1929 der Börsencrash, 1939 der Beginn des Zweiten Weltkrieges, 1972 die Ölkrise und 2004 der Zusammenbruch der neuen Märkte auf der ganzen Welt.

Ein schaurig schönes Finale, die Krisenweine, die all das Gejammer vergessen machten. Wie unbedeutend sind doch alle Krisen, wenn selbst sie solche Weine hervorzubringen vermögen?

Georg Emanuel Gleiber wollte gerade sein Glas auf den Tisch

zurückstellen, als ihn ein wuchtiger Schlag auf den Hinterkopf traf. Der dumpfe Schmerz, der damit einherging, hüllte ihn in mattes Schwarz und ließ ihn zusammensacken. Seine rechte Hand öffnete sich und gab das Kellnermesser mit den Verzierungen im Olivenholz frei. Mit gedämpftem Klang schlug sein wuchtiger Körper auf dem tiefen hellbraunen Teppichboden auf. Das nahm er jedoch nicht mehr wahr.

5.

Friedrich J. Becher lehnte sich im weichen Leder seines Sitzes zurück. Die Beschleunigung seines Wagens drückte ihn noch zusätzlich nach hinten. Die Häuser, die erleuchteten Straßenlaternen, die Seitenstraßen, all das raste an ihm vorüber. Der Motor surrte leise, obwohl er ihm einiges abverlangte. Es war keine Flucht, so fühlte es sich nicht an, tief in ihm. Es war mehr das erhabene Gefühl des eigenen Triumphs. Es war alles so außerordentlich gut vonstattengegangen, dass er sich dieses Gefühl redlich verdient hatte. Ein ganzer Monat detaillierter Vorbereitungen hatte sich gelohnt und das Tableau mit dem exakten Zeitplan hatte sich mehr als bezahlt gemacht.

Das leise Klappern aus dem Heck seines Cayenne erinnerte Friedrich J. Becher daran, dass seine Mission noch nicht ganz beendet war, auch wenn das, was jetzt noch folgte, sicherlich der leichteste Teil werden würde und der süßeste. Sein Dessert quasi, nach dem opulenten Hauptgang, der bisweilen durchaus anstrengende Passagen besessen hatte.

Für den Abtransport der 75 Flaschen hatte er sieben Minuten eingeplant gehabt. Eine ambitionierte Vorgabe, die er aber exakt einzuhalten vermocht hatte. Er lächelte zufrieden in sich hinein. Das alles verdankte er seiner exakten Ortskenntnis und zwanzig Jahren Zugehörigkeit zur Ehrwürdigen Societät, in deren größtem Saal die Probe hätte stattfinden sollen. Mit dem Buffetwagen war er in einer knappen halben Minute am Lastenaufzug gewesen, der sich im Nebenraum befand und der ihn direkt nach unten auf die Straße beförderte. Er diente bei größeren Feierlichkeiten den Zulieferern dazu, schnellstmöglich ihre Waren nahe an den Bestimmungsort heranzuführen. Er hatte ihn nun ebenso effektiv in umgekehrter Richtung zu nutzen verstanden. Nach dem Verladen der Boxen mit den noch ungeöffneten Weinen war sogar noch so viel Zeit übrig geblieben, um den nun nutzlos gewordenen Buffetwagen wieder im Lastenaufzug zu verstauen und auf den Weg nach oben zu schicken. Ein kleines Detail, das ihm zusätzliche Freude schenkte.

Mittlerweile war es dunkel geworden. Die Lichter der Straßenlaternen hatte er endgültig hinter sich gelassen und die Landstraße erreicht, die ihn zurückführte. In einer knappen halben Stunde würde er den Ort des Desserts erreicht haben. Dann würden sie im Club auch den Dr. Gleiber finden und umgehend die Polizei hinzuziehen. Die Frauen würden nach Luft ringen, blass mit der aufkommenden Übelkeit kämpfend, während ihre Männer ausloteten, wie sie schnellstens und möglichst diskret verschwinden konnten, noch bevor die ersten Paparazzi sich Zugang verschafft hatten und sie für die morgige Headline der Bildzeitung ablichteten. Gerechte Strafe für die Gierigen!

Bei dem Gedanken an Gleiber fing Friedrich J. Bechers Herz an heftiger zu schlagen. Ganz kurz spürte er sogar einen kleinen stechenden Schmerz, der ihm Gleibers breites Grinsen vor sein geistiges Auge projizierte. Das Lachen zumindest müsste dem gründlich vergangen sein.

Nach 28 Minuten, die er bei Weitem nicht als so lange empfunden hatte, war er am Rhein angelangt. Die Stelle hatte er sich in mühevoller Kleinarbeit gesucht. Es war fast der schwerste Teil des Planes gewesen. Sie durfte nicht zu weit von seinem Heimweg entfernt liegen, um keine unnötige Zeit zu verschwenden. Er musste mit dem schweren Wagen bis nahe ans Ufer heranfahren können und das so, dass er nicht gesehen werden konnte. Die Stelle musste also möglichst weit von Wohnhäusern und nächtlich genutzten Lagerhallen entfernt liegen. Er hatte einen Ort gefunden, den er in dem Moment erreichte, als gut dreißig Kilometer entfernt, im großen Saal der Ehrwürdigen Societät ein spitzer Schrei die übliche Stille zerriss. Friedrich J. Becher konnte ihn nicht hören und selbst wenn, dann hätte er nicht einmal einen kurzen Moment aufgeblickt. Es galt für ihn, keine Zeit zu verlieren. Für das Entsorgen der fünfundsiebzig Flaschen Château Petrus hatte er vier Minuten dreißig eingeplant und nicht länger. Einzeln schleuderte er die Flaschen in den Strom, der sie sinkend mit sich zog. Nach ein paar Stunden nur würden sie an fünfundsiebzig verschiedenen Orten auf dem Grund des Rheines liegen, verloren für immer. Friedrich J. Becher hätte jetzt am liebsten laut gebrüllt, um seiner überbordenden Freude Raum zu schaffen, alleine seine Disziplin verbat ihm dies. Erst wenn alle versenkt waren, war seine Rache vollkommen. Die Rache für das, was ihm Gleiber angetan hatte. Er hatte einen Traum zerstört, seinen Traum. Gleibers todsicheres Ding hatte ihn um alles gebracht, obwohl er die Gier schon längst hinter sich gelassen hatte. Gleibers todsicheres Ding und er mit dabei. Als einer der ersten im Boot. Die Chance einmal auf der richtigen Seite zu stehen. Sein Vermögen und der Kredit auf das Weingut brachten ihm 15 Prozent der Anteile an einer jungen, erfolgreichen, so vielversprechenden Firma. Biotech, ein Geheimtipp und Gleiber hatte mal wieder den richtigen Riecher gehabt. Endlich selbst mit dabei sein und nicht für andere. Zwei Jahre waren eingeplant bis zum Börsengang. Eine überschaubare Zeit. Diesmal machen wir das Ding alleine. Das ziehen wir zusammen durch. Du 15, ich 15. Der Rest bleibt bei den Gründern. Wir begleiten im

Stillen. Keine Arbeit. Du kannst in den Weinbergen bleiben. Ich kümmere mich um alles. Bei der Abwicklung des Börsengangs bist du mit dabei. Die warten nur darauf, bis das Ding so weit ist. Der erste Handelstag ist unser Zahltag. Dann kannst du dir noch ein paar Weingüter dazukaufen. Gleiber hatte immer gegrinst und war dann doch noch rechtzeitig ausgestiegen. Alles Ausreden. Ich brauche das Geld. Umschichtungen wegen meines Weinfonds. Du weißt, der läuft nicht so richtig und da komme ich nicht raus. Übernimmst du solange meinen Anteil? Friedrich J.Becher schüttelte es bei dem Gedanken an diesen Abend. Den Händedruck. Die Dankbarkeit in seinen Augen. Alles nur gespielt. Dieses Arschloch! Der war froh, das Ding loszuwerden. Er kannte die richtigen Zahlen.

Kein Börsengang. Nicht unter diesen Umständen. Und schon gar nicht, als der Markt drehte. Nach dem Bankencrash in den USA ging es rasant hinunter. In die Tiefen. Die Banken machten Druck. Kündigten die Kredite. Neue fanden sich nicht. Biotechnologie. Etliche Patente. Medikamente. Zwei bereits in der Erprobungsphase. Alles gelogen. Keines erhielt die Zulassung. Ein Teil der Versuchsreihen war gefälscht gewesen. Das musste er gewusst haben und dafür würde er heute Abend bezahlen. Das hatte er sich geschworen. Heute war Zahltag und das nicht zu knapp. Mit Zinsen und Zinseszinsen.

Ein leises Platschen begleitete die letzte Flasche, die im Rhein versank. Friedrich J. Becher atmete hörbar aus.

Sein großes Werk war vollbracht. Ein Meisterwerk minutiöser Planung. Er sah auf seine Uhr. Genau zwei Stunden achtundfünfzig waren vergangen, seit er von zu Hause losgefahren war. Langsam ging Friedrich J. Becher zur Fahrertür seines Wagens.

6.

Georg Emanuel Gleiber spürte einen stechenden Schmerz an seinem Hinterkopf, als ihm der Sanitäter die klaffende Wunde reinigte.

„Das werden Sie in der Uniklinik nähen müssen. Da führt kein Weg vorbei." Er hielt einen kurzen Moment inne, um dann fortzufahren. „Sie haben noch großes Glück gehabt, dass der Sie nicht totgeschlagen hat. Viel fehlte da nicht".

Georg Emanuel Gleiber stöhnte auf vor Schmerz. Aus dem Augenwinkel konnte er erkennen, dass sich mehrere Polizisten im großen Saal der Ehrwürdigen Societät umsahen. Das, was sie suchten, würden sie nicht mehr finden. Sein erster Blick, noch halb in der Ohnmacht, hatte die Bestätigung gebracht: Alles weg. Die 75 Flaschen, verschwunden, der Buffetwagen, auf dem er sie eben noch aufgebaut bewundert hatte.

„Verdammt, können Sie nicht vorsichtiger sein!" Er musste brüllen. Es war nicht anders auszuhalten. Die sündhaft teure Versicherungspolice lag gut verwahrt zu Hause in seinem Sekretär. Das würde noch zu einigen unangenehmen Nachfragen führen, die er aber ohne Probleme würde beantworten können. Schließlich hätte Becher ihn fast totgeschlagen.

Nur der erneute spitze Schmerz, den ihm dieser Vollidiot hinter ihm zufügte, hinderte ihn daran für einen knappen Moment zu grinsen. So schnell hatte er noch nie eine halbe Million verdoppelt und wieder einmal war es Bechers Einsatz gewesen. Becher war wirklich ganz einfach auszurechnen, ein kleiner Geist, der zu schnell aufgestiegen war und daher zu Recht wieder dort landete, wo er hingehörte: unten! Georg Emanuel Gleiber nickte und dachte an die Flasche 1929er Petrus, die zusammen mit den 74 anderen in dem unauffälligen Kombi zwei Straßen weiter lagen, den er sich mit gespieltem Zähneknirschen als Ersatzwagen von der Werkstatt für seinen SLK hatte aufnötigen lassen. Bechers

Beute waren nur billige Kopien gewesen, wie sie leicht zu beschaffen waren.

Er hatte genau gewusst, was Becher im Schilde führte. Früher oder später musste er seine Rache haben, dafür hatte er ihn zu tief getroffen und ihm alles genommen.

Georg Emanuel Gleiber warf einen kurzen Blick auf seine weißgoldene Rolex. Es waren genau drei Stunden fünfzehn vergangen, seit ihn dieses Gefühl beschlichen hatte, dass es am heutigen Tag passieren würde. Er hatte wieder einmal recht behalten.

Reden ist Silber, Schweigen ist Gold

Vera Bleibtreu

„Komm, Süße, wir gehen in das Büro von der Wagner."

„Lass das", gluckste Gemeindepädagogin Petra Wagenbach, während sie nicht ganz überzeugend versuchte, die Finger des Stadtjugendpfarrers davon abzuhalten, die interessanten Gefilde unter ihrer Bluse zu erkunden. „Lass das, sie könnte noch da sein!"

„Ach was", seufzte Wilfried Selms genießerisch und ließ seine Finger weiterwandern, „die liegt schon längst mit ihrer Wärmflasche zu Hause im Bett."

„Und wenn sie was merkt?"

„Ein bisschen Erotik kann ihr Schreibtisch vertragen, der kriegt sonst nur trockene Zahlen ab."

„Und die andern?"

„In dem Gewusel merkt doch keiner, dass wir zwei nicht da sind!" Schnell hatte Wilfried Selms die Tür geöffnet und die kichernde Petra ins Dunkel des Büros gezogen. „Komm schon, darauf freue ich mich den ganzen Abend."

Er presste sie gegen die Wand. Das plötzlich aufstrahlende Neonlicht tauchte den Raum in gleißende Helligkeit. Petra schrie und schrie.

„Uups, da habe ich wohl den Schalter erwischt", lachte Wilfried. „reg dich ab, das ist doch nicht tragisch, sei still, ich machs doch sofort aus."

Als Wilfried Selms sich umdrehte, wusste er auch warum Petra immer noch schrie.

Ulrike Wagner lag nicht zu Hause mit ihrer Wärmflasche im Bett. Sie saß, leicht zurückgelehnt, an ihrem Schreibtisch. Ihr Seidenschal hatte sich tief in die weiße Haut ihres Halses eingeschnürt. Ihre Zunge hing blau und tot aus ihrem Mund. Und irgendwer hatte eine glänzende Münze darauf gelegt.

„Es war eine 2-Euro-Münze", erzählte Kommissarin Tanja Schmidt ihrer Freundin Susanne Hertz, „du hast was verpasst bei der Party in eurem Haus der Kirche. Immerhin bin ich froh, dass du ausnahmsweise einmal weder Täter noch Opfer bist."

„Na danke", hustete Susanne. Sie saß mit hochrotem Kopf im Bett und schlürfte einen Erkältungstee. „Arne ist mein Zeuge." Ihr Freund Arne Dietrich, der mit Tanja Schmidt gemeinsam ein höchst erfolgreich ermittelndes Team der Kriminalpolizei Mainz bildete, lächelte seine Liebste zärtlich an und reichte ihr eine Wärmflasche.

„Ja, ich weiß", nickte Tanja, „erst, als wir ihn gestern Abend alarmiert haben, ist er von deinem Bett gewichen, vorher hat er dich rund um die Uhr betreut – ein Teechen hier, ein Aspirinchen da, ein Wärmfläschchen dort."

„Wilfried Selms und Petra Wagenbach, das hätte ich echt nie gedacht", schniefte Susanne, „ich dachte, der strickt nur Pullover und sie hat lediglich ihre Krabbelkreise im Sinn."

„An diesem Abend hatte er sich offenbar entschlossen, die gute Petra zu umstricken, mag sein, dass sie mit ihm krabbeln wollte, dazu kann ich nichts sagen", meinte Tanja trocken. „Zu unserem Glück haben die beiden sich für ihr Tête-à-Tête das Büro von Ulrike Wagner ausgesucht, denn sonst wäre die frühestens am nächsten Morgen entdeckt worden.

„Merkwürdig, das mit der Münze", meinte Susanne und hustete wieder, „aber irgendwie passt es, wenn die Finanzexpertin des Dekanates ermordet wird. Bist du sicher, dass sie nicht mit einem ihrer Haushaltspläne erschlagen wurde?"

Tanja schüttelte den Kopf. „Nein, es war definitiv ein Seidenschal. Sie wurde erwürgt."

„Wie sah er aus?", fragte Susanne.

„Der Mörder? Keine Ahnung, wüsste ich auch gern!"

„Nein, ich meine: der Schal!", krächzte Susanne, der gerade wieder die Stimme wegkippte.

„Seidenmalerei, aus den frühen Neunzigern schätze ich, Grundfarbe blau, mit gelben Schlieren."

„Das war ihrer, den trug sie abwechselnd zu einem Modell in grün-gelb", informierte Susanne ihre Freundin, „manche haben Wetten darauf abgeschlossen, welchen Schal sie tragen wird, grün oder blau."

„Was war der Einsatz?"

„Zwei Euro", meinte Susanne betreten.

„Vielleicht kann mir irgendwann jemand erklären, warum Frauen ab 40 diesen fatalen Hang zum Schal haben", meinte Tanja zu ihrem Kollegen Arne Dietrich, „besonders in Kirchenkreisen ist diese Neigung zu beobachten, das fällt mir auf, seitdem ich Susanne kenne. Zum Beispiel gestern im Haus der Kirche, da hatten 90% der Frauen einen Schal um den Hals gewunden, geschlungen, gelegt – im Grunde ist das Einladung zum Mord, wenn wir an Frau Wagner denken. Das macht es kriminellen Elementen wirklich zu einfach."

„Du meinst, der Mörder hat die Wagner erwürgt, weil er ihren Schal so hässlich fand?"

„Soweit möchte ich nicht gehen, aber es wäre doch ein Gedanke. Aber im Ernst – warum ist sie erwürgt worden? Es kann doch kaum daran gelegen haben, dass sich ein empörter Wettkandidat über seine verlorenen 2 Euro aufgeregt hat. Und warum hat er oder sie – es könnte ja auch eine Mörderin gewesen sein! – die Münze auf ihre Zunge gelegt? Ich hoffe mal, dass uns der Dekan weiterhelfen wird. Und hoffentlich ist Susanne bald wieder soweit fit, dass sie uns beraten kann."

Dekan Dr. Weimann wirkte noch zerzauster als gewöhnlich. Auf seinem Revers hing ein wenig Eidotter, die gehäkelte Baumwollkrawatte sah aus, als ob sich der oberste Hirte des evangelischen Mainz damit den ganzen Vormittag den Schweiß abgewischt hätte. Und in der Tat schien es, als ob das Haus der Kirche für Dr. Weimann heute eine Sauna wäre, er transpirierte in Strömen. Nur, dass er dabei nicht so recht entspannt wirkte. Seine freundliche Sekretärin schaute ihn auch mütterlich besorgt an, nachdem sie für Arne und Tanja zwei Tassen Kaffee gebracht hatte. Weimann zitterte leicht, als er seinen Kaffee zum Munde führte, ein Wunder, dass sein Hemd blütenweiß geblieben war.

„Ein schrecklicher Mord, und das hier, im Haus der Kirche, und die komplette Pfarrerschaft samt allen Angestellten ist verdächtig, nur weil wir an diesem Tag das Jubiläum Evangelisches Mainz gefeiert haben. Wir wollten uns mal was gönnen, und dann das! Ein Glück, dass der Kirchenpräsident nur am Vormittag zur feierlichen Eröffnung kam, da war Frau Wagner schließlich noch ganz lebendig. Nicht auszudenken, wenn der Kirchenpräsident da hineingezogen worden wäre!"

Weimann wischte sich jetzt tatsächlich mit seiner Krawatte den Schweiß von der Stirn. Er war wirklich fertig mit den Nerven. „Wer kann denn sowas tun!"

„Frau Wagner war nicht verheiratet und hatte keine Kinder", resümierte Tanja aus ihren Notizen, „kennen Sie hier Hintergründe?"

Weimann überlegte. „Ulrike sah gut aus, schlank, ein attraktives Gesicht, vielleicht nicht schön im landläufigen Sinne, aber apart. Wenn ich an sie denke – sie hatte eine wirklich gute Figur, und ihre Kostüme haben das dezent unterstrichen, billig waren die nicht. Nur diese schrecklichen Seidentücher ..."

Weimann schluckte, er erinnerte sich daran, dass eines dieser Tücher eine furchtbare Rolle gespielt hatte.

„Wenn sie so attraktiv war – gab es da vielleicht einen Verehrer?", hakte Tanja nach. Weimann verneinte. „Warten Sie mal", er suchte in seiner Erinnerung, „sie hat mal zu mir gesagt: Ich finde Zahlen richtig sexy. Erst habe ich sie nicht verstanden, aber sie hat es noch mal wiederholt: Zahlen sind sexy, glaub‘ mir!“

Weimann schüttelte den Kopf bei der Erinnerung.

„Sie meinte das ernst, sie fand Zahlen wirklich sexy. Mir käme das nie in den Sinn, ihr schon. Und ich glaube, bei all den Zahlen, mit denen sie tagtäglich hantierte, da hatte einfach kein männliches Wesen eine Chance.“

„Haben Sie denn eine Idee, wer ein Problem mit Frau Wagner hatte?“, fragte Arne. Weimann lief rot an, der Schweiß rann wieder, die Krawatte kam zum Einsatz. „Nun, äh ...“, er stotterte, nahm einen Schluck aus der Kaffeetasse, verschluckte sich, hustete, dann schaute er Tanja und Arne verzweifelt an.

„Sie hatten doch alle ein Problem mit ihr. Das war ja das Problem!“

Dann, es konnte einem wirklich ins Herz schneiden, fing Dekan Dr. Weimann an zu weinen.

„Sie hat so viel für uns getan, das ahnt ja keiner“, flüsterte er, nachdem er sich gefasst hatte. Er erzählte Tanja und Arne von seiner Geschichte mit Ulrike Wagner. Dass er sich zunächst auch nicht für die herbe Finanzexpertin erwärmen konnte, dann aber den weichen Kern in der harten Schale entdeckte. Wie er bewundernd herausfand, dass sie sich wie eine Löwin einsetzen konnte, etwa, als es darum ging, die marode Orgel der evangelischen Kirche in Gonsenheim zu retten oder für den Altar der Kapelle im Städtischen Altersheim einen Finanzierungsplan zu entwerfen. Da konnte sie unermüdlich Spenden einwerben und Zuschussmöglichkeiten finden. Dabei war ihre Aufgabe als Finanzexpertin des Dekanats rein ehrenamtlich. Hauptberuflich arbeitete Ulrike Wagner als selbständige IT-Beraterin. Beruflich war sie äußerst erfolgreich und anerkannt, ihre Kunden lobten ausnahmslos ihre Arbeit. Sie war hartnäckig und penibel, das galt allerdings auch für die Art und Weise, in der sie die Finanzen der Kirchengemeinden überprüfte. „Sie fand jeden Fehler“, erzählte der Dekan. „Und ... zeigen Sie mir den Menschen, der keine Fehler macht.“

Wieder schaute der Dekan wie ein unglücklicher Bernhardiner, der den verschütteten Skifahrer trotz aller Bemühungen einfach nicht finden kann. „Sie hat sich mit allen angelegt. Wirklich mit allen! Ich sag doch, sie war wie eine Löwin. Jeder Euro, der durch Fehlplanung oder Schlamperei vergeudet wurde, war für sie wie ein persönlicher Angriff. Das bekamen die Unglücklichen, die sie ertappt hatte, auch zu spüren. Aber deshalb bringt man doch niemanden um, oder?“

Wieder blickte er Tanja und Arne mit Bernhardineraugen an. Und Tanja konnte noch gerade eben den Impuls unterdrücken, dem unglücklichen Dekan beruhigend übers Haupt zu tätscheln. Stattdessen reichte sie ihm ein Taschentuch. Die Krawatte war nur noch ein nasser Lappen.

„Ich mag mich gar nicht daran erinnern wie sie mich zur Sau gemacht hat, als ich einmal die Haushaltsnummern verwechselt hatte“, bestätigte Susanne später die Aussagen des Dekans. „Ehrlich gesagt – ich hätte sie umbringen können in diesem Moment.“

Tanja seufzte. Ihre Freundin hatte wirklich ein Talent, sich verdächtig zu machen! Susanne war mit der gesamten Pfarrerschaft und allen Angestellten des Dekanats in die Auferstehungsgemeinde gekommen. Dekan Dr. Weimann hatte im Auftrag der Polizei zur Vernehmung geladen. Dem zarten Keim der Liebe zwischen Wilfried Selms und Petra Wagenbach hatte die Aufregung um den Mord offensichtlich nicht gut getan. Beide hatten sich weit voneinander im großen Kirchenraum platziert und gönnten sich nicht einen Bick. Mit Krabbelkindern in selbstgestrickten Stramplern würde es wohl in absehbarer Zeit nichts werden. Tanja und Arne wurden bei den

Vernehmungen von mehreren Beamten unterstützt, die die Aussagen protokollierten.

Fünf Stunden später waren sie nicht viel schlauer als zuvor. Einmal abgesehen von Susanne, die das Bett gehütet und Pfarrer Uwe Kreisler, der sich in der Partnerkirche Indonesien aufgehalten hatte (dort weilte er mehrmals im Jahr), waren alle beim Jubiläumsfest dabei gewesen. Natürlich konnte niemand ein lückenloses Alibi aufweisen. Jeder hatte mal ein wenig frische Luft geschnappt, den Raum gewechselt oder war zu einer kurzen Besorgung in die Stadt gegangen. Am verdächtigsten war eigentlich Uwe Kreisler, denn Ulrike Wagner hatte ihm kurz vor seinem Abflug angekündigt, dass der Haushaltsposten für Indonesien entscheidend gekürzt würde. „Wir sind als Dekanat nicht dafür zuständig, Ihre Urlaubsreisen zu finanzieren", hatte sie in ihrer direkten Art gesagt, Kreislers empörte Stimme hatte durch das ganze „Haus der Kirche" geschallt. Aber – Kreisler war aus dem Schneider. Indonesien sei Dank.

„Hoffen wir mal, dass uns die Hausdurchsuchung bei Frau Wagner weiterhilft", sagte Arne.

Doch auch die Hausdurchsuchung brachte sie nicht recht voran. Dabei war alles ganz ordentlich, ja geradezu penibel geordnet. Die entfernte Cousine aus Bingen, die als Erbin gefunden und dank eines perfekten Alibis völlig unverdächtig war (sie hatte als stellvertretende Vorsitzende des Heimat- und Geschichtsvereins vor etwa 150 interessierten Mitgliedern einen Vortrag über Hildegard von Bingen gehalten), würde keinerlei Probleme mit der Haushaltsauflösung haben. „Sogar ihre Beerdigung hat Ulrike Wagner geregelt", meinte Tanja verblüfft, als sie die entsprechenden Unterlagen fand, „so alt war die Wagner doch noch gar nicht, knapp 50!"

„Lehre uns bedenken, dass wir sterben müssen, auf dass wir klug werden – Psalm 90", bemerkte Arne.

„Ich weiß nicht, ob dir die Beziehung zu Susanne wirklich guttut", meinte Tanja zweifelnd.

„Wem eine tüchtige Frau beschert ist, die ist viel edler als die köstlichsten Perlen, Sprüche 31, Vers 10", entgegnete Arne mit Nachdruck.

Tanja seufzte. „Vielleicht sollten wir mit deiner köstlichen Perle noch einmal sprechen, mir scheint, wir haben irgendetwas übersehen."

„Eigentlich dürften wir dir das alles gar nicht so ausführlich erzählen", sagte Tanja ernst, als sie Susanne detailliert von den Ergebnissen ihrer Untersuchungen berichteten.

„Wir verpflichten dich auf dein Schweigegebot, außerdem bist du ja nicht verdächtig", ergänzte Arne, wobei ihm die Skepsis am eigenen Vorgehen deutlich anzumerken war.

„Ich habe euch nicht gebeten, mir das alles zu erzählen", wandte Susanne etwas beleidigt ein – sie hatte Arnes Reserviertheit deutlich gespürt.

„Wir haben jetzt keine Zeit für Empfindlichkeiten", entschied Tanja. „Bitte hilf uns, was kommt dir bei der ganzen Angelegenheit merkwürdig vor?"

Susanne dachte sorgfältig nach. „Zwei Details finde ich eigenartig. Zuerst: Die Münze auf der Zunge. Ich frage mich, was das für eine Münze war ..."

„Eine Zwei-Euro-Münze", unterbrach sie Arne.

Susanne machte eine ärgerliche Handbewegung. „Weiß ich doch, ich meine: woher kam die Münze, aus welchem Land?"

Arne und Tanja schauten sich an, beide zuckten mit den Schultern – darum hatten sie sich bisher nicht gekümmert.

„Diese Münze wurde doch bewusst auf die Zunge von Frau Wagner gelegt. Vielleicht hat das als Geste eine Bedeutung, oder es war Zufall, oder die Beschaffenheit der Münze ist wichtig", ergänzte Susanne, „möglicherweise hat das ja mit Styx zu tun."

Arne und Tanja schauten Susanne fragend an.

„Styx, der Fluss der Unterwelt, nach der griechischen Mythologie trennt er die Lebenden von den Toten. Charon, der Fährmann, geleitet die Toten ins Totenreich, aber umsonst war bei den alten Griechen nicht mal der Tod. Also musste jeder Tote einen Obolus für Charon bereithalten. Deshalb legte man den Toten eine Münze unter die Zunge."

Arne und Tanja staunten. „Was du alles weißt."

Susanne lächelte geschmeichelt. „Mittelstufe Gymnasium, Herr Urban, er war ein begnadeter Lehrer, man ist förmlich mit Odysseus durch die Ägäis geschippert und hat mit Pan die Ziegen gehütet", erläuterte sie.

Tanja überlegte. „Es könnte also sein, dass der Mörder oder die Mörderin Frau Wagner die Gebühr für den Fährmann der Unterwelt mitgeben wollte?"

Susanne nickte zustimmend. „Das könnte sein. Obgleich die Münze ja auf und nicht unter der Zunge lag, oder?"

Tanja überlegte: „Vielleicht hatte er oder sie keinen Sinn für solche Feinheiten?"

„Wer so eine hochsymbolische Handlung vollzieht, dem liegt doch an Feinheiten, oder?", wandte Arne ein. „Susanne, du hast gesagt, es sind zwei Details, die dir komisch vorkommen – was ist das zweite?"

Susanne zögerte. Dann entschloss sie sich zum Reden. „Ich mag ihn sehr, und ich kann mir wirklich nicht vorstellen, dass er etwas mit dem Mord zu tun hat, aber ich kann mir einfach nicht erklären, warum der Dekan geweint hat."

„Jeder weint mal", meinte Tanja. „Das ist doch normal, er war halt erschüttert."

Susanne rührte nachdenklich in ihrer Teetasse. „Es passt nicht zu ihm. Vielleicht weint er zu Hause, wenn er ganz alleine ist. Schon in Gegenwart seiner Frau kann ich mir das nicht mehr vorstellen. Ich habe ihn noch nie weinen sehen."

Arne zweifelte: „Er mochte sie halt, außerdem fand der Mord in seinem „Haus der Kirche“ statt. Das kann selbst einen Dekan vom Format Dr. Weimanns erschüttern. Außerdem wirkt er auf mich nicht unsensibel.“

Susanne schaute Arne lange an: „Das habe ich auch nicht behauptet. Er ist sensibel. Aber er ist ein Mann der alten Schule. Er hat ein weiches Herz, aber er behält die Fassung, komme was wolle, erst recht, wenn er in seiner Funktion als Dekan gefordert ist. Jedenfalls: Normalerweise behält er die Fassung.“

Susanne stand auf und klopfte sich ein paar Kekskrümel von der weißen Bluse.

„Ich habe euch nur gesagt, was mir aufgefallen ist, jetzt muss ich zum Friedhof, das Leben geht weiter, außer für Ulrike Wagner und Holger Felbs.“

„Wer ist Holger Felbs?“, erkundigte sich Tanja.

„Den beerdige ich jetzt.“

„In den Schuhen?“, fragte Arne.

Susanne schaute an sich herunter. Sie trug goldene Riemchensandalen mit einem schwindelerregend hohen Kork-Plateauabsatz.

„Nun, eventuell sollte ich Herrn Felbs in einem anderen Modell zur letzten Ruhestätte geleiten.“

„Fangen wir mit der Euro-Münze an, die Sache mit den Tränen des Dekans klingt mir zu gefühlig, da habe ich Schwierigkeiten mit“, entschied Tanja. Arne schaute sie von der Seite an. „Ich kenne noch jemanden, bei dem mich Tränen überraschen würden“, meinte er vorsichtig.

„Du meinst Wolfgang? Stimmt, auf ihn trifft das auch zu.“ Tanjas Freund Wolfgang Jacobi hatte als Unternehmer und Firmenberater in vielen Ländern der Erde, vor allem im Nahen Osten und Asien gearbeitet und war jemand, der sich seine Gefühle nie anmerken ließ. In gefährlichen Situationen hatte ihm diese Selbstbeherrschung oft das Leben gerettet. Sogar bei der Beerdigung seines besten Freundes Steffen Vogel war es ihm gelungen, die Fassung zu bewahren. Arne dachte daran, dass er Tanja und Wolfgang schon seit einiger Zeit nicht mehr zusammen gesehen hatte und bedauerte seine unbedachte Bemerkung.

„Ja, Wolfgang ist ein Meister darin, seine Emotionen für sich zu behalten", sagte Tanja kühl. „Aber im Gegensatz zu der Frau des Dekans – ich habe ihn schon einmal weinen sehen."

Tanja schaute Arne so an, dass der gar nicht erst auf die Idee kam, weiter nachzufragen.

Die Zwei-Euro-Münze war eine griechische Münze, glänzend, frisch aus dem Jahr 2010.

„Dass die da noch prägen durften, so mitten in der Krise", witzelte Arne, „vielleicht soll die Münze darauf hinweisen, dass Ulrike Wagner das Geld des Dekanats in Griechenland-Anleihen verzockt hat?"

Tanja war genervt. „Dann müssen wir die ganzen Finanzen des Dekanats überprüfen, der Herr steh uns bei! Gibt's da Amtshilfe durch das Finanzamt? Ich wills mal hoffen. Fällt dir noch was ein?"

„Vielleicht hat das prägende Land auch gar nichts zu sagen und es ist eine Warnung der Mafia, Ulrike Wagner war kurz davor, einen Mafiosi hochgehen zu lassen, möglicherweise ist sie als IT-Beraterin auf eine Spur gestoßen, vielleicht war einer ihrer Kunden eine Tarnfirma, die fackeln ja nicht lange. Ich habe mal gelesen, dass sie immer eine Warnung hinterlassen, abgeschnittene Körperteile oder so."

„Eine Münze auf der Zunge", sagte Tanja nachdenklich, „ja, das könnte möglich sein, dann wäre der Mörder von außen gekommen. Bei dem Auftrieb im Haus der Kirche hatte er eine realistische Chance, unerkannt zu bleiben. Du hast

Recht, Arne, es war sträflich nachlässig, die Berufstätigkeit von Frau Wagner außen vor zu lassen, erzähl das bloß nicht weiter, meine geliebte Vorgesetzte degradiert uns als Aufsicht für den Putzdienst in der Kantine! Also, wir haben uns viel zu sehr auf das evangelische Kirchenvolk konzentriert! Frisch ans Werk, Ulrike Wagner hat ja dankenswerterweise alles bestens geordnet. Da müssen wir den Computer nur mit den Firmennamen füttern. Das Finanzamt setzen wir aber auch an, die sollen mal schauen, ob mit den evangelischen Finanzen alles in Ordnung ist."

Tanja stand auf.

„Der weinende Dekan, ich glaube, da ist Susannes dramatische Ader durchgekommen."

Susanne fuhr in ihrem alten Alfa auf die andere Rheinseite, zur Bastion Schönborn. Ihr besonderer Platz mit Blick auf ihre Stadt Mainz half ihr immer, ihre Gedanken zu ordnen. Sie konnte stundenlang den Schiffen zuzusehen, daran denken, wieviele Menschen schon hier an diesem Ufer gestanden, in Mainz gelebt hatten: Römer, Germanen, Schweden, Franzosen, Amerikaner, unzählige Schicksale über die Jahrtausende, Fernweg und Heimat, kriegerische und friedliche Zeiten. Nachdenklich schnickte sie kleine Steinchen übers Wasser und zählte, wie oft sie aufprallten, bevor sie untergingen. Etwas stimmte ganz und gar nicht mit den Tränen des Dekans, da konnte Tanja sagen was sie wollte. Und irgendwie hing das auch mit der Münze zusammen. Langsam ging die Sonne unter, die Fenster des Doms leuchteten im Widerschein der Abendsonne strahlend rot auf, so als ob jemand ein Licht angezündet hätte. Das Kreuz auf der Christuskirche schimmerte, als ob der Herr selbst ihr ein Zeichen geben wollte. Und plötzlich war Susanne etwas ganz klar geworden.

„Ich hätte gerne einen Termin bei Dr. Weimann“, erklärte Susanne der Sekretärin des Dekans.

„Ist es eilig, Frau Pfarrerin Hertz?“, fragte Frau Bucher.

„Wieso?“

Der sympathischen Vorzimmerdame war die Sorge um ihren Chef anzumerken: „Im Moment versuche ich alles zu schieben, was nicht dringend ist. Dr. Weimann fühlt sich nicht wohl. Aber Sie kennen ihn ja, krankfeiern gibt es nicht bei ihm.“

Susanne atmete tief durch.

„Leider, Frau Bucher, es ist dringend. Sehr dringend.“

Dr. Weimann sah in der Tat aus, als sei er in den wenigen Tagen seit dem Tod von Ulrike Wagner um Jahre gealtert. Müde, aber höflich wie immer bot er Susanne einen Platz an.

„Sie haben geweint“, stellte Susanne fest.

„Nein, wieso?“, fragte Weimann etwas erschöpft.

„Nicht heute. Sie haben geweint bei dem Gespräch mit Kommissarin Tanja Schmidt, Arne Dietrich war auch dabei, kurz nach dem Mord an Ulrike Wagner. Da haben Sie geweint.“

Weimann blickte auf und sah Susanne überrascht an.

„Ich weiß, ich dürfte das gar nicht wissen. Aber Tanja und Arne haben es mir erzählt, und da hat etwas in mir ‚Klick‘ gemacht. Sie weinen eigentlich nicht, oder?“

„Ja, ich weine eigentlich nicht“, stimmte Dr. Weimann zu.

„Das passt nicht zu Ihnen, es musste schon etwas ganz Besonderes passiert sein, damit Sie so die Fassung verlieren konnten.“

Weimann sah Susanne immer noch erschöpft, aber aufmerksam an, entgegnete jedoch nichts.

„Sie haben die Münze auf die Zunge von Frau Wagner gelegt“, stellte Susanne fest. Sie merkte überrascht, dass sie erstaunlich ruhig war. Weimann sah sie weiterhin aufmerksam an, erwiderte jedoch immer noch nichts.

„Sie haben die Münze auf ihre Zunge gelegt, aber Sie haben sie nicht ermordet."

Susanne beobachtete, dass eine Träne aus dem Augenwinkel von Weimann trat und über seine Wange rollte. Er schien es nicht zu bemerken.

„Ich bin mir sicher, dass Sie keinen anderen Weg gesehen haben, sonst hätten Sie das nicht getan." Susanne überlegte. Dr. Weimann wartete.

„Es ist eine apokryphe Angelegenheit, oder?", fragte sie. Weimann sagte nichts. „Eine apokryphe Angelegenheit", wiederholte sie noch einmal, als ob sie ihre Aussage beschwören wollte.

Weimann äußerte nichts weiter. Es war ganz still im Raum.

„Darf ich etwas ergänzen?", fragte Susanne nach einer Weile. Weimann schaute sie nur stumm an. „Sie haben Ulrike Wagner geliebt", stellte Susanne fest.

Weimann schwieg lange. Susanne kam es vor wie ein unendlicher Augenblick. „Ja", sagte Weimann dann schlicht, „sie hat es leider nie erfahren."

„Er hat die Münze auf ihre Zunge gelegt", erklärte Susanne Tanja und Arne, „aber er hat sie nicht umgebracht."

Tanja war fassungslos. „Das gibt es doch nicht, warum hat er so etwas Perverses getan?"

„Weil es wahrscheinlich seine einzige Möglichkeit war, uns etwas mitzuteilen", meinte Susanne.

„Ich verstehe gar nichts", klagte Arne entnervt, „warum redet er nicht Klartext und handelt sich stattdessen eine Klage vor Gericht ein, er hat einen Mord nicht gemeldet und den Tatort verändert."

„Er konnte nicht anders", sagte Susanne, „es gibt keine andere Erklärung. Er konnte nicht anders. Ich denke, ich weiß auch warum."

Susanne ging zu ihrem Regal und kam mit einem dicken Band zurück. „Das Recht der Evangelischen Kirche", erklärte sie Tanja und Arne. Sie blätterte. „Hier, da haben wir es. § 18 Abs. 1 des Pfarrerdienstgesetzes: Über alles, was den Pfarrerinnen und Pfarrern bei Ausübung der Seelsorge anvertraut wird, haben sie unverbrüchliches Stillschweigen zu wahren."

Tanja kräuselte die Stirn. „Du meinst, er kann uns nichts sagen, weil es unter die Schweigepflicht fällt? Das heißt, der Mörder hat ihm gebeichtet, dass er Ulrike Wagner getötet hat?"

Susanne schüttelte den Kopf. „Nein, das glaube ich nicht. Weimann wollte uns mit der Münze einen Hinweis geben, das hätte er nicht getan, wenn der Mörder ihm den Mord gebeichtet hätte. Ich glaube, der Mörder hat ihm etwas gebeichtet, das Ulrike Wagner später, unabhängig von Weimann, herausgefunden hat. Ulrike Wagner musste deshalb sterben."

„Und Weimann gibt die Sache mit der Münze nicht zu?"

Susanne nickte. „Er sagt gar nichts dazu. Jedes Wort wäre in seinen Augen schon ein Schritt zu weit. Das Seelsorgegeheimnis muss unverbrüchlich gewahrt bleiben. Er würde sogar ins Gefängnis gehen, etwa, wenn ihr ihm nachweisen könntet, dass er die Münze auf Ulrike Wagners Zunge gelegt hat. Aber äußern würde er sich nie."

Susanne überlegte, wie sie ihre Vermutung möglichst einleuchtend formulieren konnte. Es klang verrückt. „Ich habe nachgedacht über diese Münze, eine Euro-Münze ist ja silbern und goldfarben ..."

„Das weiß doch jeder", unterbrach Tanja sie.

„Geduld, Tanja, eine biblische Tugend, und um Bibel geht es jetzt", Susanne blieb überraschend ruhig, „bitte, die Sache ist wirklich kompliziert. Also: Eine Euro-Münze ist silbern und goldfarben. In der Bibel gibt es nur eine Stelle, in der die Kombination Silber – Gold – Zunge vorkommt: Im apokryphen Buch Baruch."

„Was ist apokryph?“, fragte Arne.

„Das sind Schriften, die Martin Luther nicht im gleichen Rang wie die anderen biblischen Bücher, jedoch sinnvoll zu lesen fand. Apokryph heißt auf Deutsch verborgen, unecht oder untergeschoben. Diese apokryphen Bücher gehören deshalb nur eingeschränkt dazu, in meiner Bibel sind sie gesondert abgedruckt.“

Tanja wurde wieder ungeduldig. „Komm doch bitte zum Punkt, Susanne, was steht in dieser apokalyptischen Schrift?“

Susanne lächelte. „Apokryph, Tanja, das apokryphe Baruch-Buch. Meiner Ansicht nach verbirgt es tatsächlich etwas: nämlich die Erklärung für die Münze. In Baruch, Kapitel 6 heißt es zusammengefasst: Ihre Zunge ist vom Künstler fein gemacht; mit Gold und Silber überzogen. Es kommt aber auch vor, dass die Priester das Gold und Silber stehlen und es für sich verwenden, ja sogar den Huren im Freudenhaus davon geben.“

Susanne schaute Arne und Tanja erwartungsvoll an.

„Ja und?“, meinte Arne. Sein Gesichtsausdruck war ein lebendiges Fragezeichen.

Susanne holte tief Luft. „Ich glaube, die Münze ist ein Hinweis auf diese apokryphe Stelle und will uns sagen, dass ein Pfarrer Ulrike Wagner umgebracht hat. Gold, Silber, Zunge, Priester, Huren und Freudenhaus werden genannt. Das bedeutet, dass dieser Pfarrer im Puff war. Ulrike Wagner hat das herausgefunden.“

Tanja schüttelte den Kopf. „Selbst wenn das stimmt – ich finde, es klingt aberwitzig – dann wäre das doch nun wirklich kein Grund für einen Mord. Gut, ein Bordellbesuch ist nicht gerade das, was man von einem Pfarrer erwartet, aber strafbar ist es nicht.“

Susanne nickte. „In der Tat, aber wenn der Pfarrer den Besuch im Bordell mit Geld des Dekanats bezahlt, dann sieht es anders aus.“

Arne stieß einen Pfiff aus. „Mensch, Susanne, da könnte was dran sein. Hatten wir hier in Rheinland-Pfalz nicht den Fall des Abgeordneten, der mit der Kreditkarte seiner Partei den Bordellbesuch bezahlt hat?“

Susanne nickte.

Tanja war entnervt. „Wie sollen wir das unserer Chefin erklären? Die hält uns für völlig durchgeknallt: Weil ein suspektes biblisches Buch von Zungen, Gold und Silber redet, brauchen wir einen Durchsuchungsbefehl für alle Pfarrhäuser in Mainz“.

Susanne nickte. „Das würde ich an eurer Stelle auch nicht tun. Braucht ihr aber auch nicht. Schließlich hat nicht jeder Pfarrer Zugang zu Dekanatskonten. Das grenzt die Zahl der Verdächtigen erheblich ein. An eurer Stelle würde ich überprüfen, ob Kreisler nicht doch einen früheren Rückflug aus Indonesien bekommen hat, möglicherweise hat er vergessen, das euch gegenüber zu erwähnen.“

„Er wurde gar nicht verhört“, sagte Arne nachdenklich, „jeder glaubte, er wäre noch in Indonesien.“

Susanne nickte. „Und Kreisler hat die Verfügungsgewalt über das Partnerschaftskonto des Dekanats. Wenn Ulrike Wagner herausgefunden hat, dass etwas mit den Belegen nicht stimmt, dann hat sie ihn garantiert damit konfrontiert.“

Tanja kritzelte nachdenklich Schleifen auf ihrem Block. „Auch wenn das alles stimmt: Unsere Chefin darf davon ihr Leben lang nicht ein Wort erfahren, denkt an die Kantinenaufsicht! Ich erinnere euch hiermit an eure Schweigepflicht! Aber warum hat Kreisler dem Dekan gebeichtet?“

Susanne überlegte. „Ich denke, er hatte ein sehr schlechtes Gewissen. Möglicherweise hatte er auch die Absicht, den Schaden wieder gutzumachen. Unglücklicherweise hat dann Ulrike Wagner den Betrug entdeckt, bevor er seine gute Absicht umsetzen konnte. Bei Betrug verstand sie keinen Spaß. Das dürfte sie Kreisler auch sehr deutlich gemacht haben. Und der, in die Enge getrieben, sah keinen anderen Ausweg, als sie endgültig zum Schweigen zu bringen, schließlich wäre er bei einer Verurteilung vom Dienst suspendiert worden, womöglich ohne Bezüge und Rentenanspruch. Das konnte er nicht riskieren. Er buchte einen früheren Rückflug und nutzte die Chance des Auftriebs beim Fest der Kirche. Wenn ihn jemand gesehen hätte, wäre das nicht weiter auffällig gewesen, weil er ja dazu gehörte, und nach dem Mord dachte mit Sicherheit niemand mehr an ihn."

Arne schnaubte. „Das ist ziemlich gewagt, was wir hier konstruieren."

Tanja setzte einen großen Punkt auf ihren Block. „Ein Anruf beim Flughafen und eine Kontrolle von Kreislers Abrechnungen, so gewagt ist das doch nicht, oder?"

Susanne saß Dr. Weimann in dessen Büro gegenüber. Die Sonne malte helle Flecken auf die Tischplatte. Frau Bucher hatte Kaffee und Kekse gebracht, aber Susanne hatte nichts angerührt.

„Kreisler hat alles zugegeben", berichtete sie.

Weimann nickte. Er wirkte außerordentlich erschöpft.

„Er bestreitet allerdings, die Münze auf die Zunge gelegt zu haben, dieser Punkt wird wohl nicht aufgeklärt werden können."

Weimann blickte auf seine Kaffeetasse und sagte nichts.

Susanne schwieg ebenfalls. Dann stand sie auf. „Ich muss los, der Seniorenkreis wartet."

„Ich habe kurzfristig Urlaub nehmen können, ich werde eine ganze Weile abwesend sein", sagte Weimann, „Frau Dekanin Sauerwein aus Alzey vertritt mich. Meine Frau und ich haben uns überlegt, dass wir gemeinsam den Jakobsweg pilgern werden. Wir wissen nicht, was wir auf dem Weg herausfinden, aber wir lassen uns gemeinsam darauf ein."

Susanne schaute Weimann an. Sie hoffte für Weimann, dass er und seine Frau den richtigen Weg für sich finden würden – gemeinsam oder getrennt.

„Gott segne Sie“, sagte sie schlicht.

Weimann überlegte einen Moment, dann nahm er Susanne in den Arm. „Danke“, sagte er. „Für alles.“

Aus die Maus
Peter Jackob

Übrigens, fuhr Pater Brown fort, mache ich Ihnen keinen Vorwurf daraus, dass Sie so schnell auf übernatürliche Kräfte schlossen. Der Grund hierfür ist ganz einfach. Sie verschworen sich alle, hartgesottene Materialisten zu sein – und in Wirklichkeit balancieren sie alle gerade an der Kante des Glaubens – des Glaubens an irgendetwas und nahezu alles.

G. K. Chesterton. Das Wunder von Moon Crescent

Acht Stunden vor ‚Rhein in Flammen'

Vorsichtig zog er die Kiste unter dem Gebüsch am Ufer hervor. Es war schwül. Den Rhein konnte man beinahe schmecken, so feucht war die Luft. Er trug die Kiste zum Wasser an das Schlauchboot. Mit einiger Mühe hievte er sie hinein, warf den Motor an und legte ab.

Langsam bewegte er sich auf die Insel zu. Es war ungewöhnlich ruhig, nur das Geräusch des Außenbordmotors schnitt durch die Stille.

‚Mal sehen, wie ihr damit leben könnt', raunte er vor sich hin und lachte leise auf.

Es war genug Zeit, um alles vorzubereiten. Die Einsatzkräfte der Feuerwehr würden erst gegen Abend auftauchen. Das Boot trieb wegen der starken Strömung ein Stück ab, aber es gelang ihm, am hinteren Ende der Insel anzulanden. Er lud die Kiste aus, löste den Verschluss und öffnete den Deckel. Darin befanden sich Sprengstoff, Zündschläuche, Sprengkapseln, Bohrmeißel und Auslöser. Er nickte zufrieden. Dann stieß er das Schlauchboot zurück in den Fluss, wo es schnell abtrieb.

Er hatte acht Stunden Zeit. Die Vorbereitungen waren mit größter Sorgfalt zu treffen.

»Frankfurt Hauptbahnhof«, hallte es in ihr Abteil. Das schrille Quietschen der Bremsen folgte, dann stand der Zug. Sie hatte kurz entschlossen einige Sachen gepackt und sich auf den Weg nach Berlin gemacht. Sabine hatte ihre Schwester schon seit einem halben Jahr nicht mehr gesehen, aber sie telefonierten häufig. Sie wird mich verstehen, dachte sie, sie hat Ähnliches durchgemacht. Wie hatte es nur soweit kommen können?

Den ersten Teil der Fahrt hatte sie hinter sich. Jetzt noch Hannover, dann endlich Berlin, ging es ihr durch den Kopf. Sie fühlte sich bereits um einiges sicherer. Sie war überrascht darüber, wie groß ihre Furcht vor ihm war, obwohl er in all den Jahren nie gewalttätig geworden war oder ihr gedroht hatte. Und doch hatte ihr Mann etwas Dunkles, Ungezähmtes. Was sie einst anzog, machte ihr mittlerweile Angst.

Ein kurzes Anrucken und der Zug nahm erneut Fahrt auf. Sie schloss die Augen und atmete tief ein, Bilder der vergangenen Nacht tauchten vor ihr auf. Sie strich sich beiläufig mit der Hand über die Brust – wie sehr hatte sie seine Entschlossenheit, seine Lust erregt. Sie hatte ihrem Mann vorgelogen, dass sie ihre Freundin Anne besuche und über Nacht in Rüdesheim bleibe. Die letzte Fähre lege um Mitternacht ab, das wäre ihr zu früh. Da er Anne nicht mochte, wusste sie, dass er bestimmt nicht mitkommen würde.

Als Sabine am späten Morgen in Bingen vor dem Museum am Strom gestanden hatte und sich auf den Heimweg machen wollte, war ihr klar geworden, dass sie jetzt nicht nach Hause zurückkonnte. Sie brauchte Zeit, um die Nacht mit Stefan zu verarbeiten. Sie rief ihre Schwester an und bat darum, sie besuchen zu dürfen, jetzt gleich, sie würde ihr später erklären warum. Gisela wunderte sich, stellte aber keine Fragen.

Dann war sie doch noch mal kurz nach Hause gegangen. Erst vergewisserte sie sich, dass das Auto ihres Mannes nicht vor der Tür stand, schlich um das Haus herum und lugte in die Fenster. Er schien nicht da zu sein. Als sie die Tür ihres Hauses öffnen wollte, benötigte sie beide Hände, um den Schlüssel ins Schloss zu manövrieren. Auf Zehenspitzen bewegte sie sich an der Küche vorbei und bemerkte verwundert, dass die Kellertür nur angelehnt war. Sie hielt inne und horchte. Kein Laut drang an ihr Ohr. Sie ging ins Ankleidezimmer und packte einen kleinen Reisekoffer. Es war kurz nach eins, als sie das Haus verließ. Sie würde den Zug um 13.48 Uhr noch erreichen.

Ein Angestellter des Servicepersonals betrat das Abteil. Sabine kaufte sich einen Kaffee und legte ihre Hände eng um den Becher. Das gleichförmige Rattern beruhigte sie und brachte ihre Gedanken in einen neuen Rhythmus. Dieter war in den letzten Jahren immer eifersüchtiger geworden. Anfänglich kam es ihr wie eine leichte Schwäche vor – sie fühlte sich durch die besondere Aufmerksamkeit, die er ihr widmete, sogar geschmeichelt. Ihr gefielen seine Leidenschaft, sein Begehren. Aber nach und nach wurde ihr bewusst, dass sich daraus eine Manie entwickelte, die kaum mehr zu kontrollieren war.

Sie hatte schon länger das Gefühl, dass er ihr nachspionierte. Bei jedem Schritt, den sie tat, jedem Gespräch, das sie führte, jedem Besuch, den sie machte, hatte sie den Eindruck, als lauerte er hinter ihr, wie ein Schatten, den man nicht abschütteln kann. Als sie die Mutter einer Freundin im Krankenhaus besuchte und zum Auto zurückgehen musste, weil sie die Blumen vergessen hatte, meinte sie, ihn in der Lobby gesehen zu haben. Letzte Gewissheit erhielt sie, als ihr eine Freundin berichtete, dass er sie in sicherer Entfernung beim Einkaufen beobachtet hatte. Seine Liebe nahm zerstörerische Züge an. Besonders seit der Frühpensionierung waren seine Zweifel und sein Kontrollwahn immer stärker geworden.

Er litt an Herzproblemen und warf ihr des Öfteren vor, dass

sie Schuld daran sei. Vor allem ihre aufreizende Art gegenüber anderen Männern. Sie und das feuchte Klima des Rheingrabens würden ihn noch umbringen. Aber zu mehr als sarkastischen Bemerkungen und zugeschlagenen Türen war es nie gekommen. Sie hatte ihn mehrfach gebeten, eine Therapie zu machen. Er hatte vage zugestimmt, aber nie etwas unternommen. Vor ein paar Wochen dann hatte Dieter sie wieder lauthals beschuldigt, angeschrien und ihr vorgeworfen, sie betrüge ihn. Er hätte sie geschlagen, wenn ihr Nachbar nicht plötzlich geklingelt hätte, dessen war sie sich sicher. Ihr Wunsch auszubrechen, wurde immer stärker.

Beim Klassentreffen der Ehemaligen vor zwei Wochen fiel ihr Stefan mit seinen ruhigen braunen Augen auf. Während der Schulzeit hatte sie ihn kaum beachtet, wegen seiner zurückhaltenden Art war er für sie damals nicht in Betracht gekommen. Stefan lebte in Bingen, er war bei der Wasserschutzpolizei und hatte sich vor einigen Jahren von seiner Frau getrennt. Sie saßen zusammen und plauderten über vergangene Zeiten. Wie sehr er für sie geschwärmt hatte, sie für ihn jedoch unerreichbar schien. Sie spürte dieses Kribbeln und die Aufregung, die sich bei jeder Bemerkung, jedem Lachen, jeder Geste einstellte. Sie fühlte sich wohl in seiner Nähe und genoss die Vertrautheit.

Der Zug war kurz vor Hannover. Sabine konnte den Eindruck nicht abschütteln, dass ihr Mann doch etwas von ihrer Abreise mitbekommen hatte. Möglicherweise war sie am Bahnhof gesehen worden, und er hatte es zufällig erfahren. Von Stefan konnte er nichts wissen, sie waren überaus vorsichtig gewesen. Rede dir bloß nichts ein, sagte sie sich. Der Gedanke an die gemeinsamen Stunden erregte sie. Sabine schaute auf ihr Handy und war erleichtert, dass Dieter nicht versucht hatte, sie anzurufen. Merkwürdig, dachte sie.

Sie schloss die Augen und versuchte alles von sich abperlen zu lassen, dachte an ihre Schwester, daran, wie sie gemeinsam kochen würden und an ihren obligatorischen Besuch im Theater. Mit ihr würde sie reden können. Ihr Kopf wurde schwerer und schwerer, das monotone Rauschen des Zuges und das geschäftige Treiben der Mitreisenden ließen sie einschlafen. Als es nur noch eine halbe Stunde bis Hannover war, klingelte ihr Handy. Der Anrufer hatte seine Nummer unterdrückt.

„Ja?"

„Spreche ich mit Sabine Gimmert?"

„Ja. Wer sind Sie?"

„Frau Gimmert, ich bin Kriminalkommissar Krube, Polizei Bingen. Wir müssten dringend mit Ihnen sprechen! Wo sind Sie im Moment?"

Ihr Magen krampfte.

„Frau Gimmert?", fragte der Beamte erneut, „sind Sie noch da?"

„Ja – natürlich. Um was geht es denn?"

„Wissen Sie, wo sich Ihr Mann aufhält?"

„Nein, keine Ahnung. Ich bin nicht zu Hause, sondern im Zug nach Berlin."

Sie überlegte, was geschehen sein könnte. Am anderen Ende der Leitung herrschte Stille, sie hatte das Gefühl, der Kommissar bespreche sich mit einem Kollegen oder suche die rechten Worte.

„Frau Gimmert, bitte bleiben Sie ruhig. So, wie es sich uns augenblicklich darstellt, hat Ihr Mann eine schwere Straftat begangen und ist flüchtig. Deshalb müssen wir uns dringend mit Ihnen unterhalten."

„Flüchtig?", war das einzige, was Sabine herausbrachte.

Bildfetzen ihres gemeinsamen Lebens reihten sich aneinander: Zusammen auf dem Motorrad, im Boot, er lachend am Steuer, die Abende auf der Terrasse, die Spaziergänge in den

Rheinkribben – als sein verzerrtes Gesicht vor ihr auftauchte und er zum Schlag ausholte, fing sie sich.

„Soll ich zurückkommen?"

„Wenn möglich bitte unverzüglich."

„Ich könnte in Hannover aussteigen und die nächste Verbindung nach Bingen nehmen. Wäre das in Ordnung?"

„Ja! Wenn Sie uns die Ankunftszeit mitteilen, holen wir Sie am Bahnhof ab."

Nachdem er ihr seine Telefonnummer durchgegeben hatte, beendeten sie das Gespräch. Minutenlang blickte sie auf ihr Handy, konnte sich aber nicht entschließen, Stefans Nummer zu wählen. Was wäre, wenn sie ihn anrief und er nicht abhob? Ihr war übel, dann aber griff sie doch zum Telefon. Mit jedem Läuten wurden ihre Befürchtungen größer.

Als sie im Zug zurück nach Frankfurt saß, quälte sie der immergleiche Gedanke: Hatte ihr Mann womöglich doch etwas mitbekommen? Eigentlich konnte und wollte sie das nicht glauben. Sie hatten alles exakt geplant, sich in Trechtingshausen getroffen und waren von dort aus mit einem kleinen Kajütboot zum Turm gefahren. Sie nahm ihr Handy und wählte erneut Stefans Nummer. Das Läuten setzte ein, aber wieder nur diese nüchterne Stimme: „Sie sind verbunden mit der Mailbox von Stefan Küng."

Im gleichen Augenblick wurde Sabine vollkommen ruhig und begann ihre Situation erneut zu überdenken. Was auch geschehen war, sie würde Dieter verlassen, so viel stand fest. Den Blick hatte sie nach draußen gerichtet, aber das Land rauschte wie im Traum an ihr vorbei.

Wenige Minuten vor ‚Rhein in Flammen'

Mit Genugtuung überprüfte er noch einmal die Position des Sprengstoffs, die Verkabelung der jeweiligen Sprengpunkte.

Alles fügte sich, er hatte Jahre als Sprengmeister gearbeitet und reichlich Material in seinem Keller gelagert. Dass ausgerechnet an diesem Wochenende ‚Rhein in Flammen' stattfand, schien einer Vorsehung gleichzukommen. Es würde die Überraschung des Abends werden, sein persönliches Feuerwerk. Niemand, aber auch wirklich niemand sollte sich an seine Frau heranmachen können, ohne dafür zu büßen. Er hatte ihren Geliebten getötet, aber das allein reichte noch nicht.

Er hatte sich ins Turmzimmer zurückgezogen und wartete ungeduldig auf den Beginn der Veranstaltung. Der Auslöser lag vor ihm. Dann der erste Knall, das Feuerwerk begann.

Er rieb sich nervös die Hände, versuchte sich zu beruhigen, seine professionelle Routine auszuspielen. Aber das hier war etwas anderes. Er schaute durchs Fenster und betrachtete für ein paar Augenblicke die Lichtformationen am Abendhimmel, die das ‚Tor zum Mittelrhein' in eine farbenprächtige Märchenwelt verwandelten.

Er wandte sich ab, er würde ihnen ihre Liederlichkeit aus dem Leib sprengen. Wie viele hatten sich mit dem Betrug arrangiert, ihre Frauen oder Männer hintergangen, ruiniert, den Anderen leer und verletzt zurückgelassen! Er würde dem ein Ende bereiten. Allem.

Der Zug näherte sich Bingen und all diesen Lichtern des Feuerwerks, die so unbeschwert schienen und den ganzen Landstrich in ein verwunschenes Farbenspiel tauchten. Die letzte lang gezogene Kurve und schon stand sie wieder dort, von wo sie heute Mittag so überhastet abgereist war. Der Bahnsteig war fast menschenleer, Kommissar Krube und ein Kollege erwarteten sie.

Das Feuerwerk ging seinem Höhepunkt entgegen, noch einmal wurde das, was sich dem Auge bot, größer, bunter und leuchtender. Jetzt war der Moment gekommen: Er ging in die Knie und näherte sich dem Auslöser, er atmete schwer, musste mit geöffnetem Mund Luft holen. Ein wenig bedauerte er, die Sprengung nicht vom Ufer aus verfolgen zu können. Mit einem Schlag würde er den Turm – diesen Sündenpfuhl – dem Erdboden gleichmachen. Seine Frau hatte ihn lächerlich gemacht, hier in diesem Turm. Er hatte sie verfolgt, mit dem Fernglas beobachtet, wie sie auf die Insel übergesetzt hatten und im Turm verschwunden waren. Er würde handeln, nicht wie all die anderen, diese Duckmäuser und Versager. Und er würde seine Schuld begleichen, dafür, dass er diesen Widerling von der Wasserschutzpolizei erschlagen hatte. Aber hinter Gitter? Er? Niemals!

„Scheiß drauf", dachte er und griff entschlossen nach dem Auslöser.

Plötzlich hörte er Geräusche auf der Treppe. Wildes Kratzen, Scharren. Helle, kurze Schreie. Er lief zur Tür und riss sie auf. Was für ein Anblick! Mäuse, Massen von Mäusen, drängten in den Raum, er wich zurück, stolperte. Hunderte, Tausende, eine Unzahl von Mäusen stürmte das Zimmer. Sie waren überall, es wimmelte nur so von Mäusen, sie rasten wild umher und begruben ihn unter sich. Er versuchte zu schreien, rang nach Luft, schlug um sich, bis sein Herz stockte, ihn die Kräfte verließen ... dann waren die Mäuse verschwunden, spurlos.

Dieter Gimmerts tote Augen starrten zur Decke.

Die „Aaahhs" und „Ooohhs" der Zuschauer untermalten die letzten Feuerbilder, schließlich hüllte die Nacht das Rheintal wieder in Dunkel. Nur der Mäuseturm schien ein wenig heller als sonst dem Mittelrheintal seine Aufwartung zu machen.

Beichtstuhl

Friederike Harig

Es begab sich aber zu der Zeit, dass ein Gebot von dem Kaiser Augustus ausging, dass alle Welt geschätzt würde. Und diese Schätzung war…

Katrin Spielmann liebte es, wenn die Weihnachtsbäume links und rechts des Altars von St. Stephan standen. Im hinteren Teil des südlichen Kirchenschiffs stand die Krippe mit den hölzernen Figuren. Das alles machte die feierliche Stimmung aus, auf die sie an Heiligabend nicht verzichten wollte. Früher nicht und auch heute nicht. Sie suchte sich jedes Jahr einen Platz in der Nähe des vorderen Beichtstuhls rechts vom Altarraum. Ihre Familie war deshalb zwar ein bisschen genervt, aber sie tat ihr den Gefallen. Vielleicht weil Weihnachten war? Auch dass Katrin unbedingt jedes Jahr zur Christmette in die Innenstadt nach Mainz zu St. Stephan fahren musste, obwohl sie in Hechtsheim wohnten, nahmen ihr Mann und die beiden Töchter hin. Das konnten sie nachvollziehen. Denn Katrin Spielmann war als Mädchen in der katholischen Jugend der Gemeinde St. Stephan aktiv gewesen. Links neben ihr saßen ihre beiden Mädchen. Katrins Blick schweifte von Laura und Julia zu ihrem Mann Thorsten. Als sich ihre Blicke trafen, schaute sie wieder nach vorne zum Altar. Wo war nur Sebastian? Sie blickte sich suchend um, konnte ihn nirgends entdecken. Als Küster musste er doch an Heiligabend hier sein.

Und es waren Hirten in derselben Gegend auf dem Felde bei den Hürden, die hüteten des Nachts ihre Herde. Und der Engel des Herren trat zu ihnen, und die Klarheit des Herrn leuchtete um sie; und sie fürchteten sich sehr …

Seit ein paar Jahren baute der Pfarrer das Lukasevangelium wie eine Collage in den Ablauf der Messe ein. Das gefiel ihr. So wie auch die Lieder, die Katrin jedes Jahr singen wollte, und wenn sie dann zum Schluss „Stille Nacht, heilige Nacht" sangen, dann war für sie wirklich Weihnachten. Nur dieses Jahr stellte sich der innerliche weihnachtliche Frieden nicht ein. Aber heute, nein, heute wollte sie nicht an ihre Probleme denken. Normalerweise hielt er immer Ausschau nach ihr. In seine Augen zu sehen, gehörte für sie auch zum Weihnachtsfest. Sie hatten sich in der Pfarrjugend – da waren sie noch halbe Kinder, beide vierzehn Jahre alt – ineinander verliebt. Sie kannten sich schon seit ihrer Kommunion, hatten hier in der Gemeinde gemeinsam Feste gefeiert oder vorbereitet, aber plötzlich war alles anders. Bei dem Gedanken entfuhr ihr ein leichtes Seufzen. Sebastians Engagement in der Kirche ging viel tiefer als ihres damals. War es Katrins Verliebtheit in Sebastian, die sie für viele Jahre an die Jugendarbeit von St. Stephan band? Oder war es ihr Glaube? Katrin Spielmanns Eltern hatten ihre Tochter nicht besonders katholisch erzogen und wunderten sich manchmal über ihr Engagement.

In dem Beichtstuhl, da neben ihr rechts, da hatte er sie zum ersten Mal geküsst. Der Beichtstuhl war in der Kirche der einzige Ort, an dem man wirklich ungestört war. Dieser Erinnerung wegen saß sie so gerne während der Messe in der Nähe des Beichtstuhls. Das konnte sie aber nicht ihren Töchtern erzählen. Sie würden es nicht verstehen. Nicht bei ihrer Mutter. Katrin war eine strenge Mutter. Laura war jetzt vierzehn Jahre alt. So alt wie sie damals.

Jetzt begann das Austeilen der Heiligen Kommunion. Die Gläubigen kamen in Bewegung. Sie hoffte, dass sie endlich einen Blick auf Sebastian erhaschen würde. Plötzlich zerriss ein gellender Schrei die Stille Nacht. Menschen blieben stehen, schauten sich suchend oder erstaunt um. Der Schrei war aus der Nähe des Beichtstuhls gekommen. Ihres Beichtstuhls. Katrin Spielmann drängelte sich durch die Menge nach vorne. Da sah sie es: Ein schmales, etwa dreißig Zentimeter langes Rinnsal, rotbraun und doch unverkennbar, das schon auf den Steinfliesen angetrocknet war. Es war so dünn, dass es die Gemeindemitglieder im Sitzen von den Kirchenbänken aus nicht hatten sehen können. Sie bemerkten es erst, als sie nach dem Abendmahl näher daran vorbeigingen. Um diesen Fleck drängelten sich jetzt Menschen in einem Halbkreis. Ein Mann zückte ein Handy. Sicherlich um die Polizei anzurufen. Eine unbewusste Scheu hielt die Leute davon ab, die Tür zum Beichtstuhl zu öffnen, bis jemand aus der Menge weiter hinten laut rief: „Macht schon die Tür auf! Vielleicht liegt da ein Verletzter und braucht Hilfe." Eine ältere Frau trat zum Beichtstuhl, öffnete die Tür und ein menschlicher Oberkörper sank auf die Marmorfliesen. Der kurze Moment des Fallens reichte Katrin aus, um Sebastians Gesicht erkennen zu können. Seltsam verzerrt und bleich sah es aus. Die Erkenntnis, dass er tot war, schockte sie. Plötzlich registrierte sie nicht einmal mehr das wilde Durcheinanderreden und Gestikulieren der Menschen um sie herum. Wie betäubt ging sie zur Kirchenbank zurück und suchte ihre Familie. Die Mädchen sollten das nicht sehen, schoss es Katrin durch den Kopf.

Margarethe Maybach betrat St. Stephan durch den Haupteingang. Sie war gerade in der Christmette der Harxheimer Kirche gewesen, als ihr Diensthandy klingelte und sich alle Augen der Harxheimer Gemeinde auf sie gerichtet hatten. Das Handy auf Vibration zu stellen, hatte sie vergessen.

Hier in St. Stephan hatten die Kollegen schon vor ihrer Ankunft abgesperrt und nahmen gerade die Personalien der Zeugen auf. „Na super", stöhnte die Kommissarin, „so viele Zeugen! Das wird eine Menge Arbeit geben." Abendrot ging vor ihr her und bemühte sich, einen Weg durch die Menge zu bahnen. Die Leiche lag vornübergekippt auf den Marmorfliesen, sodass man das Gesicht nicht erkennen konnte. Die Beine lagen noch im Beichtstuhl. Der Leichnam musste wohl aus dem herausgefallen sein, als jemand die Tür des Beichtstuhls geöffnet hatte. Im Augenwinkel nahm Maybach ein weißes Gewand wahr. Sie drehte ihren Kopf nach rechts und sah den Pfarrer im liturgischen Gewand. Sie nickte ihm kurz zu.

Die Kommissarin bückte sich zu der Leiche hinunter.

„Kennen Sie den Mann?“, wandte sie sich fragend an den Pfarrer.

„Es ist mein Küster, Sebastian Söder.“

Maybach ließ sich berichten, wie er aus dem Beichtstuhl gefallen war. Umdrehen durfte sie die Leiche nicht, bevor der Arzt da war.

Sicherlich war der Mann noch vor dem Gottesdienst gestorben, dachte sie. Während des Gottesdienstes hätte es für die Tat – ob nun Mord oder Selbstmord – viel zu viele Zeugen gegeben. Außerdem war die schmale Blutspur auf den Marmorfliesen vor dem Beichtstuhl schon getrocknet. So gesehen würde die Befragung der Gemeindemitglieder nicht viel bringen, seufzte Maybach. Ihr neuer Kollege Vinzenz Abendrot blickte sich anerkennend um.

„Solche Kirchen gibt es wohl bei Ihnen im Westerwald nicht, Herr Kollege“, sprach sie ihn – nicht ohne ein bisschen Stolz – an.

Abendrot schüttelte wortlos den Kopf.

Die Heiligabend-Stimmung war den Spielmanns vergangen, als sie nach Hechtsheim zurückfuhren. Keiner im Auto sagte etwas. Katrin war völlig verstört. Zum Glück hatten die Kinder den Leichnam nicht gesehen. Auch sie kannten Sebastian schließlich.

Am nächsten Tag erfuhr Maybach im Präsidium von den Kollegen aus der Rechtsmedizin, dass der Küster etwa eine Stunde vor der Christmette gestorben war. Er war verblutet: Sein Körper wies drei Messerstiche auf. Der Mörder hatte gewusst, wie man mit einem Messer einen Menschen tötete. Es könnte sich um einen Chirurgen, einen Metzger oder auch um einen Jäger handeln. Maybach sah auf die Uhr. Die Spurensicherung war bestimmt noch dabei, die Wohnung des Toten zu durchsuchen. Sie griff zum Hörer und rief Guido Wohlfahrt, den Chef der Spurensicherung, an, um den Zwischenstand zu erfragen.

„Frau Maybach, wir haben hier massenhaft Aufzeichnungen gefunden. Sie stammen von einer Abhöranlage."

„Wir kommen."

Zusammen mit Abendrot machte sich Maybach auf den Weg zu Söders Wohnung, die gleich neben der Kirche lag. Söder lebte allein. Er hatte eine kleine, bescheidene Zweizimmerwohnung im Erdgeschoss. Beide Kommissare betraten die Wohnung, in der es nur so von Kollegen in weißen Overalls wimmelte.

„Da sind die Bänder! Alle ordentlich in Kästen sortiert und mit Daten und Namen beschriftet", kommentierte Wohlfahrt seinen Fund.

„Lassen Sie das alles in mein Büro bringen. Schätze mal, da müssen wir uns jetzt durchfressen."

Herausfordernd blickte Maybach ihren Kollegen Abendrot an. Der verzog keine Miene. War wohl keiner von den Emotionalen, vermutete Maybach.

Weihnachten war sowieso gelaufen. Da konnten sie sich auch durch diesen Haufen Tonbandaufnahmen quälen.

Im Büro machte Maybach erst mal Kaffee. Einen Teil der Bänder hatten sie schon gleich mitgenommen. Sie wollten sich erst die Aktuellsten anhören. Die größte Wahrscheinlichkeit, auf eine Spur zu stoßen, wie sie fand. Sie legte das erste Band ein: „Ja, Herr Pfarrer, aber was hätte ich denn sonst machen sollen? Wenn ich nicht aufs Geld aufpasse, versäuft er uns doch alles …“ Die Kommissare schauten sich an. Dabei griff Maybach zum Hörer und wählte die Nummer der Spurensicherung: „Herr Wohlfahrt, suchen Sie mit Ihren Männern den Tatort nach einer Abhöranlage ab.“

„Wie? Wieder in die Kirche?“ Wohlfahrt klang genervt.

„Ja, St. Stephan, oder haben wir noch einen Toten in einer anderen Kirche?“ Wütend über so viel Schwerfälligkeit knallte Maybach den Hörer auf.

„Frau Maybach“, kam es zaghaft von Abendrots Schreibtisch.

Maybach blickte ihren Kollegen an.

„Die Spurensicherung sollte im Beichtstuhl damit anfangen.“

„Ja“, gab Maybach zu, „Sie haben recht.“ Dass es sich um die Beichten handelte, die da abgehört worden waren, war nur zu offensichtlich. Aber woher sollte Guido Wohlfahrt das wissen?

„Soll ich das machen?“

„Ja bitte.“ Er fing an mitzudenken, musste Maybach ihrem neuen Kollegen einräumen, während dieser mit Wohlfahrt telefonierte. Trotzdem half es nichts. Von Anfang an hatte ihr Vinzenz Abendrot nicht gefallen. Schon als er das erste Mal zur Tür hereinkam, war er ihr unsympathisch. Er war so wenig authentisch. Sein Gesicht war wie eine Maske. Sorgsam darum bemüht, keinerlei Emotionen zu zeigen.

Wie sie Uwe Scholz, ihren früheren Kollegen, vermisste! Womit hatte sie nur diesen Abendrot verdient!

„Herr Abendrot, jeder schnappt sich ein Abspielgerät und übernimmt einen Teil der Aufnahmen. Es sind ja genug Bänder für uns beide da.“

Abendrot, der gerade den Hörer aufgelegt hatte, grinste sie an. Na, wenigstens meine Ironie versteht er, dachte sie.

Nachdem Maybach etwa zwei Stunden lang die Aufnahmen der Beichten angehört hatte, wurde ihr bewusst, dass die Gemeindemitglieder von St. Stephan keine wirklich großen Sünder waren. Lediglich Lappalien bedrückten ihre christlichen Seelen. Ihr ging das „ego te absolvo in nomine patris et filii et spiritui sancti" des Pfarrers am Ende jeder Beichte seiner Schäfchen jetzt schon auf die Nerven. Nach gerade einmal zwei Stunden Abhören führte sie noch keine Spur zum Mörder. Das würde dauern, seufzte sie, als die Spurensicherung anrief.

„Frau Maybach, wir haben die Abhöranlage am Tatort gefunden."

„Ach, jetzt schon? Ist ja toll, Wohlfahrt! Da sollten Sie doch anfangen mit der Suche! Wir kommen!"

Wohlfahrts Antwort wartete sie gar nicht mehr ab, sondern ging ins Nebenzimmer, um Abendrot zu holen.

Abendrot staunte nicht schlecht, als er St. Stephan bei Tageslicht sah. Das Blau der Fenster beherrschte den gesamten Innenraum. Sein Blick heftete sich auf die Chagallfenster über dem Altar. Sieh mal einer an, also ein Kunstliebhaber, dachte Maybach. Den Eindruck hatte er bisher nun wirklich nicht auf sie gemacht. Sie wurde aus ihrem neuen Kollegen nicht schlau.

„Kommen Sie, Abendrot, über die Fenster meditieren können Sie jeden Sonntag bei Monsignore Mayer. Da vorne ist der Beichtstuhl. Wir sind jetzt im Dienst."

Bei der Abhöranlage handelte es sich um ein winziges High-Tech-Teil, das sowohl für den Pfarrer als auch für den Beichtenden kaum sichtbar an der Holzdecke angebracht worden war. Es war mit brauner Farbe angemalt worden, um vom Holz nicht abzustechen.

„Gute Arbeit, Herr Wohlfahrt. Wir haben, was wir wollen. Lassen Sie uns bitte so schnell wie möglich die restlichen Bänder bringen. Wozu ein Küster fähig sein kann!"

„Na ja, gebracht hat es ihm nichts. Jetzt ist er tot“, erwiderte Wohlfahrt.

Im Präsidium machten sich die Kommissare wieder ans Abhören ihrer Tonbänder. Mitten in der Nacht kam Abendrot in Maybachs Büro. „Ich hab etwas gefunden. Es geht um Drogen. Hören Sie einmal rein.“

Maybach erhob sich müde von ihrem Bürostuhl und folgte dem Kollegen ins Nebenzimmer.

Tatsächlich! Hier äußerte sich einer ganz frei und offen über seine Drogengeschäfte im Rhein-Main-Gebiet. Dass ihm die Drogenabhängigen und die Drogentoten nachts im Traum erschienen, aber dass es ihn sein Leben kosten würde, aus dem Dealernetz auszusteigen. Die Kommissare guckten sich an.

„Wir bestellen gleich morgen früh den Pfarrer ins Präsidium“, beschloss Maybach.

„Aber der unterliegt dem Beichtgeheimnis“, gab Abendrot zu bedenken.

„Es geht um Leben und Tod.“

„Beichtgeheimnis ist Beichtgeheimnis.“

Margarethe nickte ärgerlich. „Trotzdem! Mal sehen, wie er darauf reagiert.“

„Wir brauchen Namen, Frau Maybach.“

„Ich weiß. Rufen Sie gleich Wohlfahrt an, ob seine Leute bei der Durchsuchung von Söders Wohnung ein Adressbuch oder etwas Ähnliches gefunden haben.“

Die Ermittlungen des nächsten Tages führten zu keinem Erfolg. Pfarrer Jakobs hielt, wie Abendrot vorausgesagt hatte, an seinem Beichtgeheimnis fest.

Kein Name aus dem Adressbuch des Ermordeten führte wirklich zu einer Spur. Lediglich die Kontoauszüge, in denen mehrmals die Eingänge vierstelliger Summen verzeichnet waren, gaben Maybach und Abendrot den Hinweis darauf, dass Söder wohl jemanden erpresst haben musste. Wer das allerdings war, blieb im Dunkeln. Es handelte sich immer um Bareinzahlungen. War es ein Mann? Eine Frau? War er oder sie aus Mainz? War es ein Bekannter des Ermordeten? Fragen über Fragen, die nicht beantwortet werden konnten. Wie sie es auch drehten und wendeten: Maybach und ihre Kollegen kamen zu keiner Lösung. Es war der Moment, in dem Maybach ihre Arbeit zum ersten Mal wirklich hasste. Bei einem Glas Silvaner ging die Kommissarin am Abend noch mal im Geiste die Befragungen durch. Dabei fiel ihr Pfarrer Jakobs ein. Für einen kurzen Moment hatte er während des Gesprächs gezögert, so, als wolle er der Kommissarin trotz Beichtgeheimnisses etwas verraten. Der weiß wirklich etwas, kam es ihr in den Sinn. Ich muss es noch einmal über einen anderen Weg versuchen, an ihn heranzukommen, dachte sie. Margarethe Maybach kraulte bei diesem Gedanken ihren Kater, der sich schnurrend neben ihr auf dem Sofa installiert hatte. Ärgerlich, dass sie sich, wo sie einen Mord aufzuklären hatte, so durch das Beichtgeheimnis ausbremsen lassen musste. Sie griff zum Telefon und rief Abendrot an.

„Abendrot, ich brauche noch mal den Pfarrer!"

Bei diesen Worten musste Abendrot stöhnen. Vor seinem geistigen Auge zog wieder die letzte Befragung seiner Chefin mit dem betagten Pfarrer von St. Stephan auf. Die Kommissarin hatte es erst auf die verständnisvolle, dann auf die rationale Art versucht, ihn zur Aussage über die Beichten zu bewegen. Als das nichts geholfen hatte, war sie massiver – ja fast beleidigend – geworden. Sie hatte alle Register gezogen, aber der Kirchenmann war ein zäher Brocken, wenn es darum ging, sein Beichtgeheimnis zu wahren.

Abendrot machte einen Termin im Pfarrhaus von St. Stephan. Das Gespräch fand in einem holzgetäfelten großen Raum des ehrwürdigen Hauses neben der Kirche statt.

„Herr Jakobs“, begann Margarethe, „wir kommen in dem Fall nicht weiter. Sie müssen uns helfen.“

Der Pfarrer ließ irritiert seine Augen von Margarethe zu Abendrot und wieder zurück schweifen.

„Nein, keine Sorge, ich werde dieses Mal nicht versuchen, an Ihrem Beichtgeheimnis zu rütteln“, beruhigte sie ihn, „uns interessiert vielmehr das Privatleben des Ermordeten. Sebastian Söder war schon seit über 20 Jahren hier in St. Stephan als Küster angestellt.“

Der Pfarrer nickte. „Ja, mir kommt es vor, als wäre er schon immer hier gewesen, nicht wahr?“

„Wie lange sind Sie denn in dieser Gemeinde schon Pfarrer?“

„Ach, Frau Maybach, seit über 30 Jahren.“

„Wie war Sebastian Söder als Junge?“

„Er war sehr aktiv in der Jugendarbeit. Er ist – war – sehr gläubig. Ich wollte damals, dass er nach dem Abitur ins Priesterseminar geht, um Theologie zu studieren. Aber er wollte nicht. Da kann ich nicht heiraten, hat er immer gesagt.“

„Aber geheiratet hat er nie.“

„Nein, nie.“

„Auch schien er außerhalb von St. Stephan wenig Privatleben gehabt zu haben.“

„Ja. Ich habe das nie verstanden. Als Bub war er so kontaktfreudig. In der Pfarrjugend hat er viel unternommen.“

„Fallen Ihnen die Namen der Jugendlichen von damals noch ein?“

Der Pfarrer überlegte.

In die Stille hinein hörte Margarethe das Holz um sie herum knarzen. Es schien ihr, als würde der gesamte Raum im Namen des Pfarrers erleichtert darüber seufzen, dass die Kommissarin dieses Mal nicht versuchte, in das gut gehütete Beichtgeheimnis des Pfarrers vordringen zu wollen.

„Ich erinnere mich noch an Bettina Willersinn, Katja Müller, Thomas Lange, nein, der war später. – Dann waren da noch Simon Wegerich, Maria Lotz und Katrin Klein, sie heißt jetzt Spielmann. Ja, Katrin“, die blauen Augen in dem von Falten zerfurchten Gesicht des Pfarrers leuchteten auf, „sie kommt ab und zu noch zu uns mit ihrer Familie in die Messe.“

„Haben Sie die Namen, Abendrot?“

Abendrot – noch beim Schreiben – nickte.

Am gleichen Tag erhielt Katrin Spielmann eine Vorladung auf das Präsidium. Die Kommissare lasen gerade das Protokoll ihrer ersten Befragung in der Mordnacht, als die Frau in ihr Büro eintrat.

„Frau Spielmann“, hob Maybach an, „der Herr Pfarrer hat uns auf Sie aufmerksam gemacht. Sie seien mit Sebastian Söder früher in der Jugendarbeit aktiv gewesen. Und jetzt waren Sie genau in seiner Todesnacht in der Messe. Ist Ihnen zum Mord an Sebastian Söder noch etwas eingefallen? Ihre Zeugenaussage gibt bisher ja leider nicht viel her.“

Die Frau nickte ganz aufgeregt: „Ja, auf dem Weg hierher ist mir noch etwas eingefallen.“

Katrin Spielmann erzählte, dass ihr, als sie mit ihrer Familie durch das Portal von St. Stephan zur Christmette gegangen war, ein Bekannter entgegengekommen war. Ihr war das aufgefallen, weil zu dem Zeitpunkt alle in die Kirche hineingingen anstatt hinaus.

„Kannten Sie den Mann?“

„Ja, es war der Simon. Er ist damals bei uns in der Jugendarbeit in St. Stephan mit dabei gewesen.“

Maybach warf einen Blick auf die Liste mit Namen, die Abendrot während der Befragung mit dem Pfarrer angelegt hatte.

„Wegerich? Simon Wegerich?“

„Ja, genau, Wegerich hieß er mit Nachnamen."
„Sind Sie sicher?"
„Ja, bin ich." Katrin Spielmann hatte vor Aufregung rote Flecken auf Wangen und Hals.
„Danke sehr, Frau Spielmann, Sie haben uns sehr geholfen."
„Frau Kommissarin, Sie müssen entschuldigen, dass ich das nicht schon früher gesagt habe. Aber mir ist es wirklich erst jetzt eingefallen."
„Das glauben wir Ihnen, Frau Spielmann. Das kommt öfter vor, dass Leute Details vergessen, weil sie ihnen nicht wichtig erscheinen."
Die Kommissare wollten die Frau loswerden. Sie hatten jetzt Wichtigeres zu tun. Simon Wegerich war schnell ausfindig gemacht: Er war Inhaber einer Wurstfabrik, die dem gelernten Metzger offensichtlich so viel Geld einbrachte, dass er sich ein luxuriöses Anwesen im Gonsenheimer Villenviertel leisten konnte. Simon Wegerich lebte dort allein. Maybach fuhr sofort vom Präsidium aus mit Abendrot in die Lennebergstraße. Sie wurden von zwei Uniformierten in einem Polizeiauto begleitet.
Ein sehr schmaler, großer Mann mit schütterem blondem Haar empfing sie. „Guten Tag! Was kann ich für Sie tun?", fragte er, während er beiden die Hand gab.
„Herr Wegerich, zu einer Zeugenaussage müssen wir Sie aufs Präsidium in die Neustadt mitnehmen."
„So!", erwiderte er stirnrunzelnd, „was liegt gegen mich vor?"
„Das werden wir alles auf dem Präsidium klären. Kommen Sie bitte mit."
In dem Moment, als sich Maybach aus ihrem Sessel herausschälte, dreht sich Wegerich um und rannte in Richtung Garten. Aber die Kollegen hatten sich draußen bestens postiert und zeigten sich reaktionsschnell. Wenige Sekunden später

hörte Maybach schon das vertraute Klicken der Handschellen und entspannte sich wieder.

„Gut", brummte Maybach ein sparsames Lob durch die Zähne, und die beiden Polizeiautos verließen Gonsenheim in Richtung Innenstadt.

Während die Kollegen von der Spurensicherung die Stimme des Verdächtigen mit der von den Tonbändern verglichen, fragten sich Maybach und Abendrot bei einer Tasse Kaffee in ihrem Büro, wie ein gelernter Metzger zu einer so teuren Villa kommen konnte. Die Geschäfte im Wurstwarensektor mussten wirklich gut laufen. Maybach veranlasste eine Recherche über Wegerichs Vermögensverhältnisse.

„Setzen Sie sich", sagte Maybach, als Simon Wegerich zum Verhör hereingeführt wurde.

Wegerich blickte ins Leere, während Maybach die gerade hereingereichten Papiere der Kollegen überflog, die bestätigten, dass es sich auf einigen der Tonbandaufnahmen um die Stimme von Simon Wegerich handelte. Auch stimmten, so ging aus dem Bericht der Spurensicherung hervor, die im Beichtstuhl an dem Toten gefundenen Hautpartikel mit denen von Wegerich überein.

„Herr Wegerich!", richtete sich die Kommissarin an den Verdächtigen, „Wir haben klare Indizien dafür, dass Sie der Mörder von Sebastian Söder im Beichtstuhl von St. Stephan sind."

Schweigen ihres Gegenübers.

Maybach lehnte sich in ihrem Stuhl zurück, streckte die Beine aus. Sie machte sich auf ein langes Verhör gefasst. Das wurde es auch: Im Wechsel mit Abendrot wurde Wegerich, der irgendwann seinen Anwalt verlangte, stundenlang verhört. Als Maybach die Unterlagen von Wegerichs Vermögensverhältnissen auf dem Tisch hatte, staunte sie nicht schlecht: Keine Unregelmäßigkeiten schien es da zu geben. Entweder der Metzger war wirklich selbst so gründlich im Vertuschen, oder er hatte gute Berater. Als Maybach die Hoffnung, Simon Wegerich ein Geständnis zu entlocken, schon fast aufgegeben hatte, kam sie auf die Idee, ihm Tonbandaufnahmen aus seinen Beichten vorzuspielen. Dies bewirkte, dass Wegerich seine schmale Statur straffte, als wolle er gleich wieder fliehen. In dieser Haltung verharrend, begann er endlich zu reden. Akustisch kaum verständlich gab er zu, Sebastian, der ihn monatelang erpresst hatte, in St. Stephan mit einem Messer aufgelauert zu haben.

„Ich wollte ihn nicht töten. Ich wollte ihn dazu bringen, mir die Aufnahmen von den Beichten zu geben. Immer wieder war ich zum Pfarrer meiner alten Gemeinde gegangen, um meinem Gewissen wegen der Drogendeals Erleichterung zu verschaffen. Die Aufnahmen von meinen Beichten hatte Sebastian mir vorgespielt. Ich zahlte, zahlte, zahlte. Aber er ließ mich nicht in Ruhe. Damit er keine Möglichkeit mehr hätte, mich zu erpressen, wollte ich die Bänder haben. Mit vorgehaltenem Messer zwang ich ihn, in den Beichtstuhl zu gehen, um mir die Aufnahmebänder der Beichten zu geben."

„Wieso gerade im Beichtstuhl?", wunderte sich Maybach.

„Ich hatte ihm in seiner Wohnung aufgelauert und er erklärte mir, dass wir in die Kirche hinüber müssten, da seien die Bänder ..."

Der Redefluss des Verdächtigen versiegte.

„Weiter!", herrschte Maybach ihn an und schlug mit flacher Hand so fest auf den Tisch, dass Wegerichs Oberkörper instinktiv nach hinten zuckte.

„Nachdem sich Sebastian in den Beichtstuhl gekniet hatte, um die von mir geforderten Bänder herauszuholen, drehte er sich zu mir um, grinste mich unverschämt an und sagte, sie seien nicht mehr da. Da verlor ich die Nerven und stach auf ihn ein. Er sackte sofort in sich zusammen. Ich drückte ihn in den Beichtstuhl und machte die Tür zu. Ich wusste, dass es schnell gehen musste, da gleich die Christmette beginnen würde, und machte, dass ich aus der Kirche kam."

Triumphierend drückte Maybach die Stopptaste des Aufnahmegerätes. Die Kommissarin hatte, was sie wollte. Endlich.

Jetzt konnte sie Wegerich den Kollegen von der Drogenfahndung zuführen. Diese große Villa von Wegerich. Der Typ musste Dreck am Stecken haben und jetzt noch einen Mord. Aber wie ein Metzger oder gar ein Drogenhändler sah der Mann nun wirklich nicht aus. Er hätte ein Designer sein können. Doch mit diesem Gedanken hakte Maybach den Mann für sich ab. Sie war jetzt so guter Stimmung, dass sie Vinzenz Abendrot fragte, ob er mit ihr in die Kantine zum Abendessen gehen wolle. Abendrot wollte, was sie erstaunte. Er hatte ihr schon einige Vorträge darüber gehalten, dass das Essen in der Kantine ganz, ganz ungesund sei. Aber der Kollege hatte wohl genauso viel Hunger wie sie, schließlich hatten beide einen anstrengenden Tag hinter sich.

„In der Dosenwurst war es!", hörte Maybach jemanden sagen, nachdem sie den Hörer ihres Dienstapparates abgenommen hatte. Die Kommissarin verstand nicht gleich.

„Simon Wegerich hat die ganze Schickeria von Rhein-Main mit Kokain versorgt, indem er es in kleinen Plastikbeutelchen in seinen Leber- und Blutwurstdosen versteckt hatte."

Die Kommissarin merkte, dass sie es am Telefon mit dem Chef der Drogenfahndung, Jürgen Driess, zu tun hatte. Er war der einzige Kollege, der am Telefon sofort aufgeregt zu reden anfing, ohne seinen Namen vorher zu nennen.

„Wow! Daher der Reichtum", staunte Maybach, „genial einfache Idee! Wie habt ihr es rausbekommen?"

„Gesprächig war der nicht gerade. In seiner Gonsenheimer Bude und in seiner Wurstfabrik im Mombacher Gewerbegebiet haben wir erst nichts Illegales finden können. Dann haben wir seine Familie, Freunde, Angestellte und den Sicherheitsdienst seines Fabrikgebäudes befragt. Letzterer hat uns auf die richtige Spur gebracht. Laut Sicherheitsdienst ist Wegerich zwei- bis dreimal pro Woche spät abends in seine Firma gegangen. Den Leuten vom Sicherheitsdienst gegenüber habe er immer behauptet, er hätte die Arbeit seiner Angestellten kontrollieren wollen. Die haben sich wenig Gedanken darüber gemacht. Aber wir hatten durch ihre Aussage einen Anhaltspunkt, mit dem wir Wegerich im Verhör unter Druck setzen konnten. Es funktionierte: Wegerich gab zu, nachts, wenn keiner mehr in der Firma war, ungestört das Kokain abgepackt und in die Wurstdosen eingeschweißt und das so getarnte Kokain verkauft zu haben."

„Wegen der Kohle?", forschte Maybach nach.

„Nicht nur. Er genoss es auch, als Kokainlieferant in Kreisen zu verkehren, in denen sich Metzger für gewöhnlich nicht bewegen."

„Quasi als gern gesehener Gast."

„So in etwa."

„Jürgen, komm doch zu mir ins Büro, dann kannst du mir den Rest bei einer Tasse Kaffee erzählen", schlug Maybach vor.

„Okay, bin gleich da!"

Als der Chef der Drogenfahndung in ihrem Büro eingetroffen war und Maybach ihn mit einem Kaffee versorgt hatte, sprudelten sogleich weitere Einzelheiten über das Drogengeschäft des Metzgers aus ihm heraus. Die Kollegen hatten Wegerich so lange auf den Zahn gefühlt, bis dieser ihnen den Namen eines seiner Kontaktmänner aus dem Drogenmilieu verraten hatte.

„Wer war das?"

Driess warf Maybach ein verschwörerisches Lächeln zu.

„Das darf ich dir nicht sagen."

„Großes Indianerehrenwort?"

Driess nickte.

„Also Kronzeugenregelung“, folgerte Maybach.

Der Drogenfahnder nickte: „Wir haben dem Mann gedroht, alles an die große Glocke zu hängen. Presse und so.“

Maybach grinste.

„Das hat ihn unter Druck gesetzt. Schließlich handelte es sich bei dem Kontaktmann um ein höheres Tier aus der Wirtschaftsszene des Rhein-Main-Gebiets.“

„Und ihr habt gleich einen Deal gemacht, wie?“

„In der Dealerszene ist der Mann nur ein kleiner Fisch. Wir haben ihn mit der Kronzeugenregelung geködert und jetzt fliegt der komplette Ring auf.“ Jürgen Driess blickte der Kommissarin über den Schreibtisch hinweg in die Augen: „Mensch! Margarethe! Das nenne ich Teamwork der Polizei. Hättest du nicht einen Mord in der Kirche aufgeklärt, könnten wir jetzt keinen Drogenring knacken!“

Driess klatschte sich triumphierend auf die Oberschenkel.

Der Mann vor meinem Haus

Wolfhard Klein

Leichen waren in diesem Haus üblich, der Tod irritierte mich nicht. Ich war daran gewöhnt, auch an den Geruch des Todes. Schließlich war ich mit Toten groß geworden.

Dumm war nur, dass ich die Leiche sein sollte.

Als mein Vater sein Bestattungsunternehmen vor zwei Jahren dichtgemacht hatte und in die Seniorenwohnanlage nach Essenheim gezogen war, hatte ich das Haus gründlich renoviert und mein ‚Büro für Recherche' eröffnet. Privatdetektivin wollte ich mich nicht nennen. Was ich machte, waren Recherchen. Darin war ich gut. Ich fand immer, was ich suchte. Leider hatte ich auch den Mann gefunden, der jetzt um das Haus schlich, um mich umzubringen. Genau genommen hatte er mich gefunden. Ich hätte den Auftrag nicht annehmen sollen, aber weiß man das vorher?

Als mich die alte Dame anrief, war ich in der Holzwerkstatt, die mein Vater im ehemaligen Sarglager eingerichtet hatte. Als er keine Beerdigungen mehr organisierte, hatte er Grabkreuze aus Holz gemacht, wunderschöne handgeschnitzte Stücke. „Wenn der Tod schon nicht schön ist, soll's wenigstens das Grab sein", war sein Motto. Ich hatte ihm oft zugesehen und manchmal geholfen. Bei der Sanierung des Hauses hatte ich die Werkstatt erhalten. Schnitzen war auch mein Hobby geworden, aber Grabkreuze mit Heiligenfiguren und Engeln waren nicht mein Thema. Ich schnitzte Fassböden. Keine Genrebilder aus dem Winzermilieu, sondern Porträts und Figuren. Markante Gesichter und schöne Körper, am liebsten Frauenkörper, aber auch Männer haben erotische Seiten. Bei der Kundschaft der jungen Winzergeneration kam das an. Wein aus Fässern mit meinen Böden verkaufte sich bestens. Ich konnte mich jedenfalls vor Aufträgen kaum retten und war für meine Schnitzereien über Rheinhessen hinaus bekannt.

Aber mein Hauptgeschäft war die Recherche. Ich fragte mich nur, wie lange noch. Der Mann im Garten hatte eine Pistole. Die Infrarotkamera lieferte gestochen scharfe Bilder. Er machte sich jetzt an der Tür zu schaffen. Auf dem Monitor sah ich, wie professionell er vorging. Wenn es ihm gelang, in das Haus zu kommen, würde er mich töten. Ich hatte zu gut recherchiert, um nicht zu wissen, wie ich enden würde. Ich fürchtete, ich hatte einen kleinen Fehler gemacht. So etwas rächt sich. Ich würde keine Chance haben, mich zu wehren, denn ich hatte keine Waffe. Waffen wollte ich nie. Ich schaltete das Licht aus und zog mich in die Werkstatt zurück. Gierig sog ich den Duft der Eichenbohlen auf. Holz hatte für mich etwas Beruhigendes, selbst in dieser Situation. Ich versuchte, mich auf die Geräusche an der Tür zu konzentrieren.

Ich kannte die alte Dame, Frau Hommes war meine Nachbarin. Sie schilderte mir ihr Problem am Telefon. Ihr Hund war gestorben und sollte verbrannt werden. Gleich nebenan, im Nachbardorf, hatte nach langem Hin und Her vor einem guten halben Jahr ein Tierkrematorium den Betrieb aufgenommen. Dort sollte ihr Hund eingeäschert werden. Der Dackel hieß Waldi, er war seit dem Tod ihres Mannes, den mein Vater vor Jahren beerdigt hatte, ihr ein und alles. Ich hatte ihren Mann gekannt und ich kannte natürlich auch den Hund. Er bettelte manchmal bei mir. Seit Langem kaufte ich regelmäßig Leckerli für ihn. Sie hatte den Dackel auch immer in den Schwan mitgebracht. Jedes Mal, wenn ich mit meiner Laufgruppe da war, spielten die Senioren dort Karten. Frau Hommes gehörte zu den Stammgästen, sie spielte täglich und Waldi war immer dabei.

Die alte Dame bat mich, stellvertretend für sie an der Einäscherung ihres Lieblings teilzunehmen. Sie war gestürzt und lag mit einem komplizierten Beinbruch im Krankenhaus. „Ich hätte mir ja ein Taxi genommen, Kindchen", sagte sie, „aber der Arzt sagt, ich muss liegen. Nicht mal im Rollstuhl darf ich raus." Und morgen war der Termin. Sie war misstrauisch geworden, als sie im Fernsehen eine Reportage gesehen hatte, in der über schlechte Erfahrungen mit Tiereinäscherungen berichtet wurde. Sie wollte nicht, dass die Asche fremder Tiere in Waldis Urne kam. Und schon gar nicht, dass Waldis Fett in Kosmetika oder Cremes verarbeitet wurde. Von solchen Vorfällen war dort berichtet worden. Ich sollte also überprüfen, ob Waldi korrekt verbrannt wurde, ob auch wirklich Waldis Asche in die Urne kam und ob die von ihr bestellte Urne mit seinen Pfotenabdrücken tatsächlich benutzt wurde. Die hatte sie schon vor einem Jahr anfertigen lassen. Sie wollte auch wissen, ob bei der Beisetzung auf dem benachbarten Tierfriedhof das von ihr bestellte Lied gespielt wurde. Sie hatte sich „Mein Dackel Waldemar und ich" gewünscht. Sie mochte Paul Kuhn. „Und mit dem Lied verbinde ich so angenehme Erinnerungen", hatte sie gesagt. Ich bildete mir ein, sie lächeln zu sehen. „Machen Sie das für mich? Bitte tun Sie mir den Gefallen, Kindchen, ich hab doch sonst niemanden."

„Sie wissen, ich bin ..." Teuer, wollte ich sagen, aber sie unterbrach mich.

„Sie müssen das nicht umsonst machen", sagte sie, „ich geb Ihnen auch 20 Euro. Waldi ist mir das wert. Das ist doch alles, was ich noch für ihn tun kann. Bitte."

Weinende alte Frauen ertrug ich nicht. Und als Kind meines Vaters hatte ich gelernt, zwischen geheuchelter Trauer und echten Tränen zu unterscheiden. Ihre Tränen waren echt. Trotzdem machte ich noch einen Versuch, an dem Freundschaftsdienst vorbeizukommen. Schließlich hatte ich in der Branche einen

Ruf, und wenn es sich herumsprach, dass ich eine Hundeeinäscherung überwachte, würden die lieben Kollegen spotten, ich sei jetzt völlig auf den Hund gekommen. Frauen haben es in meiner Branche nicht leicht, und es würde niemanden interessieren, dass ich Frau Hommes nur einen Gefallen getan hatte. Gut, ich konnte mir das leisten, aber ich rechnete trotzdem hoch, was mir entging: 250 Euro Auftragspauschale plus Spesen und Kilometergeld, dazu 80 Euro Stundenhonorar. Ich konnte Geld immer brauchen. Nicht, dass ich reich werden wollte. Ich wollte nur gut leben. Und ich war mein Geld wert. Ich war darauf spezialisiert, Personen zu identifizieren, Daten zu kontrollieren und ich bin bekannt für äußerst erfolgreich durchgeführte verdeckte Überwachungen. Nachbarschaftshilfe kostet natürlich nichts, aber vielleicht war es einfach Zeit für eine gute Tat. Warum also keine Überwachung der Einäscherung eines jahrelang zu gut gefütterten Rauhaardackels?

„Ich habe gar nicht gefragt, ob Sie morgen überhaupt Zeit haben“, hatte die alte Dame noch gesagt. Sie hatte sich wieder gefasst. „Bitte erledigen Sie das für mich.“ Ihre Stimme klang angenehm warm und ich war irritiert, dass mir mein Gefühl nachdrücklich sagte: Vorsicht, lass die Finger von dem Fall. Ich hätte damals auf meinen Bauch hören sollen, aber zum Jammern war es jetzt zu spät. Ich hatte Zeit gehabt und würde ihr den Gefallen tun. Bei uns im Ort ging nichts über gute Nachbarschaft. Was sollte man machen? Ich würde stellvertretend trauern. Sollten die Kollegen reden, was sie wollten. Mir war das egal. Was mir jedoch nicht egal war, war der Mann vor meinem Haus, der den Geräuschen nach versuchte, die Haustür aufzuhebeln.

Waldis Kremierung war für 10 Uhr geplant, die Urne sollte anschließend beigesetzt werden. Die alte Dame hatte mich angemeldet. Ich kam 30 Minuten zu früh. Unbewusst muss ich die Hoffnung gehabt haben, dann auch früher fertig zu sein. Ich wollte noch in Ruhe essen, für den Nachmittag hatte sich ein neuer Klient zum Erstgespräch angemeldet und abends wollten Freunde kommen.

Das Tierkrematorium lag am Rand des Gewerbegebietes, zwischen dem Partyservice und der Spedition, gegenüber der Kfz-Werkstatt und dem Installateur. Das Gebäude war unscheinbar, nicht mal der Schornstein war höher als bei den Nachbarhäusern. Es bestand aus einem einstöckigen grauen Holzhaus, daran war parallel zur Straße eine mit dunkelrotem Holz verkleidete Halle angebaut worden. Dort mussten die Trauerräume, die Kühlkammern und der Verbrennungsofen sein. Ich hatte mir Fotos des Unternehmens im Internet angesehen. Als ich kam, wurde ein größerer Sack aus einem Transporter mit Firmenlogo durch eine Nebentür in die Halle getragen. „Dogge, Leonberger oder Bernhardiner“, dachte ich. Im Internet hatte das Unternehmen mit einem Abholservice für Tierkadaver geworben. Zwei Männer erledigten den Umladevorgang schnell und diskret. Das war wegen der Nachbarn auch nötig. Die Besitzerin des Party-Services und der Installateur hatten zu den Hauptgegnern der Tierverbrennungsanlage gehört. Die Allgemeine Zeitung hatte oft über den Widerstand berichtet. Die Bedenken der Besitzerin des Party-Services hatte ich geteilt. Schnittchen und tote Tiere passten nicht gut zueinander. Die Firmengebäude, die ich zum ersten Mal sah, schon. Gleiches Material, ähnliches Aussehen, vermutlich derselbe Architekt. Die Tierverbrennungsanlage war so unauffällig wie das Firmenschild. „Harmonie“ stand über der Eingangstür. Sonst nichts.

Ich klingelte. „Moment“, schnarrte eine dünne Männerstimme im Lautsprecher. Jemand drückte den Summer und ich stand im Flur. Eine Treppe führte in den ersten Stock, eine Tür zu den Trauerräumen und ins Krematorium, eine andere Tür stand offen. Das Büro.

„Treten Sie doch ein." Der Mann sprach wirklich so, der Lautsprecher hatte nichts verzerrt. Ich nannte meinen Namen. „Schön, dass Sie da sind, wir müssen uns aber noch einen Moment gedulden, Sie sind zwei Stunden zu früh, und zur Zeit läuft noch eine Sammeleinäscherung. Ihr Termin ist doch erst um 11.30 Uhr. Hat Ihnen Frau Hommes deshalb nicht Bescheid gesagt? Mein Name ist übrigens Scholten, Günter Scholten." Er gab mir die Hand. Sein Händedruck war kräftiger, als ich gedacht hatte. Dann sah er auf die Uhr. „Wollen Sie warten?"

„Ich weiß nicht." Ich war sauer. Frau Hommes hatte mich nicht angerufen. Vermutlich war ihr Zeit egal. Für mich war Zeit Geld, und ich hatte Besseres zu tun, als den Tag in einem Tierkrematorium zu vertrödeln. Ich würde ihr gründlich die Meinung sagen und wenn ich Geld genommen hätte, würde ich jetzt 160 Euro mehr berechnen. Das wäre das Mindeste. Ich war einfach zu gutmütig. Aber ich hatte auch keine Lust, noch mal nach Hause zu fahren. „Wie lange werden wir denn für Waldi brauchen?", wollte ich wissen.

„Mit der Resteveraschung gut zwei Stunden und dann kommt die Beisetzung. Wollen Sie vorher noch Abschied nehmen? Wir haben sehr schöne Trauerräume und Sie haben ja Zeit."

„Resteveraschung?", fragte ich erstaunt. Den Begriff hatte ich im Internet nicht gelesen.

„Wir arbeiten mit neuester Technik", krächzte Scholten. „Hauptbrennkammer 900 Grad, Mahlgang für die Knochen, dann Nachbrennkammer 1.200 Grad. Alles mit Unterdruck und Abgasbeseitigung nach der TA Luft. Dann Ascheentnahme und Verfüllung der Urne. Sie können zusehen. Wir arbeiten sauber." Der Mann sprach militärisch knapp. „Der Hund bekommt schon bei der Einfuhr in den Ofen einen Schamottstein mit Kontrollnummer. Der geht mit in die Urne. Einzelverbrennung", sagte er und lächelte. „Wir legen Wert darauf, dass Verbrennung und Beisetzung reibungslos ablaufen. Der Tod von lieben Begleitern ist unser tägliches Geschäft. Wir haben Respekt vor dem Tod und Einfühlungsvermögen in die Trauernden. Das ist unser Geschäftsprinzip. Möchten Sie die Trauerräume und den Ofen sehen?", fragte er unvermittelt.

„Gern", sagte ich, „wenn ich schon hier bin."

„Na dann." Er stand auf. „Folgen Sie mir."

Ich hatte eine spontane Idee. Der Kugelschreiber hing optimal an meiner Umhängetasche. Ich schaltete die Kamera ein. Waldis Frauchen würde sich freuen, wenn ich ihr aus dem Krematorium einen Film von Waldis Einäscherung mitbringen würde. Jetzt kam es auch nicht mehr drauf an. Und wenn ich sie damit glücklich machen konnte …

Es krachte an der Haustür, aber es hörte sich an, als würde sie standhalten. Die Investition in das solide Material und in das Mehrfachschließsystem hatte sich gelohnt. Sollte er doch weitermachen. Meinetwegen an den Fenstern. Meinetwegen überall. Na gut, überall lieber nicht, denn eine Schwachstelle gab es, aber solange er die nicht fand, hatte ich eine Überlebenschance.

Ich ging mit Scholten an den Trauerräumen vorbei direkt ins Krematorium. Die beiden Männer, die kurz vor mir mit dem Transporter gekommen waren, legten gerade einen großen Sack auf den Einfuhrwagen, der verschwand in der Glut des Ofens, die Brennkammer schloss sich automatisch.

„Ihr seid spät dran." Scholtens dünne Stimme klang ärgerlich.

„Wir haben die Temperatur hochgefahren, dann geht's schneller."

Der größere der beiden musterte erst Scholten und dann mich. Er hatte leuchtend blaue Augen, Frauenaugen. Reine Verschwendung bei einem Mann. Wie zum Ausgleich war sein Kopf kahl. Der liebe Gott ist doch gerecht, dachte ich.

„Anderthalb Stunden." Er hob bedauernd die Arme.

Jetzt sah ich auf die Uhr. „Das dauert mir doch zu lange. Ich fahr noch mal. Ich hab ja jetzt gesehen, wie's geht. Wenn Sie mir noch den Trauerraum und die Urne zeigen, die Frau Hommes ausgesucht hat, dann langt das. Wann muss ich da sein, um nichts zu verpassen? Und vor allem: Wann sind wir fertig – auch mit der Bestattung? Wissen Sie, ich habe noch einen Anschlusstermin, den muss ich halten."

„Wenn Sie in eineinhalb Stunden hier sind. Wir schaffen das in gut zwei Stunden. Einschließlich der Beisetzung."

Scholten klang verlässlich. Das war beruhigend. Ich würde meinen Nachmittagstermin wahrnehmen können. Nichts ist schlimmer, als Unpünktlichkeit oder Terminverschiebungen bei Erstkontakten.

Ich war pünktlich zurück. Alles lief wie am Schnürchen. Waldi lag in einem Tiersarg, der Stein mit der Kontrollnummer neben ihm. Dann wurde der Deckel geschlossen. Ich kontrollierte, dass wirklich nur seine Asche in die Urne mit seinen Pfotenabdrücken gefegt wurde, und war beruhigt, dass Paul Kuhns Stimme mit dem Lied vom Dackel Waldemar aus dem CD-Player tönte, während die Urne unter rheinhessischem Lehm verschwand. Mit der Minikamera hatte ich alles diskret dokumentiert. Frau Hommes würde sich freuen. Verdient hatte sie es nicht. Sie hatte meine Zeit verschwendet, das konnte ich nicht leiden. Meist verhielt ich mich dann entsprechend, aber manchmal wurde ich schwach. Ich wusste auch nicht, warum alte Leute bei mir mildernde Umstände hatten. In Scholtens Büro bekam ich das Einäscherungszertifikat und zeichnete das

Auftragsformular gegen. Vermerkt war dort Frau Hommes als Hundebesitzerin, der Tierarzt hatte Waldis Todestag und die Todesursache gemeldet – Herzversagen, ehrlicher wäre wahrscheinlich Herzverfettung gewesen – und Waldis Gewicht war registriert, 12,5 Kilo. Ich war mir sicher, der Dackel war das Opfer seines Fressnapfes und der Liebe eines Frauchens geworden. Scholten lächelte. Er schien zu wissen, was ich dachte.

Der Mann vor meinem Haus machte sich jetzt am Werkstattfenster zu schaffen. Konnte er ruhig. Er würde es nicht aufbekommen. Es war einbruchssicher. Trotzdem hielt ich die Luft an, als er versuchte, das Brecheisen im Falz anzusetzen. Er machte das nicht zum ersten Mal, er wusste, was er tat. Ich spürte, wie ich verkrampfte. Gut, dass ich das Licht ausgemacht hatte und er mich nicht sehen konnte. Ich hatte Angst.

Ich war rechtzeitig im Büro. Auch mein Klient kam pünktlich. Wir wurden schnell einig. Der Mann handelte in großem Stil mit Wein und ich sollte die Solvenz eines neuen Geschäftspartners überprüfen. Die Schufa-Daten, die er eingeholt hatte, reichten ihm nicht. Wir einigten uns darauf, dass mein Honorar fünf Prozent des Auftragsvolumens betragen sollte. Plus Spesen. Das war viel Geld, leicht verdientes noch dazu. Ich hatte Grund zum Feiern. Aber erstmal würde ich das Video für Frau Hommes schneiden und dann das Essen vorbereiten. Für sechs Leute war das schnell gemacht und die Arbeit hatte Vorrang. Mit diesem Grundsatz war ich immer gut gefahren.

Ich hatte alle Bilder, die ich brauchte. Die Kamera im Kugelschreiber war wirklich gut. Waldi im Sarg, die Ascheentnahme aus dem Ofen, seine Urne, die Aufnahmen von der Beerdigung, unterlegt mit Paul Kuhns Lied vom Dackel Waldemar. Die Bilder waren gestochen scharf, die Tonqualität erstklassig.

Frau Hommes würde zufrieden sein. Nur beim Einfahren des Sargs in die Brennkammer musste mir die Tasche mit der Kamera verrutscht sein. Die Bilder zeigten die Bodenfliesen. Zum Glück hatte ich ja schon gefilmt, als der Sack mit dem großen Tier verbrannt wurde. Wenn ich die Sequenz kurz hielt, war der Sack vor der hellen Flamme nicht vom Sarg zu unterscheiden. Ich sah mir das fertige Video zweimal an. Wunderbar, es passte. Der Film hatte durch das geheuchelte Mitgefühl des Bestatters beim Befüllen der Urne und beim Zuschaufeln des Grabes eine unfreiwillige Komik. Und dann das Lied. „Es war der Herzenswunsch der Hinterbliebenen, Waldi mit diesem Lied in die Ewigkeit zu begleiten“, sagte Scholten mit seiner schnarrenden Stimme, fuhr den CD-Player ab und faltete die Hände, als würde er beten. Einfach schräg. Ob Frau Hommes das merken würde? Ich beschloss, den Film meinen Freunden zu zeigen. Sie würden sich göttlich amüsieren. Und jetzt wurde es Zeit zum Kochen, wenn ich rechtzeitig fertig werden wollte.

Am Fenster war es ruhig geworden. Der Mann war nicht mehr zu sehen, aber mein Instinkt sagte mir, dass er nicht aufgegeben hatte. Wahrscheinlich schlich er um das Haus und suchte nach der Schwachstelle, die ich leider nur zu gut kannte. Geiz ist nicht geil, Geiz rächt sich. Ich hätte das Garagentor zusammen mit den Fenstern und der Tür erneuern lassen sollen. Das Geld hätte ich gehabt. Aber das ist nicht mehr zu ändern. Ich konnte mich jetzt wenigstens darauf einstellen, welchen Weg mein Mörder nehmen würde, wenn er im Haus war. Ich griff nach einem der Hohlbeitel, die auf der Werkbank lagen. Für den Fall der Fälle. Ich würde versuchen, mich zu wehren, obwohl mir klar war, dass ich gegen seine Pistole keine Chance hatte. Ich war so gestrickt, und ich wollte nicht sterben. Und wenn ich es schon musste, dann nicht, ohne Widerstand zu leisten.

Wir waren zu sechst, Thomas hatte sogar Blumen mitgebracht. Ich glaubte, er machte sich immer noch Hoffnungen, dass aus unserer Beziehung mehr werden würde, als Freundschaft. Nur weil ich den Fehler gemacht hatte, einmal mit ihm ins Bett zu gehen. Aber da war nichts zu machen, er war mir zu anhänglich und viel zu besitzergreifend, das konnte ich nicht ertragen. Er tröstete sich mit dem Rotwein, den Andreas mitgebracht hatte. Und meine rheinhessischen Häppchen schmeckten allen. Nicht mal ein Anstandshappen blieb übrig. Es wurde ein lustiger Abend. Als ich den Film von Waldis Kremierung und der Beerdigung einspielte, bogen wir uns vor Lachen. Wir sahen den Film zwei Mal. Der Tierbestatter hätte für seine Trauerkomödie einen Oscar verdient, mindestens einen Comedy-Preis, da waren wir uns einig. Silvia und Anke rissen uns alle mit, als sie das Lied vom Dackel Waldemar anstimmten. Wir überboten uns in den wildesten Spekulationen, warum Frau Hommes sich gerade dieses Lied gewünscht hatte. Ich war mir schließlich nicht mehr sicher, ob ich der armen Frau den Film zumuten sollte.

Es war nach Mitternacht, als alle gingen. Bis auf Thomas. „Kann ich den Film noch mal sehen?“, fragte er. Thomas wirkte plötzlich stocknüchtern. Er war unerwartet ernst und nachdenklich, das irritierte mich, aber ich hielt seine Frage für einen neuen Versuch, mich anzubaggern.

„Vergiss es“, sagte ich, „zwischen uns läuft nichts, nicht das, was du willst.“

„Ich hab’s kapiert, schon längst. Ich würde den Film nur gern noch mal sehen. Mir ist da was aufgefallen. Bitte.“

Ich zuckte resigniert mit den Schultern, machte den Fernseher wieder an und fuhr den Film ab. Thomas hatte sich auf die Coach gesetzt und starrte auf die Bilder. „Da“, sagte er, „hast du’s gesehen?“

Es war die Szene, als die Tierleiche in der Brennkammer verschwand. Die Flammen loderten grell auf und die Klappen der Kammer schlossen sich hinter dem toten Körper.

„Nein. Was soll ich denn gesehen haben? Meinst du den Transportschlitten, die Flammen oder die Klappen oder was?"

„Bitte fahr noch mal zurück und sieh's dir noch mal an. Es muss dir auffallen, sieh genau hin. Ich bin mir ganz sicher."

Ich startete den Film neu und ließ die Sequenz mit der Verbrennung in Zeitlupe ablaufen. Und dann sah ich es auch. Die Szene war nicht einmal eine Sekunde lang. Kurz bevor der Körper in der Glut verschwand, die Klappen waren schon dabei, sich zu schließen, war am unteren Ende des Schlittens für einen winzigen Augenblick ein Fuß zu erkennen, dann nur noch ein dunkler Schatten, der von Flammen eingehüllt wurde. Dann waren die Kammertüren zu.

Ich wollte es nicht glauben. War da wirklich ein Mensch verbrannt worden? Das konnte nicht sein, es musste sich um eine optische Täuschung handeln. Ich sah mir die Bildfolge erneut an und spürte, wie ich blass wurde.

Thomas nickte. „Ich hab auch erst gedacht, es wäre ein Schatten." Er starrte auf das Bild, das jetzt als Standbild auf dem Schirm flimmerte. „Es ist ein Fuß. Es war ein Mensch, der ..." Er verstummte.

„Und jetzt?", fragte ich. Ich war selten sprachlos, aber jetzt war ich es. Thomas ging es auch so. Er war Journalist und normalerweise alles andere als maulfaul. Er zuckte gedankenversunken mit den Schultern. Wir schwiegen uns an. Wortlos füllte ich unsere Gläser.

Thomas fasste sich als erster. „Kann sein, dass ich spinne", sagte er, „aber ich bin da an einer Geschichte über Verschwundene. Ich hab gerade gestern mit einer Quelle im LKA gesprochen. Im Milieu verschwinden Leute. Ein Rocker-Boss aus Worms, der aussteigen wollte, ist einfach weg. Dabei war alles klar: Aussage gegen neue Identität. Zwei Prostituierte aus Mainz, die mit dem LKA kooperiert haben und ihren Zuhälter im Prozess belasten wollten, sind nicht mehr zu ermitteln. Und der Betreiber eines illegalen Swinger-Clubs, hier drei Orte weiter, ist auch nicht mehr aufzutreiben. Abgesetzt hat er sich nicht. Papiere, Kleidung, Geld, alles war noch da. Das Landeskriminalamt hat den Verdacht, dass jemand ins Geschäft eingestiegen ist, der Problemfälle beseitigt." Er kratzte sich über dem Ohr. Normalerweise nervte mich seine Verlegenheitsgeste, aber jetzt wartete ich gespannt, bis er weiter redete. „Na ja", sagte er, „bis vor ein paar Monaten war das noch anderes. Da wurde ein Rocker-Chef aus Rheinhessen tot auf der Straße abgelegt, eine Prostituierte, die kein Schutzgeld bezahlen wollte, auf einem Acker, eine Leiche schwamm im Main und ein Typ mit krimineller Vergangenheit wurde bei Bingen zusammen mit seinem Auto abgefackelt. Aber seit einiger Zeit ist das vorbei. Leute aus der Szene verschwinden nach wie vor, aber spurlos." Thomas verstummte nachdenklich. „Seit wann gibt es diese Tierverbrennungsanlage, wie heißt die noch mal?"

„Harmonie", sagte ich, „seit einem halben Jahr."

Als Thomas ging, hatte ich ihm das Versprechen abgenommen, den Mund zu halten, mir sein Material zu mailen und nicht weiter zu recherchieren. Ich würde das übernehmen, es war schließlich mein Beruf und ich hatte mehr Möglichkeiten, als er. Ich hatte ihm dafür versprochen, dass er meine Rechercheergebnisse zuerst bekommen würde – und zur freien Verwendung. Zum Glück war er nicht darauf gekommen, eine andere Gegenleistung zu fordern, die Situation war auch nicht danach, aber Thomas war mir so sympathisch wie noch nie.

Ich hörte, wie Blech knirschend verbogen wurde. Der Mann machte sich mit dem Brecheisen an der Garagentür zu schaffen. Er würde nicht lange brauchen, das war mir leider klar. Wenn er die Tür auf hatte, trennte mich von meinem Mörder nur noch die Doppeltür, die die Garage mit der Werkstatt verband. Der alte Transportweg für die Särge. Auch hier hatte ich nichts verändert. Ich hätte heulen können vor Wut über meine dumme Nachlässigkeit. Aber wem hätte das geholfen. Ich versuchte, mich auf den Moment zu konzentrieren, in dem der Mann vor mir stehen würde.

Nach einer Woche wusste ich zwar immer noch nicht, wer der Betreiber des Krematoriums war, aber ich wusste genau, wer es nicht war. Und ich hatte genug Informationen, um sicher zu sein, was er tat. Es war eine der schwierigsten Recherchen, die ich je gemacht hatte. Auf den ersten Blick war seine Legende genau wie die seiner Kollegen erstklassig. Die Tierbestatter waren unauffällig, sie kamen aus soliden Elternhäusern, hatten eine Fachausbildung, einen lückenlosen Lebenslauf und keine Vorstrafen. Ich war verzweifelt. Wenn der Fuß auf dem Film ein Menschenfuß war, und das war er, dann konnte das nicht stimmen. Dann mussten sie einschlägige Kontakte und mit hoher Wahrscheinlichkeit eine entsprechende Vergangenheit haben. Wie sie an ihre Legenden gekommen waren, würde ich später klären. Jetzt wollte ich wissen, wer sie waren und was sie machten. Es konnte mich Kopf und Kragen kosten, aber ich riskierte es und sorgte durch Minisender an ihren Autos dafür, dass ich über GPS wusste, wohin sie fuhren. Ja, ich hatte auch abgehört, das Büro und die Telefone. Es war ergebnislos. Meinen Observationsbus hatte ich vor der Kfz-Werkstatt geparkt, er war tagsüber meine Einsatzzentrale. Es war erstaunlich zu beobachten, wie viele Tiere in der „Harmonie“ verbrannt wurden. Tote Tiere wurden angeliefert, Trauergemeinden kamen und gingen, mal große, mal kleine. Ich dokumentierte, wer im Krematorium ein- und ausging. Manchmal wunderte ich mich über die prominente Kundschaft, doch ich kam nicht weiter. Zum Glück kannte ich Leute, auf die ich mich verlassen konnte und die mir manchmal halfen, ohne zu fragen. Diesmal wollte ich aber niemanden in die Sache reinziehen, sie war zu heikel. Nur Thomas bat ich um einen Gefallen. Während ich die Familien überprüfte, glich sein Freund im LKA die Bilder, die ich lieferte, mit einschlägigen Dateien ab. Fingerabdrücke wollte ich am Wochenende nehmen, wenn im Tierkrematorium nicht gearbeitet wurde.

Ich schlief wenig in diesen Tagen, denn nachts nutze ich zu Hause meinen Büro-Computer, um mich in ihren PCs umzusehen. Dort fand ich die erste Spur. Es gab mehrere Ordner mit Geschäftsdateien. Ordner über Tiersarglieferanten, Urnenfabrikanten, Grabmalhersteller, Blumenläden und Gärtnereien. Die Dateien, die mit dem Geschäftsbetrieb und den Kunden zu tun hatten, waren nach den Terminen der Verbrennungen geordnet, andere nach Orten, in denen die Kunden wohnten und es gab eine Datei, die nach Namen und Adressen sortiert war und dann waren da noch Dateien für Selbstanlieferer und für Abholaufträge. Sie enthielt in der Summe mehr Namen, als die Kundendatei. Ich war sicher, hier würde ich Hinweise finden. Aber es kam noch besser. Einen Ordner hatte Scholten nach Gewicht benannt, was mich zuerst nicht wunderte, denn die Kremierungen wurde nach dem Gewicht der toten Tiere bezahlt. Er enthielt nur eine Datei, sie hieß 60+ und war nicht groß. Diese Datei machte mich neugierig. Warum gab es nur eine Datei für Großtiere, warum gab es keine für die anderen Gewichtsklassen, die in der Gebührenliste aufgeführt waren? Am Tag von Waldis Beerdigung war in der 60+-Datei nur ein schweres Tier, ein Leonberger, eingetragen. Der Verbrennungszeitpunkt stimmte exakt mit dem der Leiche überein. Ich glich die Tage, an denen der Rocker, die Prostituierten und der Puffbetreiber verschwunden waren, mit den Eintragungen ab. Jedes Mal war genau dann ein großes Tier verbrannt worden. Das erhärtete meinen Verdacht, es war aber nicht der Beweis, den ich brauchte. Den bekam ich bei der Familienüberprüfung, mit der ich gestern bei Scholten angefangen hatte. Es gab die Familie Scholten, es gab die Eltern und es gab einen Sohn, aber der war nicht der Scholten, nicht der, den ich kannte. Er war zwar auch Bestatter und arbeitete in einem Krematorium, aber in Frankfurt. Und er verbrannte auch Menschen, aber legal. Er sah auch anders aus als der Mann, der sich Scholten nannte, und seine Stimme schnarrte nicht, er hatte eine völlig normale Stimme. Das wusste ich, seit ich mich heute Mittag mit ihm getroffen hatte. Wer der Mann war, der in Scholtens Identität geschlüpft war, das würde ich herausfinden. Und auch, wer ihm die falsche Identität verschafft hatte. Aber dazu musste ich überleben.

Jedenfalls war der Mann, der sich Scholten nannte, jetzt in meiner Garage. Ich postierte mich neben der Werkstatttür, an der er sich zu schaffen machte und umklammerte den Hohlbeitel. Ich hörte, wie er das Stemmeisen behutsam ansetzte. Es krachte ohrenbetäubend, als die Tür aus dem Rahmen gestemmt wurde und auf den Werkstattboden knallte. Ich muss in einem Reflex meinen Platz neben der Tür aufgegeben haben und zurückgewichen sein. Ich bot ein gutes Ziel. Scholten, der ein Nachtsichtgerät trug, schoss zweimal. Gleichzeitig hörte ich die Sirene. Seit der Mann vor meinem Haus aufgetaucht war und ich die Polizei angerufen hatte, waren 20 Minuten vergangen. Ich hatte das befürchtet. Als sich der Schmerz in mein Gehirn fraß, dachte ich, das ist nicht gut, das ist gar nicht gut. Dann dachte ich nichts mehr.

„… Streifschuss Oberarm links, Quetschung rechte Brust, vermutlich gebrochene Rippe. Ach, jetzt ist sie wieder da.“ Der

Notarzt tastete meinen Brustkorb ab und lächelte mich mit professioneller Zuversicht an. Mit wem er geredet hatte, konnte ich nicht sehen.

„Das geht doch noch. Ohne die Schutzweste wäre ich tot", wollte ich sagen. Das schaffte ich aber nicht, weil ich ohnmächtig wurde, als er die Rippe erwischte.

Notruf

Claudia Platz

Wie groß die Macht der Worte ist,
wird selten recht bedacht.
Christian Friedrich Hebbel (1813-1863)

Theophila Hammer-Schmidt öffnete pünktlich um fünf Uhr früh erst ihr rechtes, dann ihr linkes Augenlid. Das Zwitschern der Vögel drang durch das gekippte Schlafzimmerfenster, das Richtung Osten zeigte. Die Strahlen der Sonne überzogen Decke und Wände mit orange-rosa Licht und verkündeten einen wunderschönen Morgen.

Ihre allmorgendliche Gesundheitsinspektion begann damit, dass sie sämtliche Gelenke mittels Beugen, Strecken oder Drehen auf Schmerzen überprüfte. Danach atmete sie tief aus und ein, untersuchte ihren Bauch auf Blähungen, maß Puls und Blutdruck und bewegte ihren Kopf mit ruckartigen Bewegungen hin und her. Das Ergebnis war enttäuschend. Sowohl an orthopädischer wie auch an internistischer Front gab es keinerlei Beschwerden zu vermelden. Und das obwohl sie gestern Abend Rettichsalat mit Rindswurst, eine große Portion Schokospliteis und eine Flasche Rotwein zu sich genommen hatte. Ihre Laune sank auf den absoluten Nullpunkt. Dieser Tag begann definitiv schlecht, denn für Theophila Hammer-Schmidt war jeder Tag, an dem es nichts zu beklagen gab, ein verlorener.

Einzig ihre Blase drückte. Sie spielte kurz mit dem Gedanken, der Natur an Ort und Stelle freien Lauf zu lassen, verwarf ihn aber sogleich wieder. Erstens verfügte sie über einen voll funktionsfähigen Schließmuskel und zweitens war sie nicht dement und wollte in dieser Richtung auch erst gar keinen Verdacht aufkeimen lassen. Denn letzteres hätte sicherlich ihre Schwiegertochter Emily auszunutzen gewusst. Sie hatte bereits ein, zwei Mal ernsthaft geäußert, dass Theophila aufgrund ihrer Vielzahl von Gebrechen vielleicht doch besser in einer Einrichtung mit betreutem Wohnen untergebracht wäre. Allerdings deckte sich dies ganz und gar nicht mit ihren eigenen Ansichten. Sie gedachte nämlich bis zum Ende ihrer Tage im Haus ihres Sohnes Paul zu verweilen. Sie wollte die Nähe ihrer Familie genießen, selbst wenn dies die Gegenwart ihrer Schwiegertochter mit einschloss.

Außerdem nahm sie deren Drohungen sowieso nicht ernst. Die Frau war willensschwach und nicht durchsetzungsfähig. Theophila hatte nie verstehen können, warum ihr Sohn ausgerechnet sie hatte heiraten müssen. Schon allein der Name kam einer Beleidigung gleich. E M I L Y, das war doch kein Name für eine erwachsene Frau! Und außerdem gab es keine Heilige, die so hieß, was in Theophilas Augen ewiger Verdammnis gleichkam. Sie hatte ihren Söhnen die Namen Heiliger gegeben, damit sie schützend ihre Hände über die Buben hielten. Leider schienen die Schutzpatrone ihre Pflicht zu vernachlässigen, als Paul und Markus erwachsen wurden. Warum sonst führte Paul diese inakzeptable Ehe und war ihr Lieblingssohn Markus früh durch einen Verkehrsunfall ums Leben gekommen?

Theophila war der felsenfesten Überzeugung, dass sie nach ihrem Tode vom Papst wenn nicht heilig so zumindest selig gesprochen werden musste. Immerhin hatte sie zwei Männer, Louis Hammer und Alfons Schmidt, sowie ihren Erstgeborenen beerdigt; besuchte nicht nur sonntags, sondern auch mittwochs den Gottesdienst und verzichtete freitags auf Fleisch, obwohl die Kirche das nicht mehr so strikt sah. Jeden Morgen vor dem Frühstück betete sie den Rosenkranz und in der Fastenzeit reduzierte sie ihren Weinkonsum drastisch. Einmal im Monat ging sie beichten – auch wenn ihre Sünden in ihren Augen wirklich vernachlässigbar waren. Außer ihrer hin und wieder aufflammenden Gier nach Süßem, die sie in kurzen, aber heftigen Fressorgien befriedigte, hatte sie sich nichts, aber auch rein gar nichts vorzuwerfen.

Mürrisch, weil ihr dieser Morgen so gar keinen Anlass zur Klage gab, setzte sie die Füße vors Bett und tastete nach ihren Schuhen. Dann schlurfte sie ins Bad, wobei sie ihren Rollator, der in der Ecke stand, geflissentlich übersah. Dieses Hilfsmittel benötigte sie nicht. Sie nahm es allerdings gern in Anspruch, wenn sie unter Menschen ging. Es bescherte ihr einen nicht zu verachtenden Mitleidsbonus, den sie aufgrund vorgetäuschter Gebrechlichkeit auch voll ausschöpfte. Dank ihm gelangte sie schneller durch größere Menschenansammlungen und wurde häufig vorgelassen, wenn sich lange Warteschlangen bildeten. Außerdem konnte sie im Supermarkt so herrlich die Verkäuferinnen rumscheuchen, die meist bereit waren, ihr jeden gewünschten Artikel herbeizuholen. Und wenn ihr ein Mitmensch nicht behagte, fuhr sie ihm mit dem Ding einfach mit Wucht gegen den Knöchel.

Nach dem Gang zur Toilette stellte sie beim Blick in den Spiegel zufrieden fest, dass sie noch immer gut aussah. Das Weiß ihrer Augen war nicht gerötet, ihre Zunge zeigte keinerlei Belag und auch ihre Zähne saßen dank teurer Implantate bombenfest. Sie war stolz darauf, weil jeder glaubte, es handle sich noch um ihre zweiten. Selbst ihr Haar war noch erstaunlich voll und dank des exklusiven Friseurs, den sie sich im zweiwöchigen Abstand gönnte, schimmerte es noch in sattem Kastanienbraun. Jeder, der sie sah, schätzte sie mindestens um zehn Jahre jünger.

Sie kehrte ins Schlafzimmer zurück, schloss das Fenster mit lautem Knall, fuhr ihren automatischen Lattenrost in Sitzposition, begab sich wieder ins Bett und betete mit halbgeschlossenen Lidern routiniert den Rosenkranz. Allerdings war sie heute Morgen nicht ganz bei der Sache, denn sie überlegte fieberhaft, wie sie dem Tag noch eine positive Wendung geben könnte.

Emily Hammer-Schmidt wurde durch das rücksichtlose Schließen des Fensters aus dem Schlaf gerissen. Ohne auf ihren Wecker zu schauen, wusste sie, dass es 5 Uhr 20 war. Mechanisch schlug sie die Bettdecke zurück und schlüpfte in ihre Hausschuhe. Leise, damit sie ihren Mann nicht weckte, schlich sie sich in das angrenzende Badezimmer. Bei ihrem Anblick hätte sie heulen können. Nicht nur, dass sie jede Nacht von Dantes „erstem Kreis der Hölle" träumte, sie schien auch direkt dem Inferno der „Göttlichen Komödie" entsprungen.

Die kurzen, blonden Haare standen wild ab und wirkten seltsam stumpf. Das Augenweiß verdiente diesen Namen nicht, es glich eher einem trüben Morgenrot. Mit ihren Tränensäcken sah sie aus wie eine Säuferin und ihre trockenen, aufgeplatzten Lippen machten dem ausgetrockneten Flussbett des Colorado Konkurrenz. Ihre Haut war fahl wie die eines Zombies. Sie würde zentnerweise Makeup brauchen, um einigermaßen akzeptabel auszusehen.

Seit gut zwei Jahren erfuhr Emily tagtäglich, was es bedeutete, wenn einem im sprichwörtlichen Sinne „das Leben zur Hölle" gemacht wurde. Seitdem befand sich diese nämlich genau ein Stockwerk tiefer, denn dort residierte ihre Schwiegermutter Theophila. Bei dem Gedanken an diese Höllenschlange erwachten in Emily nicht zum ersten Mal Mordgelüste.

Sie kämmte sich über das Haar und zog den Morgenmantel über ihren hageren Körper. Ihre ehemals weibliche Figur glich inzwischen der einer Vogelscheuche. Nicht, dass sie unter einer Essstörung litt, nein ganz und gar nicht. Die Schuld für ihre körperliche Verfassung lag allein bei ihrer Schwiegermutter. Mit untrüglichem Instinkt tauchte sie immer dann auf, wenn die Familie sich um den Tisch versammelte. Dann gab sie entweder eine ihrer abstoßenden Verdauungsstories zum Besten, die Emily den Appetit vermiesten, oder sie entwickelte gerade wieder einmal eine neue, unentdeckte Krankheit, die hoch ansteckend war. Letzteres hatte zur Folge, dass Emily ihren Teller von sich schob, weil sie das Gefühl beschlich, ihre Mahlzeit sei eine Brutstätte mutierender Krankheitserreger, die unweigerlich zum Tode führen.

Nach außen mimte Emily die Starke, die alles schultern konnte, doch in ihrem Innern sah es wüst aus. Sie fühlte sich zunehmend überfordert und allein gelassen. Zwar stand Paul ihr bei so gut es ging, aber er befand sich den Großteil des Tages außer Haus, während sie dem Drachen ausgeliefert war. Doch da er selbst bis an die Grenzen geistiger und körperlicher Erschöpfung schuftete und abends total erschlagen heimkam, wollte sie ihm nicht auch noch die Ohren volljammern. Nur spürte Emily, dass sie die Situation nicht mehr lange würde ertragen können. Ihre Schwiegermutter drängte immer mehr in ihr gemeinsames Leben und eroberte mit brutalem Egoismus beinah jeden von Emilys Rückzugswinkeln. Das Problem „Theophila“ musste früher oder später in Angriff genommen werden, wobei ihr früher deutlich gelegener käme als später.

Emily versuchte so gut es ging, die Kinder aus dem interfemininen Schwiegermutter-Schwiegertochter-Zwist herauszuhalten, bloß hatten die eine ziemlich gute Antenne für die Situation und machten um die Oma einen großen Bogen. Sobald sie im Anmarsch war – was mehrmals pro Tag geschah – suchten sie das Weite. Emily wunderte das nicht, sie hätte es gern genauso gemacht. Denn selten gab es ein nettes Wort von Theophila, meist jammerte sie über ihren angeschlagenen Gesundheitszustand und beklagte sich über die schlechten Gewohnheiten der heutigen Jugend, wobei sie besonders den mangelnden Respekt gegenüber der älteren Generation herausstellte. Logisch, dass sich die Kinder das nicht anhören wollten. Theophila selbst kam nie in den Sinn, dass es nicht an der älteren Generation per se, sondern speziell an ihr lag, dass ihre Enkel sie mieden. Für sie lag die Ursache des ablehnenden

Verhaltens des Hammer-Schmidtschen Nachwuchses einzig in Emilys mangelhafter Erziehung.

Emily schleppte sich in die Küche und machte die Pausenbrote für ihre Töchter Maria und Magdalena und Johannes, ihren Jüngsten. Selbst die Namen verdankten die Kinder dem beharrlichen Missionierungswillen ihrer Schwiegermutter. Sie hatte solange gezetert, bis für jedes Kind der passende Schutzpatron auserkoren worden war. Jede Gegenwehr erwies sich als zwecklos und Emily hatte um des häuslichen Friedens willen schließlich klein beigegeben.

Wie in Trance bereitete sie das Frühstück vor, schlich an den Briefkasten und holte möglichst leise die Zeitung herein. Mühsam hatte sie sich diese kleine „Frei-Zeit" von 30 Minuten am frühen Morgen erkämpft, in der Paul und die Kinder noch schliefen und ihre bigotte Schwiegermutter den Rosenkranz betete.

Heute Morgen jedoch ging Emilys Kalkulation nicht auf. Gerade als sie mit der Titelseite begonnen hatte, ertönte in der Ferne das Martinshorn eines Krankenwagens. Zum zweiten Mal an diesem jungen Morgen dachte sie an Mord, denn ihre Schwiegermutter hatte schon wieder den Notrufknopf betätigt. Theophila war nämlich eine Hypochonderin reinsten Wassers und terrorisierte ihre Familie mit ihren eingebildeten Krankheiten. Seit fünfzehn Jahren hegte sie die Überzeugung, todsterbenskrank zu sein, und dass kein Arzt der Welt fähig war, ihre tödliche Krankheit zu diagnostizieren. Entweder versagten sämtliche medizinischen Tests oder die Geräte hatten einen technischen Defekt. Für sie waren Ärzte allesamt Quacksalber, die ihr nur das Geld aus der Tasche ziehen wollten. Was sie allerdings nicht daran hinderte, sich jedes Quartal einen neuen Hausarzt zu suchen. Selbst das einleuchtende Argument, dass sie schwerlich all die Jahre überlebt hätte, wäre sie tatsächlich todgeweiht, überhörte sie geflissentlich. Theophila pflegte lieber die Überzeugung, dass sie ihr irdisches Dasein nur dem festen Vertrauen auf Gott und dem täglichen Gebet verdankte und nicht ihrer überaus robusten Gesundheit.

Emily verfluchte diesen Notrufknopf, der alles nur noch schlimmer gemacht hatte. Theophila trug ihn tagsüber unter ihrer Kleidung an einem schmalen Band um den Hals, während der Nacht lag er in Reichweite neben ihrem Bett.

Seit ihre Schwiegermutter ihn besaß, probierte sie ihn in beinah jedem Zimmer der drei Etagen aus. Sie wollte sich vergewissern, dass er tadellos funktionierte. Dies wiederum bedingte, dass die Ambulanz das achte Mal innerhalb von zwei Wochen anrückte und stets vergebens. Aber Theophila gelang es immer, rasch eine akute Krankheit zu entwickeln, so dass sie nicht vollends als Simulantin entlarvt wurde. Sie war bereits zwei Mal notfallmäßig eingeliefert worden, ohne dass natürlich irgendeine Diagnose gestellt werden konnte.

Emily erhob sich ächzend, schlurfte zur Eingangstür und öffnete, noch bevor der Wagen in die Einfahrt bog. Der Eingang zur Souterrainwohnung ihrer Schwiegermutter lag etwas versteckt um die Ecke. Meist wurde deshalb an ihrer Haustür geklingelt und sie wollte nicht, dass die Kinder jetzt schon geweckt wurden. In diesem Augenblick kam ihr die Erkenntnis, dass sie wie ein dressierter Affe agierte.

Ein Rettungsteam bestehend aus einem Mann und einer Frau stürzte aus dem Fahrzeug die Treppe hoch, direkt auf sie zu. „Was fehlt Ihnen denn?“, fragte der Mann besorgt, griff nach ihrem Handgelenk und fühlte ihren Puls. „Der Arzt kommt übrigens auch gleich.“

„Mir? Mir fehlt gar nichts!“, empörte sich Emily.

„Sie sind doch Frau Hammer-Schmidt?“, hakte der Mann nach und zog die Brauen ärgerlich zusammen.

„Natürlich.“

„Sind Sie sicher, dass es Ihnen gut geht? Sie sehen nämlich echt krank aus“, rechtfertigte er seine Besorgnis.

„Na toll“, dachte Emily, sagte aber laut und ziemlich scharf: „Ich bin vollkommen gesund“, denn noch viel lieber hätte sie gebrüllt: „Ich fühle mich beschissen, weil meine Schwiegermutter mich tyrannisiert und euch schon wieder antanzen lässt. Dabei gibt es in ganz Deutschland keinen Patienten, der so gut untersucht ist wie sie. Einmal pro Jahr hat sie eine Magen-, eine Darm- und eine Blasenspiegelung, ein Langzeit-EKG, ein Schädel-MRT, ein EEG, eine komplette abdominale Ultraschalluntersuchung, Hormonstatusüberprüfung, eine Mammographie, und den normalen hausärztlichen Check-up. Immer wird ihr absolute Gesundheit und erstaunliche Fitness bescheinigt. Kommt sie von einem Arztbesuch zurück, hat sie im Wartezimmer unter Garantie von einer neuen Krankheit erfahren, die sie bald „heimsuchen wird“, wie sie sich immer ausdrückt. Die „Apotheken Umschau“, „Bild der Frau“ und diverse andere Blättchen tragen ihr Übriges dazu bei. Die Frau hat Erkrankungen, die gibt's gar nicht. Irgendwann wird sicher eine Krankheit nach ihr benannt: Morbus Hammer-Schmidt, was synonym für „heiße Luft“ steht.“

Aber sie schluckte ihre Wut hinunter und sagte nichts.

„Mein Name ist Emily Hammer-Schmidt. Meine Schwiegermutter Theophila wird Sie gerufen haben.“

In diesem Moment kämpfte sich Theophila bühnenreif leidend die Treppe hoch und legte dabei eine Schnappatmung an den Tag, die jeder Wasserschildkröte zur Ehre gereicht hätte. Emily entging nicht, dass sie bereits frisiert und geschminkt war, ihren seidenen Morgenmantel trug und deshalb einen deutlich weniger derangierten Eindruck hinterließ, als sie selbst. Sie überlegte kurz, ob sie nicht doch eine Ohnmacht vortäuschen sollte, damit sie ins Krankenhaus transportiert wurde. Die Aussicht diesem Haushalt zu entfliehen – egal unter welchen Umständen – erschien ihr auf einmal überaus verlockend.

„Mir ist ja so schwindlig. Ich war ohnmächtig und sehe immer noch alles verschwommen, außerdem fühlt sich meine linke Seite taub an", stöhnte Theophila, während sie tapfer Stufe um Stufe erkämpfte.

Nun konzentrierten sich die Rettungsassistenten voll auf ihre Schwiegermutter, was Emily total ungerührt ließ. „Wo können wir sie zur Untersuchung hinbringen?"

„Runter in ihre Wohnung", schlug Emily wenig mitfühlend vor, wofür sie entsetzte Blicke erntete.

Theophila schluchzte theatralisch auf. „Das schaff ich nicht. Mein Herz!"

„Dafür gibt es Tragen", meinte Emily kühl.

Die Rettungsassistentin mischte sich ein „Die Treppe ist zu eng. Da kommen wir nicht runter. Besser, wir behandeln sie hier oben."

Emily gab sich geschlagen. Dieser Tag war wie so viele andere für sie verloren. Theophila würde die nächsten 24 Stunden das Wohnzimmer in Beschlag nehmen und sie mit allen möglichen Forderungen auf Trab halten.

Ihre Schwiegermutter, deren Leidensmiene durchaus überzeugend wirkte, äußerte gehässig: „Die Jungen wollen uns Alte immer in den Keller abschieben", wobei sie „Keller" so betonte, als handele es sich um ein Verließ.

Emily überhörte den Vorwurf. Es war sinnlos, in irgendeiner Weise darauf zu reagieren. Eher zeigte eine Betondecke Risse, als dass ihre Schwiegermutter ein gutes Haar an ihr ließ. Theophilas Wohnung war weder ein Keller noch ein Verließ, sondern lag ebenerdig, war tageslichtdurchströmt und hatte eine kleine Terrasse.

„Dann seien Sie wenigstens leise. Meine Kinder schlafen noch", meinte Emily barsch. „Ich hol jetzt Paul, damit er sich um dich kümmert", sagte sie zu Theophila.

„Lass nur, der Junge braucht seinen Schlaf. Es reicht ja, dass du da bist", wies sie ihre Schwiegertochter an.

Diese Bemerkung weckte in Emily den verständlichen Wunsch, ihren Gatten sofort aus dem Bett zu werfen.

„Übrigens könntest du dich ruhig mal zurechtmachen! Schaust ja aus wie eine Vogelscheuche!", bemerkte sie noch abschätzig. Klar sehen konnte sie demnach schon wieder.

Die Mordgelüste in Emilys Kopf nahmen immer konkreter Gestalt an. Doch bevor sie zu real wurden, traf die Notärztin ein. Sie betrachtete beide Frauen mit Kennerblick, ließ sich von den Sanitätern ins Bild setzen, ordnete an, dass sie sich um die Patientin kümmern sollten und begleitete Emily dann in die Küche. Was diese freute, aber Theophila verärgerte. Wurde ihr doch die ärztliche Aufmerksamkeit vorenthalten.

„Frau Hammer-Schmidt, Sie sehen erschöpft aus", stellte die Ärztin ohne Umschweife fest. „Hören Sie, vielleicht empfinden Sie mich als aufdringlich, aber ich arbeite auch noch in einer psychologischen Praxis und habe ein Gespür für Situationen wie diese. Ihre Schwiegermutter hat uns in letzter Zeit recht häufig gerufen, ohne dass ihr etwas fehlte. Ich tippe mal, dass sie Ihnen das Leben nicht gerade leicht macht, oder?"

Seit langem fühlte sich Emily wenigstens einmal ansatzweise verstanden. Hier war endlich jemand, der ahnte, was sie durchmachte. „Da liegen Sie ganz richtig."

„Haben Sie schon einmal professionelle Hilfe in Anspruch genommen?"

„Oh ja", lachte Emily bitter. „Wir hatten die Sozialstation und zwei Polinnen da. Sie hat sie alle vergrault. Den Polinnen warf sie vor, sie würden sie bestehlen, die Dame von der Sozialstation schwärzte sie bei ihrem Arbeitgeber an, indem sie behauptete, sie würde nicht die volle Pflegeleistung erbringen und nur rumsitzen und nichts tun. Wir konnten nur mit Mühe verhindern, dass ihr gekündigt wurde."

„Sie müssen versuchen, sich Freiräume zu schaffen."

„Denken Sie, das hätte ich nicht? Ich bin Übersetzerin für

Schwedisch und hatte mein Büro früher in der Binger Innenstadt mit wunderschönem Blick auf den Rhein. Anfangs terrorisierte sie mich dort mit Anrufen. Weil ich nicht mehr abnahm, rief sie ständig meinen Mann an. Als dieser sich verleugnen ließ, belästigte sie die Nachbarn und klingelte sie raus. Wir haben mit ihnen gesprochen und sie öffneten ihr nicht mehr die Türen. Glauben Sie, das hätte sie abgeschreckt? Nein, keinesfalls. Sie sprach Wildfremde auf der Straße an und mimte die Verwirrte. Dann wurde meist die Polizei gerufen, die meine Schwiegermutter heimbrachte. Irgendwann wurde uns nahegelegt eine Lösung zu finden und die sieht so aus, dass ich wieder zu Hause arbeite. Das war der größte Fehler meines Lebens. Von da an ging es erst richtig los. Aber das erspar ich Ihnen."

In diesem Augenblick steckte einer der Rettungsassistenten den Kopf zur Tür herein. „Dr. Helfrich, können Sie mal kommen? Der Patientin geht es schlechter."

„Ist es lebensbedrohlich?"

„Nein."

„Dann soll sie sich gedulden", entgegnete sie kühl. Sie wandte sich nochmals an Emily. „Ich kann Ihnen eine kurzfristige Verschnaufpause verschaffen und diagnostiziere eine temporäre ischämische Attacke. So kann ich sie zur Beobachtung ins Heilig-Geist-Hospital einweisen lassen. Dann haben Sie ein, zwei, vielleicht auch drei freie Tage. Suchen Sie in dieser Zeit nach einem Ausweg. Es gibt Stellen, die Ihnen dabei helfen können", meinte sie und ergriff ihren Notfallkoffer.

Plötzlich fühlte sich Emily von einer Last befreit. „Könnten Sie mir noch einen Gefallen tun?"

„Welchen denn?"

„Bitte verhelfen Sie ihr zu einem Ein-Bett-Zimmer. Wir zahlen auch die Differenz. Während der letzten beiden Krankenhausaufenthalte sind ihre beiden Zimmernachbarinnen überraschend verstorben. Ich glaube, meine Schwiegermutter tut anderen nicht gut. Ich bin ja das beste Beispiel", versuchte Emily zu scherzen.

„Ich versuch's, aber versprechen kann ich es nicht. Das hängt von der Belegung ab und muss bei der Aufnahme geregelt werden."

„Das weiß ich, aber wenn Sie schon mal vorfühlen, sind die Chancen größer. Um die Aufnahme soll sich mein Mann kümmern. Ich weck ihn schnell und pack ein paar Sachen für meine Schwiegermutter zusammen", meinte sie mit frisch erwachtem Elan.

Als Emily zurückkam, redete Paul mit seiner Mutter. Er versprach ihr, sie nach der Arbeit im Krankenhaus zu besuchen. Emily dagegen beschloss großzügig auf einen Besuch zu verzichten.

Theophila lag zufrieden und gut versorgt im Krankenwagen. Sie liebte es, wenn die ganze Aufmerksamkeit ihr galt und sie uneingeschränkt umsorgt wurde. Am liebsten hätte sie solche Fahrten zu ihrem Hobby gemacht, doch reichten ihre kleinen Anfälle meist nicht für einen Krankentransport aus. Deshalb genoss sie diesen Augenblick in vollen Zügen und lauschte interessiert dem Telefonat, das die Notärztin mit der Klinik führte. Diese drängte darauf, dass die Patientin ein Einzelzimmer erhielt.

Diese Aussicht stimmte sie noch zufriedener, besser hätte sich dieser Morgen gar nicht entwickeln können. Wenn sie an ihre letzten Klinikaufenthalte dachte, überkam sie heute noch das Grauen. Zimmergenossinnen waren das Letzte. Beim ersten Mal war ihre Bettnachbarin ein Fleischberg von Mensch gewesen und hatte regungslos in ihrem Bett gelegen wie ein Maikäfer auf dem Rücken. Wenn sie sich doch einmal rührte, wurden ihre Bewegungen von langanhaltenden Schmerzensseufzern begleitet. Der Grund ihres Klinikaufenthaltes war aber nicht ihr morphologisches Erscheinungsbild, sondern ihre

Schlafapnoe, mit der sie Theophila den Schlaf raubte. Die Frau schnarchte wie ein Walross. Auf 14-maliges lautstarkes Einatmen folgte eine knapp fünfsekündige Pause, die von einer wahren Geräuschexplosion beendet wurde und bei der das gesamte Zimmer zu erbeben schien. Es war schlicht nicht zu ertragen. Theophila hatte alles versucht, um Ruhe zu bekommen. Doch weder Schreien, noch heftiges Schütteln oder Nasezuhalten half.

Am nächsten Morgen hatte sich Theophila wie gerädert gefühlt. In der zweiten Nacht hielt sie es nicht mehr aus. Sie war immerhin hier, um gesund zu werden, was unter den gegebenen Umständen nicht ging. In der nächsten Nacht drückte sie während eines der enervierenden Schnarchaussetzers dem Walross heimlich still und leise das Kissen auf den Kopf und zählte bis 100. Zu ihrer Überraschung erfolgte kaum Gegenwehr, lediglich ein leichtes Zucken ging durch den massigen Körper. Endlich herrschte Ruhe und Theophila bekam ihren wohlverdienten Schlaf. Dass die Frau am nächsten Morgen nicht mehr aufwachte, bereitete ihr keinerlei Kopfzerbrechen.

Beim zweiten Aufenthalt hatte sie sich ihr Zimmer mit einer regelrechten Quasselstrippe teilen müssen. Die Frau quatschte wie ein Wasserfall und ließ sich nicht davon beeindrucken, ob Theophila las, Fernsehen schaute, sie ignorierte oder schlief. Irgendwann jedoch konnte sie das Geplapper einfach nicht mehr überhören und war total genervt. Am dritten Abend während sich ihre Bettnachbarin im Bad fertig machte, opferte Theophila in ungewohnt selbstloser Manier ein Glas ihres geliebten St. Laurent, den Paul für sie in die Klinik geschmuggelt hatte, und löste ein paar ihrer Schlaftabletten darin auf. Nachdem das Glas geleert war, versiegte der Redestrom bald. Dass es gleich für immer war, hatte eigentlich nicht in Theophilas Absicht gelegen, aber sie akzeptierte diese Entwicklung mit einem Achselzucken.

Niemand vom Pflegepersonal oder den Ärzten kam auf die Idee, dass mit dem Tod der beiden Frauen etwas nicht stimmen könnte und auch Theophila war sich keiner Schuld bewusst, hatte sie doch nur für ihr eigenes Wohlergehen gesorgt.

Emily waren drei wundervolle Tage Pause vergönnt, die sie gut nutzte. Sie und Paul schafften es, einmal wieder ordentlichen Sex zu haben. Mit drei kleinen Kindern war es sowieso schon schwierig, Zeit für ein Schäferstündchen zu finden. Doch mit einer Schwiegermutter im Haus, die ein untrügliches Gespür für die Stunden zärtlicher Zweisamkeit hatte, und die jedes Tête-à-Tête korrumpierte, waren Zärtlichkeiten ein Ding der Unmöglichkeit. Bereits zwei Mal war sie hereingeplatzt, als Paul und sie gerade so richtig in Fahrt gekommen waren. Zwar hatte sie schuldbewusst getan, aber an dem lüsternen Leuchten in ihren Augen konnte Emily ablesen, dass es ihr diebische Freude bereitet hatte, sie zu stören. Empfängnisverhütung erübrigte sich unter solchen Umständen.

Endlich konnte sie sich auch auf die Manuskripte konzentrieren, die wegen Theophila liegengeblieben waren. Während Emily einen Kurzkrimi, der in einer Deutsch-Schwedischen Anthologie erscheinen sollte, übersetzte, kam ihr plötzlich ein fantastischer Gedanke. Sie sah eine Möglichkeit, ihre Schwiegermutter auf elegante Weise loszuwerden. Wenn ihr Plan funktionierte, würde Theophila freiwillig das Weite suchen. Dazu bedurfte es nur zweierlei Dinge: Sex and Crime. Theophila ergötzte sich gern an solcher Literatur und Emily beschloss kurzerhand selbst zur Autorin zu werden. Sie musste dann nur noch einfach ihr „Werk“ auf dem Schreibtisch liegen lassen, Theophila würde es dort schon finden, denn sie schnüffelte für ihr Leben gern in anderer Leute Sachen. Kurzerhand schaltete Emily ihren PC an und machte sich an die Arbeit. Das geschriebene Wort sollte ihre Waffe sein.

Fünf Monate später.

Theophila konnte es kaum abwarten, das Manuskript zu Ende zu lesen, das sie auf dem Schreibtisch ihrer Schwiegertochter gefunden hatte. Während der letzten Tage hatte sie heimlich Kapitel für Kapitel stibitzt und unbemerkt wieder zurückgelegt. Zwar kannte sie diesen Autor, Emil Paulsen, nicht, doch sie prophezeite ihm eine glorreiche Zukunft als Kriminalschriftsteller, denn der Roman traf genau ihren Geschmack. Er war nicht sonderlich anspruchsvoll, aber flott zu lesen. Außerdem hatte er genau die Dosis Sex, die sie bevorzugte. Er handelte von einer jungen Nymphomanin, die einen gut betuchten Erben heiratete und diesen nach Strich und Faden betrog. Ihr Schwiegervater bekam Wind davon und setzte alles daran, diese Ehe zu beenden und die Frau vom Familiensitz zu vertreiben. Doch die durchschaute die Intrige und verübte ihrerseits mehrere Mordanschläge auf das Familienoberhaupt. So mischte sie unter anderem Rattengift in seine Frikadellen, manipulierte die Bremsen seines Autos, ersetzte wichtige Medikamente durch unwirksame und inszenierte einen „Badezimmerunfall mit Stromschlag". Doch der alte Herr überlebte sämtliche Attacken.

Theophilas Sympathie lag natürlich ganz beim Schwiegervater, teilten sie doch bezüglich der Schwiegertochter ein ähnlich schweres Schicksal. Als sie aber das Ende las, in dem ihr Romanheld ein unerquickliches Ende fand, gefiel ihr der Autor plötzlich gar nicht mehr so gut. Denn die Schwiegertochter betäubte ihren Schwiegervater mit einem Schlafmittel, das sie ihm in den Rotwein tat. Als er dann schlief, erstickte sie ihn kurzerhand mit seinem eigenen Kopfkissen.

Theophila empörte sich über dieses missratene Finale. Sie schätzte es gar nicht, dass die unmögliche Schwiegertochter ihr Ziel erreichte und ungeschoren davonkam, vor allem weil der idiotische Arzt, der den Tod feststellte, auch noch eine natürliche Todesursache befand. Die Inkompetenz des Mediziners deckte sich voll und ganz mit ihrer Auffassung über ärztliche Kunst. Während sie sich weiterhin über den Ausgang des Buches erregte, weckte die Konstellation Schlafmittel-Kopfkissen eine dumpfe Erinnerung. Plötzlich fielen ihr ihre beiden Krankenhausaufenthalte mit letalem Ausgang ein und sie erkannte gewisse Parallelen zu Selbsterlebtem. Doch schnell verdrängte sie die unliebsamen Gedanken wieder.

Emily hatte das Schreiben des Schundromans unerwartet viel Spaß gemacht, trotz des schwachsinnigen Plots und der plakativen Figuren. Bei der Person des Schwiegervaters benötigte sie noch nicht einmal viel Fantasie, sie nahm einfach Theophila als Vorbild. Unter dem Pseudonym „Emil Paulsen" lieferte sie ihrer Schwiegermutter sogar einen deutlichen Hinweis auf die Identität des Verfassers, aber die käme sicher nie auf die Idee, dass ihre Schwiegertochter dahinter steckte. Dafür hielt sie Emily geistig für viel zu minderbemittelt. Der Krimi schlug voll ein und der Schwiegermutterdrache verschlang ihn geradezu. Emily spürte, dass sie gern mit ihr über das ungehörige Ende gesprochen hätte. Nur konnte sie das nicht, ohne zugeben zu müssen, in ihren Unterlagen gestöbert zu haben.

Die Saat war gesät, jetzt musste sie nur noch aufgehen.

Zwei Tage später, als sich Emily in der Küche befand und Hackfleisch knetete, kam ihre Schwiegermutter dazu. „Was kochst du heute?"

„Frikadellen, Bratkartoffeln und Salat", entgegnete Emily knapp.

„Du hast mich schon lange nicht mehr zum Essen eingeladen", beschwerte sich Theophila.

„Gestern Mittag hast du mit den Kindern und mir gegessen. Aber wenn du willst, kannst du gern heute Abend kommen."

Theophila nickte gefällig. Dann fiel ihr Blick auf eine Schachtel, die Emily gut sichtbar auf der Küchenplatte deponiert hatte. Eine Ratte war auf der Vorderseite abgebildet.

„Was ist das?“

„Rattengift! Die Kinder haben gestern welche im Garten entdeckt und ich will nicht, dass sie ins Haus kommen. Ich dachte, ich misch das Gift ins Hackfleisch. Diese Köder hier sind fertig“, meinte sie und hielt ihrer Schwiegermutter einen Teller hin. Auf ihm lagen kleine Frikadellen, die denen zum Verwechseln ähnlich sahen, die Emily gerade für das Abendessen zubereitete. „Sehen doch ganz harmlos aus, oder?“, fragte sie.

Theophila wurde auf einmal kalkweiß und blieb ihr die Antwort schuldig. In ihr regte sich ein vager Verdacht und ihrem Gesichtsausdruck nach zu urteilen, stellte sie gerade eine Assoziation zu Emilys Roman her.

„Ich hab übrigens gar keinen Hunger mehr“, meinte sie und verließ fluchtartig den Raum.

Kaum hatte sie die Tür hinter sich zugeknallt, nahm Emily die unbenutzte Schachtel mit dem Gift und warf sie in die Mülltonne. Die Saat begann zu keimen.

In den folgenden Tagen ließ Emily immer wieder in Theophilas Anwesenheit Andeutungen fallen, die auf den Krimi anspielten. Der Rest ihrer Familie verstand sie natürlich nicht, ihre Schwiegermutter dagegen sehr wohl. Als Emily nachfragte, ob nicht Theophilas Wagen wieder zur Inspektion müsse, entschied sich ihre Schwiegermutter kurzerhand ihren A-Klasse-Mercedes vorübergehend stillzulegen. Außerdem bestand sie neuerdings darauf, die Medikamente, die Emily ihr immer bereitgestellt hatte, selbst zu richten. War sie früher regelmäßig während der Mahlzeiten aufgetaucht, unterließ sie dies nun. Sie kam nur noch auf Einladung und wenn sie etwas auf ihren Teller tat, nahm sie von den Speisen, die auch Paul aß. Vergnügt stellte Emily fest, dass ihre Schwiegermutter sämtliche Elektrogeräte aus ihrem Badezimmer verbannte und Tag und

Nacht die Tür der Souterrainwohnung zum Flur verschloss. Es gab keinerlei unliebsame Störungen mehr.

Dennoch ging Emilys Kalkül, dass Theophila von sich aus kleinbeigeben und ausziehen würde, nicht auf. Ihre Schwiegermutter war zäh und ließ keinerlei Absichten in dieser Richtung erkennen. Also musste sie zum letzten Mittel greifen und das Finale inszenieren. Sie plante die „tödliche Kissenszene" für einen Abend, an dem Paul sich außer Haus befand. Dazu wollte Emily ihre Schwiegermutter auf ein Glas Wein und einen gemeinsamen Familienfernsehabend einladen. Da sie aber davon ausging, dass sie die Einladung ausschlagen würde, wenn sie von ihr kam, schickte sie Paul vor. Er konnte seine Mutter tatsächlich überzeugen.

Einen Tag zuvor bat Emily Theophila noch um Schlaftabletten. „Ich schlaf in letzter Zeit so schlecht. Du hast doch bestimmt, ein, zwei Tabletten für mich, oder?"

„Eigentlich kann ich keine erübrigen", zierte sich ihre Schwiegermutter.

„Bitte, ich bin total neben der Spur und muss unbedingt mal wieder schlafen", bettelte Emily.

Theophilas Finger zitterten, als sie ihr die Pillen überreichte.

Am nächsten Abend saßen die beiden Frauen gemeinsam mit den Kindern im Wohnzimmer und warteten mehr oder minder einträchtig darauf, dass der Familienfilm begann. Emily hatte Weingläser und Wein bereit gestellt, einen weißen für sich und eine roten für ihre Schwiegermutter.

„Du trinkst Weißwein?", argwöhnte Theophila, als sie die beiden Flaschen sah.

„Ich bekomme doch auf Rotwein Migräne und du trinkst lieber roten. Es ist auch deine Lieblingssorte, St. Laurent. Ich hab ihn auch schon geöffnet, damit er atmen kann", meinte Emily und schenkte Theophila ein.

Theophila nahm die Flasche und hob sie gegen das Licht. Sie

tat so, als lese sie das Etikett. In Wahrheit begutachtete sie den Inhalt. „Der hat Bodensatz“, bemängelte sie, obwohl aufgrund der tiefroten Farbe kaum etwas zu erkennen war.

„Das ist Weinstein.“

„Papperlapapp. Den trink' ich nicht. Ich will von deinem Wein.“

„Gut, wenn du meinst“, seufzte Emily und verkniff sich ein Grinsen.

Sie brachte den Rotwein zurück in die Küche. Paul würde sich morgen Abend bestimmt über einen Schluck freuen. Danach holte sie ihrer Schwiegermutter ein Weißweinglas. Während sie ihr einschenkte, meinte sie arglos: „Ach, übrigens hat das Bettengeschäft Daunenkissen im Angebot. Du wolltest dir doch schon lange ein neues kaufen. Ich habe dir heute eins mitgebracht. Es ist schön dick und fluffig, genau so wie du es magst. Ich bring's dir später runter in deine Wohnung“, schlug sie vor und schaute ihre Schwiegermutter offen an.

Das war für Theophila endgültig zu viel. Nun sah sie deutlich die Schlussszene aus Emilys Roman vor ihrem inneren Auge, die sich mit Sequenzen aus ihrem Klinikaufenthalt vermischten. Zitternd sprang sie auf, wobei sie an den Tisch stieß. „Ich will kein Kissen, behalt es. Und ich hab auch keine Lust mehr auf den Film, deine Gesellschaft und erst recht nicht auf einen Schluck Wein. Ich geh jetzt in meine Wohnung“, schrie sie hysterisch.

„Kannst du mir mal sagen, was mit dir los ist? Ich wollte dir doch nur einen Gefallen tun“, entfuhr es Emily, die von der überaus heftigen Reaktion überrascht wurde. War sie so überzeugend gewesen?

Doch Theophila hörte ihre Worte schon nicht mehr. Sie hatte das Wohnzimmer längst verlassen.

„Was hat denn die Oma?“, fragte ihr Jüngster.

„Keine Ahnung, sie ist wohl ein bisschen gereizt", meinte Emily und nippte genüsslich am Wein.

Nach dem Film, als die Kinder längst schliefen und es in der Souterrainwohnung ruhig geworden war, beschloss Emily die Sache zu einem Ende zu bringen. Ohne Kissen – denn sie hatte überhaupt keines gekauft – stieg sie die Treppe hinunter und blieb vor Theophilas Wohnung stehen. Licht schien unter dem Türschlitz durch, sie war also noch wach. Langsam drückte sie die Klinke, doch die Tür ließ sich – wie erwartet – nicht öffnen. Leise klopfte sie an.

„Theophila, ich bin's. Mach mir bitte auf. Ich muss etwas klarstellen!", sagte sie durch das Schlüsselloch.

Das Licht ging augenblicklich aus und ihre Schwiegermutter rief: „Scher dich weg, ich will dich nicht sehen. Lass mich in Ruhe."

„Bitte, es ist wegen des Kissens. Ich will dir etwas erklären. Es ist nicht so, wie du denkst", versuchte sie es erneut.

Auf der anderen Seite herrschte Totenstille. Emily lauschte weiter und klopfte noch einmal, aber es folgte keinerlei Reaktion. Sie zuckte mit den Schultern und drehte sich um. Gegen Altersstarrsinn ließ sich eben nichts ausrichten. Im Weggehen meinte sie noch einen dumpfen Plumps zu vernehmen. Aber danach hörte sie nichts mehr. Morgen war auch noch ein Tag. Und falls es Theophila tatsächlich nicht gut ging, hatte sie ja noch immer den Notrufknopf, mit dem sie Hilfe rufen konnte.

Emily begab sich schließlich nach oben und schlüpfte in ihr Bett, wo sie augenblicklich einschlief.

Am nächsten Morgen erwachte sie später als üblich. Erstaunt blickte sie auf den Wecker und stellte fest, dass ihr nur zehn Minuten bis zum Klingeln blieben. Erst jetzt wurde ihr bewusst, dass sie nicht wie sonst durch das heftige Zuschlagen des

Fensters der Einliegerwohnung geweckt worden war. Eine vage Vorahnung beschlich sie. Sofort sprang sie aus dem Bett, zog sich an, nahm den Schlüssel zur Eingangstür der schwiegermütterlichen Wohnung und eilte nach unten. Als sie eintrat, erblickte sie Theophilas zusammengesunkenen Körper, der auf dem Boden direkt neben ihrem Bett lag. Auf dem Nachttisch befand sich der Notrufknopf, den sie nicht mehr hatte drücken können.

Das tat nun Emily für sie. Während sie darauf wartete, dass die Ambulanz eintraf, fragte sie sich, ob das Ableben ihrer Schwiegermutter nun Mord oder eine Fügung des Schicksals war. Dabei musste sie insgeheim lächeln.

Rache-Route
Timothy McNeal

(1) Stumm sah sich das Quartett sekundenlang an, Paul Regner und sein Chef, Andy Weilbächer, beide in ihren neuen dunkelblauen Uniformen, Erster Kriminalhauptkommissar Ennio Neuner in Levi's und grünem Polohemd sowie dessen Stellvertreter Norbert Parr, wie gewöhnlich in Dockers-Jeans, Kapuzenpulli und schwarzer Biker-Lederjacke.

„Sieht verdammt noch mal wieder nach einem dieser Mystery-Fälle aus, womit wir es in der Vergangenheit schon mehrmals zu tun hatten", unkte Weilbächer, „und worüber wir wie gehabt besser kein Wort nach draußen dringen lassen."

„Und das Protokoll entsprechend frisieren", ergänzte Regner ahnungsvoll, der mit seinem Chef den Tatort in Augenschein genommen hatte.

„Das Opfer ist nicht vernehmungsfähig?", fragte Parr und schlenderte ohne eine Antwort abzuwarten zum weit geöffneten Fenster des Dienstraums seines Vorgesetzten und zündete sich gesetzeswidrig eine Zigarette an; das Trio folgte ihm umgehend und schloss sich ihm mit gleicher Nonchalance-Chuzpe an.

„Liegt im hiesigen DRK-Krankenhaus", informierte Weilbächer inhalierend, „Spaziergänger haben ihn schreien gehört ... Armes Schwein, das ganze Gesicht verbrüht, muss tierische Schmerzen gehabt haben."

„Vom Täter natürlich weit und breit keine Spur", konstatierte Regner lakonisch.

„Was hat es mit diesem Trullo eigentlich auf sich?", wollte Neuner wissen.

„Genau", schaltete sich Parr ein.

„Weißt du als zugereister Ost-Westfale überhaupt, was das ist?", flachste Weilbächer und klärte Parr ungefragt auf: „Trullo, Plural Trulli, weiß getünchte, zuckerhutartige Wingerts ...

Verzeihung, Weinbergshäuschen, die angeblich irgendwann mal von italienischen Gastarbeitern oder Einwanderern aus Apulien in Rheinhessen erbaut wurden."

„Die Gemeinde Flonheim hat mit Hilfe ihres Kulturvereins ..."

„... dem Krisen-Interventions-Team", feixte Neuner.

„K.I.T., Kultur im Trulliland", fuhr Regner ungerührt fort, „das Gemäuer so ausgebaut, dass man darin durchaus übernachten kann."

„Und?", hakte Neuner nach.

„Das Opfer, der Hobby-Schriftsteller Dietmar Stallmann, war Flonheims erster Heimatdichter, dem sie ein Trullo-Wochenende mit Weck, Worscht und Woi spendiert haben."

„Brötchen, Wurst und Wein", fügte Weilbächer vorsichtshalber für Parr hinzu.

Doch der verblüffte das Trio.

„Ihr Banausen", trompetete der nämlich, „euch sagt der Name des Poeten natürlich nichts, oder? Dann wisst ihr auch nicht, dass sein Weekend der erste Preis im K.I.T.-Gedichtwettbewerb war?!"

„Jetzt sag nur noch, du kennst/kannst auch noch das prämierte Poem?!" lästerte Regner.

„Selbstredend", entgegnete Parr grinsend, „stand ja groß und fett in der AZ."

Stolz deklamierte er :

Wildwuchs
Blattwerk,
trotzig grün,
verbirgt jetzt den Beton;
vor Kurzem noch
fiel frei
der klare Blick auf
kahles, kaltes
Mauerwerk.

„Wie auch immer", brummte Neuner, „irgendwelcher Anhang?"

„Vor Jahr und Tag geschieden, Sorgerecht für Teenager-Tochter", zitierte Regner ihren vorläufigen Bericht, „Seine Ex sitzt zur Zeit in der hiesigen Rheinhessen-Fachklinik, allerdings hat noch keiner ... soll ich?"

Auf das Nicken seines Chefs hin verließ er das Büro, nicht ohne jedoch zuvor seine Kippe sorgfältig auf dem Fensterbrett ausgedrückt zu haben; die drei gönnten sich noch ein, zwei Züge, bevor sie es ihm gleich taten, während das Diensttelefon läutete. Wortlos nahm Neuner ab; als er aufgelegt hatte, sah er seine Kollegen mit gerunzelter Stirn an.

„Das war die Rheinhessen-Fachklinik: Im Zimmer von Stallmanns Ex liegt eine unbekannte Leiche, weiblich, offenbar erwürgt."

„Auf denn, Holmes und Watson für Arme", scheuchte Weilbächer die beiden feixend Regner hinterher, „was hättet ihr an solch einem schönen Sonntag auch sonst wohl Besseres zu tun?!"

(2) „Und Sie sind sicher, dass niemand die Tote kennt?", erkundigte sich Regner beim Stationsarzt, der auch den Tod der Unbekannten attestiert hatte und nun verständnislos den Kopf schüttelte.

„Ich habe das gesamte diensttuende Personal gefragt", stammelte er, „selbst der Pförtner ..."

„Keinerlei Ausweispapiere", stellte Regner fest, nachdem er die Handtasche der Toten untersucht hatte, „nur Schlüssel, anscheinend für Wohnung und Auto. Wir müssen den Parkplatz absuchen."

Erst jetzt zog er den Briefumschlag vom Bett, der halb unter das Kopfkissen gerutscht war.

„Nicht mit dem Kissen erstickt, sondern zweifellos mit den Händen erwürgt“, murmelte er zerstreut und reichte dem Arzt den Umschlag.

„Der ist doch von Ihnen, ich meine von der Klinik, sehen Sie!“

„Kann ich mir auf Anhieb auch nicht erklären“, stieß der Mediziner hervor, „Solange wir keinen Namen haben, ist es aussichtslos“, resignierte er achselzuckend und gab den Umschlag zurück, „Natürlich kenne ich die Frau, an deren Ex der Brief gegangen ist: Nina Richter, geschiedene Stallmann; dies ist ihr Zimmer. Eigentlich müsste sie anwesend sein; ich will mal eben Bescheid geben.“

Nachdem er den Raum eilig verlassen hatte, besah sich Regner die Rückseite des Briefumschlags.

„Trau, schau wem“, entfuhr es ihm überrascht, denn er konnte die Skizze unschwer als Wegbeschreibung von Alzey zum Flonheimer Trullo interpretieren.

(3) „Mann, hat sich die Anlage in den letzten Jahren vergrößert“, staunte Neuner, nachdem er seinen Geländewagen neben Regners Streifenwagen geparkt hatte.

„Kein Wunder“, kommentierte Parr, „die Menschheit wird ja auch immer verrückter; sieht aus wie das Domizil eines englischen Lords.“

„Zu meiner Schulzeit hieß die Klinik im Volksmund nur Hopla.“

„Dieser Sinn erschließt sich mir nicht“, klagte Parr.

„Ist lediglich die Verballhornung von HuPflA“, erläuterte sein Chef.

„So what?“, beharrte dessen Stellvertreter auf einer zusätzlichen Erklärung.

„Heil- und Pflegeanstalt“, klärte Neuner ihn endlich auf.

„Welch friedliches Ambiente“, bemerkte Parr auf dem Weg zum Tatort, „da wandelt einen doch direkt die Lust an …“

Er kam nicht mehr dazu, seine Gelüste zu artikulieren, da Regner aus dem Gebäudekomplex zu ihrer Linken trat und sich umsah.

„Ihr wisst Bescheid?“, empfing er sie. Die beiden nickten.

„Die Erwürgte ist noch nicht identifiziert. Ich suche gerade ihr Auto, denn sie hatte absolut nichts bei sich, noch nicht einmal ihren Führerschein. Nur einen Briefumschlag mit der Adresse des Ex einer der Insassinnen, die offenbar gerade vermisst wird.“

„Na, toll!“, kommentierte Parr unwirsch.

„Nicht genug damit: Die Rückseite dieses Umschlags ziert eine Skizze, die den Weg von Alzey zum Flonheimer Trullo beschreibt.“

„Finde den Wagen der Toten und starte eine Halterabfrage“, beauftragte Neuner Regner, „Norbert und ich kümmern uns um den Verbrühten, nachdem wir das Zimmer der Erwürgten inspiziert haben.“

(4) „Drei Tage, höchstens“, hatte der Stationsarzt Regner versichert, länger könne sich die Verschwundene – die Suche nach ihr in der Klinik war ergebnislos verlaufen – nicht unbemerkt irgendwo aufhalten, immer vorausgesetzt, es gelänge ihr, Nahrung, vor allem Getränke, zu besorgen.

„Sie ist außerdem stark medikamentenabhängig, braucht laufend Sedativa, sonst rastet sie buchstäblich aus.“

Doch wo – ging es Regner auf der Rückfahrt zur Inspektion durch den Kopf, nachdem er den zu dem in der Handtasche gefundenen Schlüssel passenden Polo gefunden und die Haltersuche veranlasst hatte – würde sich eine derart Kranke verstecken wollen, falls dies überhaupt ihre Absicht war?! In einem Wingertshäuschen, einer Scheune, einer Höhle gar? Die Weinheimer Trift fiel ihm ein, das Kliff eines Tertiär-Meeres, das durchlöchert war wie ein Schweizer Käse, doch das Terrain war ja abgesperrt. Allerdings stellte die Einfriedung kein echtes Hindernis dar, wie er aus eigenem Erleben wusste.

Die Kollegen in der Inspektion waren nicht untätig gewesen: Der Polo war auf Tina Grauer zugelassen, nach Bildabgleich für Regner zweifelsfrei das Mordopfer in der Klinik.

Wer – so Regners zusammenfassende Frage – hatte Stallmann im Trullo offensichtlich den kochenden Inhalt des Wasserkessels ins Gesicht geschüttet und warum? Ähnliche Fragen bezüglich Täter und Motiv ergaben sich hinsichtlich der Leiche in der Klinik. Gab es eine Verbindung zwischen beiden Fällen? Bedeutete der Briefumschlag die kürzliche Anwesenheit von Stallmann im Zimmer seiner Ex? Kannte er eventuell die Tote? Und wo war Nina Richter?

(5) Die Analyse von Tinas Schriftverkehr – namentlich dem mit ihrem Scheidungsanwalt – belegte eindrucksvoll das vom Arzt geschilderte Krankheitsbild.

„Zeitweiliger Realitätsverlust, Borderline", ließ er sich von Neuner und Parr überrumpeln, bevor er sich, einigermaßen gefasst, wieder auf seine Schweigepflicht zurückziehen konnte.

„Mein lieber Scholli", stöhnte Parr bei Durchsicht einiger Briefe, „ich würde hier jedwede Fachausdrücke mal beiseite lassen und schlichtweg Hass konstatieren, abgrundtiefen Hass."

Neuner kam aufgrund seiner Lektüre zum gleichen Schluss.

„Der Verdacht drängt sich auf, dass es seine Ex war."

„Und wer hat warum die Tote da drüben auf dem Bett auf dem Gewissen?", fragte Parr.

„Wenn wir bloß eine Verbindung zwischen den dreien fänden", meinte Neuner vage.

„Trio Infernal“, seufzte Parr, „doch dazu müssten wir die beiden noch Überlebenden befragen können!“

Neuner aktivierte sein Handy.

„Als erstes beordere ich Paul zum Trullo, er soll sich da mal in unregelmäßigen Abständen herumtreiben; wer weiß, vielleicht haben wir Glück und ...“

„ ... es zieht den Täter an den Tatort zurück?“, vollendete Parr ungläubig den Gedankengang seines Chefs, „Dann könnten wir ja ebenfalls gleich dahin.“

„Schon eingeplant“, nickte Neuner, „doch wir verlagern unseren Aktionsradius etwas; wie weit kann sich diese Frau wohl pro Tag weg bewegen?“

„Von hier aus? Vielleicht ist sie per Anhalter gefahren? Oder hat den Bus benutzt. Vergiss nicht, möglicherweise will sie untertauchen.“

„Ich schlage vor, du übernimmst das Areal Heimersheim, Flonheim, Wendelsheim, und ich übernehme die andere Richtung, Erbes-Büdesheim, Nack und so weiter.“

„Du glaubst also tatsächlich, dass sie da irgendwo ist?“

„Was sollen wir sonst tun, bevor Stallmann ansprechbar ist?! Lass uns den Krempel hier zusammenpacken und eine Pietät informieren. Soweit Paul recherchiert hat, kommt wieder eine Sozialbestattung auf die Stadt zu.“

An der Tür verharrten beide, sahen sich an.

„Schweres Parfüm“, sagte Neuner.

„Moschus“, vermutete Parr, „entweder von der Insassin oder von der Toten.“

(6) *Schmerzen im Kopf.*
Daumenschrauben im Gehirn.
Ruhe.
Frieden.

Ruhe in Frieden.
Tod der Vergangenheit.
Die Gegenwart ist Ruhe und Frieden.

Wieso fallen ihr diese Zeilen ein? Sind es ihre eigenen Gedanken oder ...? Sie hat sie gelesen, vor langer Zeit, als sie dieses Versteck zum ersten Mal ... als Teenager ... Hier wird sie bleiben, ausruhen ...
Schinderhannes-Höhle haben sie als Kinder romantisch-verklärend diesen in den Fels gehauenen Gang auf der Teufelsrutsch genannt, woran sich heute wohl nur noch ihre Generation erinnert, und die ist in der Regel schon zu tatterig, um vom Gasthaus den Abhang hinunterzuklettern und den mittlerweile von hohem Buschwerk überwucherten Eingang zu suchen ...

Ausruhen, überlegen, einen Plan schmieden ...

Hier kann sie es wagen, ein Nickerchen zu machen ... sie ist so müde ...

(7) Grausiger Fund

ALZEY. Spielende Kinder haben gestern in dem vom Volksmund Schinderhannes-Höhle genannten Bergwerk-Blindstollen auf der Teufelsrutsch die Leiche einer Frau entdeckt.

Nach Auskunft der Alzeyer Polizeiinspektion handelt es sich dabei um die vor drei Tagen aus der Rheinhessen-Fachklinik verschwundene Nina Richter, die laut ärztlichem Befund dehydriert ist.

Mysteriös erscheinen in diesem Zusammenhang zwei Tatsachen: Zum einen, dass ihr geschiedener Mann, der Heimatdichter Dietmar Stallmann, gegenwärtig wegen schwerer Gesichtsverbrühungen im hiesigen DRK-Krankenhaus behandelt wird, die ihm offenbar ein noch unbekannter Täter während seines Aufenthalts im Flonheimer Adelberg-Trullo zugefügt hat

– zum zweiten, dass in dem Patientenzimmer seiner geschiedenen Frau die etwa zur gleichen Zeit erwürgte Tina G. aus Alzey aufgefunden wurde.

Die Beamten der im Mainzer Polizei-Präsidium eingesetzten Sonderkommission (Soko Trullo) bitten die Bevölkerung um sachdienliche Hinweise.

Die kurzzeitig unauffindbare 13-jährige Tochter von Dietmar Stallmann, der weiterhin laut ärztlichem Bulletin nicht vernehmungsfähig ist, und Nina Richter, geschiedene Stallmann, verbrachten das Wochenende mit einer Freundin bei deren Eltern; das städtische Jugendamt wurde eingeschaltet.

(8) Lange vorher ...

Dietmar sitzt in dem zu einem Mini-Appartment ausgebauten Adelberg-Trullo und versucht, diesen Geruch zu analysieren. Kann es sein, dass Nina und Tina tatsächlich ein Gemeinsames haben, eventuell ihr Parfüm? Doch Nina ist Vergangenheit, seine Gegenwart heißt Tina, und sie soll auch seine Zukunft sein.

Eigentlich könnte er ja ganz zufrieden sein, schließlich hat K.I.T. ihn als ersten Heimatdichter eingeladen, ein Wochenende in dieser Idylle zu verbringen, um in aller Ruhe einige Zeilen zu Papier zu bringen.

Wingert-Wohnung, Künstler-Klause, Trullo-Tempel ...

Ob ihm wohl ein zweiter Wildwuchs gelingt?

Er starrt die Wand an, die er jedoch gar nicht bewusst wahrnimmt. Wie so vieles andere hat Nina auch diese Attitüde nie verstanden; in solchen Momenten tut er nämlich gerade nicht nichts, ist vielmehr höchst aktiv, denkt intensiv nach, konzipiert Gedichte oder Geschichten, erschafft Figuren, virtuelles Leben. Lustig hat sie sich deswegen über ihn gemacht, ihn wegen seiner „Marotte“ regelrecht verhöhnt.

Nach der Scheidung wird eigentlich alles noch schlimmer, da Nina zu einer hysterischen Stalkerin mutiert, bis sie vorübergehend in die RFK eingewiesen wird und ihm das alleinige Sorgerecht für ihre gemeinsame Tochter zugesprochen wird. Hoffentlich amüsiert sich sein kleiner Engel gut übers Wochenende bei seiner Freundin; die beiden feiern ihren simultanen Eintritt in das Teenager-Alter.

Dietmar hat Wasser aufgesetzt, Teebeutel hat er mitgebracht: Momente der Liebe / Kirsch-Rosen-Blüten

Dieser Geruch!

Tina?

Er hat ihr den Weg zum Trullo auf dem Briefumschlag der Klinik skizziert, sie gebeten, ihn zum Tea For Two zu überraschen, die Tür würde er angelehnt lassen.

Trotzdem erschrickt er zunächst, als er Schritte hört, doch dann lächelt er, dreht sich nicht einmal zum Eingang; Tina kommt zum Tee. Jetzt ist sie an der Tür, bemerkt sicherlich sein vorbereitetes Tablett, den Wasserkessel auf dem Gaskocher. Sie kommt näher. Wie sie duftet! Und es ist tatsächlich ...

Nina ... Tina ...?

Er fährt herum.

Nina!

„Du hast die Falsche erwürgt, du Poet! Sie hat mich in der Hopla besucht, deine kunstvolle Skizze noch in der Hand, mein Beruhigungstee hat sie augenblicklich entschlummern lassen. Ich habe sie auf mein Bett gelegt und die Vorhänge zugezogen; und du hast ja dann auch nicht lange gefackelt, als du mich vorhin noch unbedingt besuchen musstest! Ich war in der Tat – mittendrin statt nur dabei! – im WC, hinter der angelehnten Tür. Schau doch, was ich dir mitgebracht habe!“

Triumphierend schwenkt sie den Kessel mit dem blubbernden Wasser hin und her; ihr Parfüm sticht ihm in die Nase, lässt ihn schreckensstarr sitzen.

„Das ist sprudelnde Tinte für eine wirklich heiße Story, findest du nicht?!"

Und ihr irres Lachen übertönt fast seine Schreie.

Zahltag

Astrid Reck

Wenn alles nach Plan ging, dann war dies der letzte Abend ihres Lebens.

Miriam fröstelte in der warmen Abendsonne. Mit zweiunddreißig Jahren war sie zu jung zum Sterben, fand sie. Heute sterben zu müssen verursachte ihr ein flaues Gefühl im Magen. Gerade so, als hätte sie etwas Schlechtes gegessen. Gleichzeitig war sie gefasst und fest entschlossen, Gegenwehr zu leisten. Sie schauderte und nahm langsam ihren Hausschlüssel aus der Obstschale. Nicht vielen Menschen wurde ihr Todestag per Post angekündigt. Wahrscheinlich war es unnötig die Haustüre abzuschließen. Es spielte keine Rolle mehr.

Sie war so gut wie tot.

Das hatte zumindest in den beiden Briefen gestanden, die sie vor acht Tagen und vorgestern im Kasten gefunden hatte. Kein Absender, keine Briefmarke, ihr potenzieller Mörder hatte die Post persönlich in ihrem Häuschen unterhalb der Burg vorbeigebracht.

Den ganzen Tag hatte sie sich zuhause verkrochen, aber jetzt hatte das Versteckspiel keinen Sinn mehr.

„Ich muss zu Schrömmer", sagte sie leise mit einem Blick auf die Uhr. Es war kurz vor sieben. „Ich habe noch fast eine Stunde. Sonst steht der hier mit einer Flinte vor der Tür."

Sie steckte die 75.000 Euro in einen braunen Umschlag, schrieb Schrömmers Namen darauf und klebte das Kuvert zu. Eigentlich kam sie billig weg mit den fünfundsiebzig Riesen. Schrömmer hätte viel mehr verlangen können und sie hätte jeder seiner Forderungen nachgegeben – nachgeben müssen, um genau zu sein. Denn weitere Jahre im Gefängnis waren undenkbar.

Miriam steckte den Umschlag in ihren abgewetzten Lederrucksack und vergewisserte sich, dass sie alles dabei hatte: Hausschlüssel, Portemonnaie, Lippenstift und ihr Springmesser. Ein letzter Blick in den Spiegel bestätigte, was sie geahnt hatte: Unter ihren braunen Korkenzieherlocken war ihr Gesicht blass und spitz. Zum Glück musste man zum Sterben nicht schön sein. Sie zog ihre lilafarbene Lieblingsstrickjacke an und ging.

Kein Mensch war auf der Straße, ihre flachen Absätze klackerten leise auf dem Kopfsteinpflaster. Miriam war nervös. Ihr Magen fühlte sich an wie ein kleiner harter Ball. So war das immer, wenn Gefahr drohte. Miriam richtete ihren Rücken gerade auf, nahm die Schultern zurück, hob das Kinn und atmete ganz langsam ein und aus. Eine gerade Haltung gab Halt, das wusste sie aus Erfahrung.

Rechts von ihr fiel hinter dem offenen Fenster eine Tür ins Schloss. Augenblicklich verschwand sie im nächsten Hauseingang und presste sich an die Wand. Miriam spürte ihr Herz bis zum Hals klopfen – sie war ja völlig mit den Nerven runter. Sie sah um die Ecke, weit und breit war kein Mensch zu sehen, nur ein Schnellzug donnerte an ihr vorbei in Richtung Mainz.

Sie war am Rheinkai und machte sich auf in Richtung Schlossberg. Ganz leise drang das Tuckern eines Rheinfrachters an Miriams Ohren. Die kühle Abendluft der Dämmerung war eine Wohltat auf ihrem Gesicht. Ihr fielen die Drohbriefe wieder ein: Wer konnte dahinter stecken? Miriam dachte nach. Sie war in den letzten Jahren sauber geblieben und hatte ein neues Leben begonnen. Wer auch immer sie heute umbringen wollte, der hatte eine alte Rechnung mit ihr offen. Morgen denke ich weiter darüber nach, heute nicht, entschloss sie sich dann, wenn es denn ein Morgen gibt für mich.

Eine Kirchturmuhr schlug einmal, es war Viertel nach sieben.

Es blieb ihr noch genug Zeit um rechtzeitig zu Schrömmers Haus an der Drususbrücke zu kommen. Sollte Schrömmer bis 20 Uhr nicht das Geld haben, dann wollte er seinem Nachbarn, Kommissar Wendel, berichten, was er vor drei Monaten im Zimmer 322 im Heilig-Geist-Hospital beobachtet hatte.

Miriam lächelte schief. Eigentlich hästten sie es schön gehabt zusammen, Tobias und sie. Eine fröhliche Ehe auf dem Lande hatten sie geführt. Doch dann hatte Tobias gegen die einzige Bedingung verstoßen, die sie ihm vor ihrer Heirat gestellt hatte. Er hatte begonnen, Fragen zu stellen. Da hatte sie nur eine Wahl gehabt, leider. Jetzt lag er seit zehneinhalb Wochen neben seiner Mutter auf dem Friedhof und hatte alle seine Fragen mitgenommen in sein kaltes Grab.

Wenn Miriam gewusst hätte, dass der alte Mann im Krankenhaus nicht schlief, dann hätte sie Tobias die Insulinspritze verabreicht, während sein Bettnachbar gerade mal auf Toilette war. Aber sie hatte es eilig gehabt an diesem Abend, weil sie fürs Kino verabredet war und die Sache hinter sich bringen wollte.

Es war schon ein Glücksfall, wenn man eine Freundin hatte, die in der Mainzer Uniklinik arbeitete. Drei Ampullen Insulin hatte Chris ihr mitgebracht und sie selbst hatte den Rest erledigt. Tobias hatte den Stich in den Oberschenkel gar nicht wahrgenommen, während er von einer üblen Lungenentzündung geschwächt vor sich hindöste.

Miriam ließ sich auf der Stufe eines Hauseinganges nieder, sie hatte ja Zeit. Ihre Gedanken glitten zurück zu Tobias und seinen Fragen.

Hätte er die Wahrheit erfahren, hätte er sie nie für sich behalten können. Früher oder später wäre er zur Polizei gegangen. Das wusste Miriam. Sie hätte fliehen können, aber dazu fehlte ihr die Energie. Sie wollte nicht noch einmal von vorne beginnen. Also musste sie Tobias zum Schweigen bringen. Die

Alternative zu seinem Tod wären Untersuchungshaft und jahrelanger Knast gewesen mit anschließender Hinrichtung durch Angelo und seine Leute, soweit Angelo der anonyme Briefeschreiber war.

Bis heute wusste der Dicke nicht ganz sicher, ob es wirklich sie gewesen war, die ihn während fünf langer Jahre um eine Viertel Million Euro geprellt hatte. Ein paar Gramm hier, ein paar Gramm da hatte sie abgezweigt und privat verkauft. Anders hätte sie weder ihr Studium finanzieren, noch die Pflege ihres Vaters bezahlen können. Wer hatte denn schon geahnt, was das einmal kosten würde? 3000 Euro im Monat für das Pflegeheim und dann noch die laufenden Ausgaben, wie Kleidung, mal ein Ausflug an die See, die eine oder andere CD, über die sich Papa selbst in seinem Dämmerzustand bis zum Schluss zu freuen schien. Luxus war das nicht gewesen, auch nicht für sie selbst. Sie hatte sich voll auf ihr Studium konzentriert. Aber Hamburg war teuer und fünfzehntausend Euro im Jahr waren schnell weg.

Natürlich hatte sie zugegriffen, als Angelo ihr ein paar Gramm zum Dealen überlassen hatte. Das Geschäft war super gelaufen. Sie war genau in dem Moment zur Stelle gewesen, als Kokain sein Image als Schickimicki-Droge abwarf. Da taten sich auf einmal riesige, neue Märkte auf und sie hatte ihre Kontakte geschickt genutzt.

Ich habe viel Geld für dich verdient, Angelo, dachte sie zufrieden und fand es nach wie vor ganz okay, dass sie hier und da in die eigene Tasche gewirtschaftet hatte. Klar, sie hatte überhöhte Preise verlangt und den Profit nicht an ihn weitergegeben. Das Ganze war nur aufgeflogen, als sie auf einer Uniparty prompt einem Freund von Angelo eine Prise zu dem teureren Preis angeboten hatte. Seitdem musste sich der Dicke natürlich fragen, um wie viel sie ihn eigentlich betrogen hatte …

Warum Angelo gezögert hatte, sie aus dem Weg zu räumen,

verstand Miriam bis heute nicht. Vielleicht war er Kavalier und hatte Hemmungen eine Frau umzulegen. Unwahrscheinlich. Zum Glück war Angelo weit weg. Mochte er auch in Dresden der Chef sein. Bingen würde er kaum auf der Landkarte finden. Bingen war das ideale Versteck.

Schade, dass Tobias so phantasielos ehrlich sein musste, dachte sie und schüttelte den Kopf. Gesetzestreu bis in den Tod. Dabei hätte er durchaus noch mit ihr in dem Häuschen am Berg wohnen und seinen kleinen Wingert am Rochusberg bewirtschaften können. Na ja. Die Insulinspritze hatte sie vor einer Menge Ärger bewahrt. Nicht einmal eine Stunde später hatte ihr Handy geklingelt und ein betretener Oberarzt hatte ihr den Tod ihres Mannes mitgeteilt. Nach dreizehn Monaten Ehe war Miriam Witwe, Eigentümerin eines kleinen Hauses in der Schlossbergstraße sowie eines Weinbergs in guter Lage am Rochusberg und in freudiger Erwartung einer Million Euro, die ihr als Begünstigte von Tobias' Lebensversicherung zustand.

Drei Tage nach Tobias' Beerdigung hatte Schrömmer vor der Türe gestanden. Der Alte hatte im Krankenzimmer alles beobachtet und wollte Geld sehen, 100.000 Euro. Aber sie hatte ihn auf 75.000 Euro heruntergehandelt. Wenn er sie jetzt noch mal belästigte, dann würde sie seinem mickrigen Leben eben ein vorzeitiges Ende setzen. Miriam staunte selbst, wie leicht ihr solche Entscheidungen fielen. Das war ja noch schlimmer als in den Büchern von Ingrid Noll, wo Menschen starben wie die Fliegen. Genauso schnell und genauso beiläufig.

Sie war in der Innenstadt, wo sie sich unter eine Touristengruppe mischte, die in die Rathausstraße einbog. Sie drängte sich gerade an einem geparkten Fiat 500 vorbei, als ihr schlagartig klar wurde, wer hinter diesen beiden Briefen steckte. Das war nicht Angelo, sondern Tino!

Dieser dreckige kleine Mafioso! Dachte, er könnte sie kaufen, benutzen, betrügen und besitzen. Dem hatte sie es gezeigt. Seinen besten Freund und Geschäftspartner Gianno zu verführen, war genau die richtige Methode gewesen, um Tino seine Grenzen zu zeigen. Wenn er nur nicht so übertrieben reagieren würde. Todesdrohungen, du meine Güte. Das mochte in Neapel ja angehen, aber doch nicht in Bingen. Unruhig sah sie sich nach einem Alfa Romeo um. Tinos Leute fuhren Alfas.

Die Touristen bogen nach links in die Kloppgasse ab, sie selbst ging nach rechts. Sie fühlte sich plötzlich wehrlos, so ganz allein. Ein Radfahrer kam ihr langsam entgegen. Neugierig betrachtete sie den Mann, als in den Tiefen ihres Rucksacks ihr Telefon zu klingeln begann. Missmutig wandte sie den Blick ab und versuchte ihr Handy zu finden.

Da stürzte der Radler auf sie und riss sie zu Boden.

„Hej, pass doch auf, du Trottel“, stieß sie noch hervor, bevor sie die Falle erkannte. Ein Fiat machte eine Vollbremsung neben ihnen, eine Tür ging auf und zwei große Hände zogen sie ins Wageninnere.

Die Pistolenmündung war kalt an ihrem Hals, das Tuch, das man ihr über die Augen band, roch muffig. Miriam hielt ganz still.

Neben ihr atmete jemand schwer, ein Mann wahrscheinlich. Tino war es nicht, das erkannte sie am Geruch. Der Typ neben ihr hatte ein ziemlich herbes Rasierwasser aufgetragen, Tino mochte es eher schwül.

„So ist es gut. Halt schön den Mund“, brummte der Kerl neben ihr. „Los, beeil dich“, wies er dann den Fahrer an. Das Auto fuhr an. Niemand sagte ein Wort.

Miriam versuchte sich die Zahl der Rechts- und Linkskurven zu merken, um nachzuvollziehen, wohin sie gebracht wurde, aber sie verlor die Orientierung. Schließlich bremste der Wagen und fuhr auf Kopfsteinpflaster. Ihr Sitznachbar beugte sich über sie, öffnete die Türe und stieß sie hinaus. Bevor der

Fiat wieder Gas gab und in der Ferne verschwand, warf der Mann ihr noch ihren Rucksack hinterher. Miriam fummelte hektisch an ihrer Augenbinde und zerrte sie schließlich von ihrem Kopf.

Im Dämmerlicht erkannte sie, dass sie in einer Hofeinfahrt lag, einer leeren Hofeinfahrt, wie es schien. Doch sie war nicht allein, da war sich Miriam sicher. Sie ließ ihren Rucksack auf dem Boden liegen, während sie tief durchatmete und sich dann langsam aufrichtete. Es war an der Zeit einen weiteren Grundsatz sausen zu lassen. Peu à peu blieb ihre gesamte Moral auf der Strecke. Es war zum Davonlaufen. Aber sie hatte keine andere Wahl, als alles, was sie konnte, zu ihrem Vorteil einzusetzen. Streng genommen, war das ja auch Selbstverteidigung.

Aus den Augenwinkeln sah sie eine Bewegung schräg hinter sich. Wie der Blitz fuhr sie herum, ging in die Knie, sprang in die Höhe und rammte ihrem Widersacher die Schuhsohle ins Gesicht. Tino! Er fiel wie ein Sack auf den Boden. Doch noch bevor Miriam wieder mit beiden Füßen auf der Erde stand, hörte sie das leise Klicken seines Springmessers. Erstaunlich behände sprang Tino auf. Miriam zögerte nicht lange und legte nach. Erst der Solarplexus, danach ein gezielter Schlag ins Genick. Tino hatte keine Chance gegen sie. Sie hatte damals die vier Jahre in Singapur gut genutzt. Während Papa im dortigen Konservatorium unterrichtete, CDs einspielte und Konzerte in ganz Asien gab, war sie mit ihren dreizehn Jahren täglich zum Taekwondo gegangen und hatte stundenlang trainiert. Ha-Neul, ihr koreanischer Gärtner, der mit ihrer Haushälterin verlobt war, hatte sie dorthin mitgenommen. Wahrscheinlich hatten die beiden leise miteinander geflirtet, während sie Tritte, Schläge und Konzentration lernte. Ein leises Knacken versicherte ihr, dass Tino niemanden mehr mit seinem Messerchen belästigen würde. In dem Haus waren alle Fenster dunkel. Entweder war niemand zuhause, oder das Gebäude stand leer.

Miriam drückte sich in den Schatten des Hoftores und lauschte gespannt. Nichts. Tino war offenbar alleine gekommen. Miriam fühlte sich leer, als sie den Toten betrachtete. Keine Reue, kein Schreck, einfach nichts. Sie war davongekommen. Nicht einmal darüber konnte sie sich freuen. Egal, jetzt war ihr alles egal.

„Gute Nacht, Tino", murmelte Miriam, warf einen letzten Blick auf das düstere Gebäude und ging hinaus auf die Straße.

Ein paar Meter weiter lehnte ein altes Fahrrad unabgeschlossen an einer Straßenlaterne. Miriam hatte kein schlechtes Gewissen, als sie sich das Rad schnappte und die Straße hinunterfuhr. Sie war in Bingerbrück. Einen Menschen hatte sie heute schon auf dem Gewissen. Und das an einem ganz normalen Montagabend. Ganz normal, wenn man davon absah, dass der heutige Tag ihr Todestag sein sollte. Miriam grinste plötzlich. Sie war dem Schicksal von der Schippe gesprungen.

Kurze Zeit später, um genau sechs Minuten vor acht, läutete sie an Schrömmers Haustür. Er wohnte in einem kleinen Häuschen, dem ein neuer Anstrich nicht geschadet hätte. Ärmlich sah es hier aus, ungepflegt, dem Alten fehlte es wohl schlicht an Geld.

Schlurfende Schritte näherten sich der Türe. Schrömmer sah heute noch grauer aus, als damals im Krankenhaus.

„Guten Abend, kommen Sie herein!"

Es roch ungelüftet in dem engen Flur. Miriam beeilte sich, den braunen Umschlag mit dem Geld aus ihrem Rucksack zu nehmen und hielt ihm das Kuvert hin.

„Damit sind wir quitt, Herr Schrömmer! 75.000 Euro und ich wünsche Ihnen einen schönen Ruhestand."

„Danke, Frau Westmann", lächelte der alte Mann und legte die Geldscheine auf eine kleine Kommode neben der Eingangstüre. Um nicht auf Schrömmers Ohren mit den grauen Haarbüscheln zu starren, fixierte sie seine Hände, die jetzt durch die Scheine blätterten. Geduldig wartete Miriam bis Schrömmer fertig gezählt hatte. Erstaunlicherweise hatte der sonst so ungepflegte Mann perfekt manikürte Hände. Pianistenhände, dachte Miriam und fragte sich, ob Schrömmer wohl Klavier spielte. Sie selbst hatte als Kind jahrelang Klavierstunden genommen. Genau wie es sich für eine Musikertochter gehörte. Im Hintergrund hörte sie leise klassische Musik.

„Schostakowitsch", stellte Miriam fest. „Die achte Sinfonie."

So einen Musikgeschmack hätte sie Schrömmer nicht zugetraut. Aber was wusste sie schon von ihm?

„Stimmt genau, Frau Westmann. Adieu."

Schrömmer ließ offen, ob er die abgezählten Geldscheine meinte, oder ihre Feststellung über die Musik. Er wies mit dem Kinn zur Türe und machte keine Anstalten, ihr seine schöne Hand zu geben.

Miriam verließ das muffige Haus mit langen Schritten. Sie verstand nicht, wie Menschen so leben konnten.

Draußen auf der Straße, sah sie sich unschlüssig um. Sie lebte noch. War es das nun gewesen? Ein italienischer Kleingangster? Und wenn doch Angelo hinter den Briefen steckte? Angelo war ein dicker Fisch im Kokshandel, soviel war klar. Aber intelligent war er nicht. Nur mächtig.

„Und all das in Bingen", sagte Miriam ungläubig. „Das glaubt mir kein Mensch."

Miriam beschloss das zu tun, was sie immer machte, wenn sie nicht weiter wusste: in Rudis Gutsschänke zu essen und ein Glas Wein zu trinken. Sie musste nachdenken, und das konnte sie erfahrungsgemäß am besten beim Essen. Allerdings konnte sie sich bei Rudi nicht sehen lassen, ohne endlich die überfälligen Statikberechnungen mitzubringen. Sein gesamter

Umbau hing davon ab und er würde sich sicher riesig freuen, wenn sie ihm erzählte, dass er seine Gutsschänke bedenkenlos aufstocken konnte. Sie hatte die Berechnungen während ihrer Arbeit erledigt, als Assistentin des alten Österler litt sie nicht gerade unter Stress – aber das tat bei den Mathematikern ohnehin niemand.

Miriam seufzte. Die Papiere lagen in ihrem Büro in der Fachhochschule. Kritisch betrachtete sie das alte Fahrrad. Den Weg zur FH müsste das Rad noch locker schaffen.

In der FH begegnete sie keinem Menschen. Wahrscheinlich ließ es sich alle Welt in Straußwirtschaften, Gutsschänken und sonstigen Kneipen gut gehen. Übermorgen sollte es kalt werden in Deutschland, der Herbst kam, das hatten sämtliche Meteorologen übereinstimmend vorausgesagt. Sie selbst freute sich auch schon auf ein gutes Essen in Rudis Hof.

Miriam schwang sich auf das Rad und malte sich bereits das Schnitzel aus, das sie gleich mit größtem Appetit verdrücken würde. Da trat ein Schatten in ihren Weg. Miriam machte eine Vollbremsung und wäre um ein Haar von ihrem Rad gestürzt.

„Herr Schrömmer", sagte sie erstaunt, „was machen Sie denn hier?"

„Ich mache mein Versprechen wahr", antwortete Schrömmer leise, der sich plötzlich viel gerader hielt, als noch vor zwanzig Minuten in seinem schmuddeligen Haus. Miriams Nase begann zu laufen.

„Moment, ich suche nur ein Taschentuch", sagte Miriam verwirrt und begann in ihrem Rucksack zu wühlen.

„Nicht nötig." Eine kleine Pistole schob sich in ihr Blickfeld.

Miriam sah auf. „Was soll das denn? Sie haben doch Ihre Kohle bekommen. Lassen Sie mich in Frieden, verdammt noch mal."

„Haben Sie Ihre Post nicht gelesen, Frau Westmann? Heute ist der Tag gekommen, an dem Sie bezahlen."

Miriam starrte Schrömmer wortlos an.

„Die 75.000 Euro bringen meinen Sohn nicht zurück", stellte Schrömmer fest.

„Ich kann Ihnen nicht folgen."

„Mein Sohn studierte in Hamburg vor zehn Jahren Psychologie – und das Leben, muss ich leider hinzufügen. Dazu gehörten für ihn auch Drogen. Niklas war 24 Jahre alt, als er an einem Hirninfarkt starb. Das war heute vor zehn Jahren. Er hatte Kokain geraucht. Eine der selteneren Nebenwirkungen vom Inhalieren von Kokain ist der ganz gewöhnliche Schlaganfall. Wussten Sie das, Frau Westmann?"

Miriam starrte Schrömmer fassungslos an.

„Es war Kokain, Frau Westmann, das Sie ihm verkauft hatten."

Miriam schüttelte langsam den Kopf. „Woher wollen Sie das wissen?"

„Seine damalige Freundin wusste Bescheid und gab mir Ihren Namen."

Miriam spürte, wie ihre Knie weich wurden.

„Warum sind Sie nicht zur Polizei gegangen?"

„Ein älterer Herr, der bereits wegen Schizophrenie in der Klapse gesessen hat? Die hätten mir nie geglaubt. Wissen Sie, Frau Westmann, wenn Sie erst einmal eine psychiatrische Klinik von innen gesehen haben, dann sind Sie in diesem Land erledigt. Das ist ungefähr so, als wenn man mal im Knast war. Oder was meinen Sie, Frau Westmann? Sie haben doch selbst vier Jahre lang gesessen wegen Betrugs."

Miriam schüttelte erneut unwillig den Kopf.

„Sie haben Geld kassiert für Ferienhäuser in Spanien, die nie gebaut wurden."

Woher wusste Schrömmer das alles? Es war unsinnig, darüber nachzudenken. Auf dieses Kapitel ihres Lebens war sie nicht besonders stolz.

„Sie haben kleine Leute um ihr sauer Erspartes gebracht."

Aber die Menschen auf dem Land waren leichte Opfer gewesen. Gutgläubig und gut bei Kasse. Es war leicht gewesen, ihnen den Traum vom Ruhestand unter Palmen zu verkaufen.

„Ich habe Ihre Karriere genau beobachtet, Frau Westmann. Sogar den Job an der Fachhochschule habe ich Ihnen besorgt. Oder glauben Sie, Professor Östeler ist auf dem Kongress in Braunschweig wegen Ihrer schönen Augen auf Sie aufmerksam geworden? Sicherlich, Ihre Doktorarbeit ist bemerkenswert. Sie hatten im Knast ja auch genug Zeit zum Promovieren. Aber so gut ist sie auch nicht."

Miriam wollte schon protestieren, hielt dann aber doch lieber den Mund. Der alte Mann hatte ja Recht.

„Östeler brauchte einen Assistenten und er schuldete mir noch einen Gefallen. Und ich hatte Sie endlich, wo ich Sie haben wollte. Hier in Bingen, unter meinen Augen, damit Sie mir nicht mehr entwischten."

Schrömmer war gar nicht wiederzuerkennen. Er wirkte um Jahre jünger als noch vor einer halben Stunde.

„Wissen Sie, Frau Westmann, ich habe schon lange geplant, mich heute am zehnten Todestag von Niklas an Ihnen zu rächen. Wir müssen für alles bezahlen im Leben. Sie haben meinen Sohn auf dem Gewissen, Sie haben Ihren Mann getötet und mich haben Sie mit Ihren Spaniengeschäften um 75.000 Euro geprellt. Aber die habe ich wieder. Nun muss ich nur noch Niklas und Tobias rächen."

Miriam zog ihre Strickjacke fester um sich. Ihr war kalt und sie wusste nicht, ob das von der Lufttemperatur kam, oder von dem eben Gehörten. Sie hatte in Schrömmer ihren ganz privaten Racheengel gefunden.

Sie schniefte erneut. „Mein Taschentuch“, murmelte sie entschuldigend und vertiefte sich in ihren Rucksack.

Schrömmer hielt die Pistole dicht vor ihr Gesicht und entsicherte sie.

Miriam griff nach ihrem Messer und holte es in großem Bogen aus ihrem Rucksack, während sie selbst blitzschnell zur Seite abtauchte. Die Spitze ihres Messers hinterließ einen tiefen Schnitt in Schrömmers Hand. Eine Fingerkuppe flog in hohem Bogen auf den Boden und Schrömmers Mund formte sich zu einem stummen „O“. Die Pistole landete scheppernd auf dem Trottoir und Miriam griff nach ihr ohne lange nachzudenken. Sie drückte ab und traf Schrömmer am Hals. Der alte Mann sank auf den Fahrradweg. So wie das Blut spritzte, hatte sie die Halsschlagader getroffen. Schrömmers Tod war nah.

Miriam wischte die Pistole an Schrömmers Kleidern ab und ließ sie neben ihm liegen. Nein, so ging das nicht. Schrömmer lag fast auf der Straße, so dass der nächste Passant ihn sofort sehen würde. Sie packte den Sterbenden unter den Achseln und schleifte ihn über den Fußgängerweg in den Schatten eines Busches. Das war besser, dachte sie und griff hastig nach ihrem Messer, der kleinen Pistole und ein paar Habseligkeiten von Schrömmer, wie Brille, ein paar Münzen und einem Taschentuch, die auf dem Asphalt lagen. Sie warf alles in ihren Rucksack und dort ganz unten fand sie erleichtert eine kleine Flasche stilles Wasser. Sie wusch ein paar Blutspritzer von ihrem Handrücken. Den Rest würde sie an einem Brunnen auf dem Weg zurück in die Altstadt erledigen.

Die Fahrt in die Altstadt beruhigte sie ein bisschen. Ihre Umwelt nahm sie nur schemenhaft wahr. Als sie endlich die Burg Klopp vor sich sah, hatte sie keine Ahnung wie sie hierher gekommen war. Sie war wie in Trance geradelt.

Dieser Tag war ganz einfach zuviel gewesen.

Die Ampel vor ihr schaltete auf Rot und Miriam blieb stehen. Sie ahnte nichts Böses, als neben ihr ein Streifenwagen der Polizei anhielt und der Beifahrer ausstieg.

„Guten Abend, meine Dame. Sie haben in den letzten Minuten drei rote Ampeln überfahren, haben zwei Autos die Vorfahrt genommen und außerdem hat Ihr Fahrrad kein funktionierendes Rücklicht."

Miriam wurde blass.

„Ihren Ausweis, bitte!"

Miriam spürte Panik in sich aufsteigen. Die gesamte Spannung dieses Tages schien sich just in diesem Moment einen Ausweg zu suchen. Mit zitternden Händen wühlte sie in ihrem Rucksack und fand ganz unten ihre Brieftasche.

Ungeduldig zerrte sie die Brieftasche nach oben und versteinerte, als das Unglaubliche geschah: Schrömmers zusammengeknäueltes Taschentuch fiel aus dem Rucksack und mit ihm Miriams Verhängnis. Miriam starrte darauf und wusste, sie hatte verloren. Da lag sie auf dem Asphalt: eine perfekt manikürte Fingerkuppe.

Witterungsbedingte Verzögerungen

Jürgen Heimbach

I. Zugfahrt, 9. Januar 2010, spätabends

„Können Sie nicht aufpassen!"

Sven Richter achtete nicht auf die nölende Stimme der Frau hinter ihm. Er eilte die Rolltreppe hinunter, drängte sich an den Menschen vorbei, die wie er hinunter in die Unterführung wollten, die den Kaisersack mit dem Hauptbahnhof verband. Schutz suchend vor dem Schnee, den der Sturm in die Gesichter trieb. Es waren keine Autos mehr auf den Straßen unterwegs, der graue Asphalt unter der weißen Decke völlig verschwunden. Alle waren mit sich und dem Wintereinbruch beschäftigt, der den schönen Namen Daisy trug.

Niemand nahm Notiz von dem Mann in dem grauen Mantel mit den dunklen Streifen. Der weg wollte. Raus aus Frankfurt. So schnell wie möglich.

Richter drückte mit seinem linken Unterarm die lederne Aktentasche an seinen Körper, mit der rechten Hand hielt er den Kragen seines Mantels geschlossen, während er sich an den letzten Passanten vorbeidrängte. Unten angekommen rutschte er auf einer Steinplatte aus, auf der die Feuchtigkeit eine hinterhältig-glitschige Schmierschicht gebildet hatte, und konnte nur mit einer ungelenken Bewegung seines Körpers die Balance halten. Dabei wäre ihm beinahe seine Aktentasche aus der Hand gefallen. Der Schrecken über den Beinahe-Sturz ließ sein Herz noch schneller schlagen.

„Das haben Se davon", war der Kommentar der nölenden Stimme. Laut, über mehrere Köpfe hinweg. Richter drehte sich nicht um. Er wollte sich nicht von solchen Nebensächlichkeiten aufhalten lassen. Er hatte alles genau geplant. Niemand sollte seinen Weg verfolgen können. Seine Ausweise hatte er in der Schreibtischschublade gelassen. Seiner alten Tante in Koblenz hatte er gesagt, dass er einen Freund besuchen wolle. Er war nach Mainz gefahren, dort umgestiegen in einen RegioExpress nach Darmstadt und hatte erst von da einen Zug nach Frankfurt genommen. Sicher ist sicher, sagte er sich. Zeit hatte er ja genug. Zeit zum Nachdenken. Dieses ewige, zerstörerische Denken. Warum? Weshalb? Was hätte ich anders machen können, müssen, sollen? Wieder und wieder. Seit Jahren. So auch jetzt. Hatte er mit dem Umweg seine Spuren wirklich verwischt? Richter wusste es nicht. Er ahnte, dass darin mehr seine Hilflosigkeit zum Ausdruck kam. Aber er hatte sich in den letzten Jahren schon viel zu sehr herumschubsen lassen, ein hilfloses Objekt der Gesetze missachtenden Willkür anderer. Jetzt hatte er die Chance, etwas dagegenzusetzen. Ein Zeichen! Ein Zeichen, das ihm wieder etwas von seiner Würde und seiner Selbstachtung zurückgeben konnte.

Richter eilte durch die Unterführung, von den Läden rechts und links nahm er keine Notiz. Nur die Menschen, die sah er sich an. Blickte jemand auffällig zu ihm herüber? Den einen Augenblick zu lang? Da, die Blonde im braunen Mantel mit Pelzbesatz? Der junge Typ in der Lederjacke? Die viel zu dünn war für diese Kälte. Er drückte die Aktentasche noch fester an sich.

Wie die Hoffnung wiederkam, als dieser Anruf ihn erreichte. „Ich habe da etwas, das Sie interessieren dürfte." Eine dunkle Stimme. Selbstbewusst. Ruhig. Zuerst hielt er es für einen Scherz. Einen schlechten. Oder es gehörte zu ihrem Plan. Damit er wirklich durchdrehte und er ihre Gutachten nachträglich bestätigte, mit denen sie sein Leben zerstört hatten. Aber diese fremde Stimme wusste zu viel. Zu viele Details. Zu viele Namen. Und was hatte er noch zu verlieren? Richter hatte sich gezwungen, ruhig zu bleiben, nicht laut zu werden, zu schimpfen und zu brüllen, wie er das in den letzten Jahren so oft gemacht hatte. Dieses Mal hatte er sich im Griff, hörte zu, zeigte erst nur mäßiges Interesse. Wenn es stimmte, was der Fremde da sagte, wenn er tatsächlich die Unterlagen hatte, die er ihm da anbot, warum veröffentlichte er sie nicht selbst? Erst beim zweiten Telefonat traute Richter sich das zu fragen. Weil er um seinen Job bange, bekam er zur Antwort. Weil er die Arbeit brauche, erklärte die Stimme. Aber die Schweinerei, die Richter und den anderen angetan worden war, die müsse endlich raus, klagte sie an. Die Schweine, die dahinter steckten, die mussten vor den Kadi. Nicht ‚Richter', hatte die fremde Stimme gesagt. Innerlich musste Richter da grinsen. Das erste Mal seit wann?

Aber er blieb misstrauisch. War misstrauisch geworden nach all den Lügen, den Verleumdungen, den falschen Aussagen und den falschen Gutachten. Jemand will helfen? Ihm? Alles kam wieder hoch. Die Unterstellungen, die Demütigungen. Seine zerbrochene Ehe, weil seine Frau es nicht mehr neben ihm ausgehalten hatte. Die nervösen Blicke der Kollegen, die ihm unauffällig aus dem Weg gingen, immer in Eile waren, wenn er sich näherte.

Jetzt musste er ruhig bleiben. Die Übersicht behalten. Und weg aus Frankfurt. Aber bestand Grund zur Sorge? Er hatte aufgepasst, sich umgeschaut. Niemand hatte ihn gesehen, niemand vermutete ihn hier, ihn, dem sie eine Anpassungsstörung und eine paranoid-querulatorische Entwicklung diagnostiziert hatten, wie es in den Gutachten hieß, mit denen sie mehr als sein Leben zerstört hatten. Er hatte gekämpft, wollte nicht klein beigegeben, hatte nicht ihre verlockenden Angebote angenommen, wegzuhören und wegzuschauen. Er hatte Eingaben gemacht. Wieder und wieder. Briefe geschrieben. Auch an den Ministerpräsidenten. Aber es war ein Kampf gegen Windmühlen gewesen, gegen Interessen und einen Apparat, der zu groß und zu mächtig war, der zu viele Verbündete hatte und alle, die ihm hatten helfen wollen oder hätten helfen können, einschüchterte. Mit der Drohung genau dessen, was ihm widerfahren war, der Suspendierung, dem Vorruhestand, der sozialen Ächtung. Und das Perfide war, dass ihm sein Kampf als die Bestätigung ihrer Diagnose ausgelegt wurde.

Der Anruf hatte ihn aus der Düsternis der letzten Monate gerissen. Zurück an seine alte Arbeitsstelle wollte er nicht mehr. Das sicher nicht. Dafür war zu viel kaputt gemacht worden. Er wollte keinem Arbeitgeber dienen, der in seinen Augen nicht besser war als die Mafia oder andere verbrecherische Organisationen. Was er wollte, war seine Würde und seine Selbstachtung zurückgewinnen.

Richter hatte die Unterführung durchquert und stellte sich auf die Rolltreppe, die ihn hoch in eine Vorhalle des zugigen Kopfbahnhofs gleiten ließ. Trotz der späten Stunde an diesem Samstag, trotz des Schnees und der Kälte waren noch immer Menschen unterwegs. Vor ihm ein Mann, hinter ihm eine Frau. Er behielt sie im Blick, bis er oben angelangt war. Dort fiel ihm ein ausländisch aussehender Mann auf. Richter spürte dessen Blick auf sich. Er zwang sich, an ihm vorbeizugehen, ohne ihn direkt anzuschauen. Nach ein paar Metern blieb er stehen, tat, als ob ihm etwas eingefallen wäre, sah sich um, blickte zu dem Mann, aber der stand nicht mehr da. Auch das beruhigte Richter nicht.

Eilig setzte er seinen Weg zu den Bahnsteigen fort. Er hatte viel früher zurückfahren wollen. Aber der fremde Mann mit den Papieren hatte sich viel Zeit gelassen, ihn lange und umständlich durch Frankfurt zum Treffpunkt dirigiert. Dann meinte dieser Fremde, sich ausführlich über die Schweinereien, die man Richter und seinen Kollegen angetan hatte, auslassen zu müssen. Als ob er das hören wollte! Er wollte weg, zurück nach Koblenz in das Haus seiner Tante. In Sicherheit. Die Papiere lesen und prüfen, ob sie wirklich die versprochene Brisanz besaßen. Nun musste er einen anderen Zug finden, der ihn zu dieser späten Stunde noch nach Koblenz bringen würde. Richter stellte sich vor die große Anzeigetafel. Sein Blick blieb auf der letzten Spalte hängen. An der gelben Schrift. „Fällt aus", „30 Minuten später", „60 Minuten später". „Fällt aus." Kein einziger Zug fuhr pünktlich ab. Ein InterCity nach Koblenz stand da. Abfahrt 23 Uhr 24. Nur zehn Minuten Verspätung. Gleis 4. Richters Blick glitt rasch nach rechts, zu der Uhr in der Anzeigetafel. 23 Uhr 20.

Gleis 4. Richter orientierte sich kurz und ging mit eiligen Schritten zu den Bahnsteigen. An den Prellböcken vorbei. Gleis zwölf, elf, zehn, neun. Richter lief Zickzack an anderen Reisenden vorbei. Er überholte eine Frau, jemand stieß gegen ihn. Er zuckte zusammen. Aber dieser Jemand hastete schon weiter, ohne ihn zu beachten. Gleis acht, sieben, sechs. Er sah nach vorne. Da stand ein Zug. Richter fror. Der Wind trieb die Kälte durch seine Kleidung. Gleis fünf. Und vier. Nach rechts auf den Bahnsteig. Im Laufen blickte Richter auf die Anzeigentafel über ihm. Frankfurt/Flughafen-Regionalbahnhof, Mainz, Koblenz, Dortmund. Richter lief an dem letzten Wagen vorbei, sah dabei in das erleuchtete Innere. Erkannte, dass schon Reisende darin saßen. Nicht viele und die artig verteilt. Vor der vorderen Tür des Wagens blieb er stehen und drückte auf den kleinen Knopf. Mit einem Zischen schob sich die Tür auf. Er stieg auf die erste Stufe, nahm die nächste, trat in den Wagen. Trockene Wärme umfing ihn. Endlich konnte er seine Hand vom Kragen seines Mantels nehmen und atmete durch. Die Rennerei hatte ihn angestrengt. Die Aktentasche hielt er noch immer gegen seinen Körper gedrückt. Plötzlich Schritte hinter ihm. Nicht laut, aber unüberhörbar. Er drehte sich um. Ein Mann stieg ein, blieb hinter ihm stehen. Richter rührte sich nicht von der Stelle, sah den Fremden an. Mindestens zwanzig Jahre jünger als er selbst, höchstens dreißig, kantiges schmales Gesicht, braune, glatte Haare, modisch geschnitten, sinnliche

Lippen. Und vor allem ein arroganter Blick. Der junge Mann erwiderte seinen Blick, wich ihm nicht aus. Richter erschrak. Auch, weil der andere den Augenkontakt richtiggehend suchte. Er drehte sich schnell zur Seite und ließ den fremden Schönling durch. Der sagte kein Wort und ging in den vorderen Zugteil. Richter entschied sofort, im letzten Wagen zu bleiben.

In der Verbindungstür blieb er stehen und überblickte den Schlauch vor sich mit den Sitzreihen rechts und links. Der Zug war ein altes Baujahr, die Bezüge aus rotbraunem Stoff. Keine Abteile. Einzeln saßen die wenigen Reisenden auf den Zweiersitzen, schön verteilt im ganzen Wagen. Zwei Frauen gleich vorne stellten ihr Gespräch für einen Moment ein, als er zu ihnen hinübersah. Richter ging an ihnen vorbei und taxierte dabei unauffällig die Gesichter der anderen Reisenden. Reagierte jemand auf ihn? Sah ihn jemand besonders eindringlich an? Am Ende des Wagens waren zwei Tische mit vier Plätzen. Auf der rechten Seite saß eine Frau, die ein Handy an ihr Ohr hielt, aus dem Fenster schaute und ihn nicht beachtete. Sie redete. Das Wetter. Alle redeten über das Wetter. Resigniert klang ihre Stimme, weil sie noch immer unterwegs war. Daisy würde ihr den Abend verhageln. Richter versuchte wegzuhören, drehte sich um, ließ seinen Blick noch einmal über die Sitzreihen schweifen, bevor er sich zu dem freien Tisch links wandte, seine Aktentasche darauf legte, seinen Mantel auszog und sich auf den äußeren Sitz gleiten ließ. Dann drängte er sich an dem Tisch vorbei auf den Fensterplatz in Fahrtrichtung, nahm noch im Stehen die Aktentasche an sich und legte sie auf seinen Schoß. Hinter ihn konnte sich niemand mehr setzen, das beruhigte ihn ein wenig.

Die Tür, durch die Richter selbst eingestiegen war, wurde geöffnet. Er hörte die Stimmen schon, bevor die dazugehörenden Menschen in den Wagen traten. Laut fluchend.

„Dieser verdammte Schnee!“

„Dass die Bahn nicht pünktlich sein kann?!"

„Vereiste Weichen. Dass ich nicht lache!"

Richter versuchte wegzuhören. Das Zischen der Wagentür gleich hinter sich konnte er nicht überhören. Schritte und Stimmen. Richter hoffte, dass die Eintretenden in den vorderen Wagen durchgehen würden. Er sah aus dem Fenster. Keinen Blickkontakt, ermahnte er sich. Sie nicht mit einem Blick auffordern, an seinem Tisch Platz zu nehmen. Er wollte alleine sein, wollte Ruhe haben, musste nachdenken, wie er weiter vorgehen musste. Vielleicht konnte er ja schon unterwegs einen Blick auf die Papiere werfen.

Es knackte im Lautsprecher. „Leider verzögert sich die Abfahrt dieses Zuges um eine weitere Viertelstunde. Grund hierfür sind zugefrorene Weichen im Bereich des Bahnhofs Frankfurt am Main. Wir bitten um Ihr Verständnis."

Richter fluchte in sich hinein. Es sollte endlich losgehen. Zwei Männer in dunklen Mänteln betraten den Wagen, gingen an ihm vorbei, lachten. Ihnen folgte zwei Minuten später eine Frau. Sie hatte eine Wollmütze tief in ihr Gesicht und einen bunten Schal über ihren Mund und ihre Nase gezogen, sodass nur ein schmaler Streifen ihres Gesichts frei blieb. Sie sah kurz zu ihm, dann zu der Frau auf dem Viererplatz gegenüber und entschied sich für diese Seite. Richter war erleichtert. Er legte seine Hände auf die Aktentasche, sah aus dem Fenster und beobachtete in der spiegelnden Scheibe, wie die Frau sich Mütze und Schal auszog. Er hob den linken Arm, zog den Ärmel seines Mantels zurück, blickte auf seine Uhr. Die Zeit schien zu stehen. Noch keine fünf Minuten waren seit der Durchsage vergangen.

Ein Mann kam in den Wagen, trug eine braune Lederjacke mit Pelzkragen. In der rechten Hand hielt er eine Bierflasche, in der linken den Pappbehälter einer Fast-Food-Kette. ‚Geh weiter!', forderte Richter ihn innerlich auf. Der Mann sah zu ihm herunter. Grinste. Sollte er zurückgrinsen? Locker bleiben? Er konnte es nicht. Der Mann schüttelte seinen Kopf und ging weiter. ‚Gut so!', dachte Richter.

Er nahm die Aktentasche, stellte sie aufrecht auf seine Oberschenkel. Sollte er hineinschauen? In dem Lokal, in dem er den fremden Mann getroffen hatte, konnte er nur einen flüchtigen Blick auf die Seiten werfen. Mitschnitte von Telefongesprächen. Streng vertrauliche Mitteilungen und Anweisungen. Er zügelte seine Neugierde. Später. Wenn er Frankfurt hinter sich gelassen hatte, wenn der Wagen leerer wäre.

Richter erhob sich ein wenig, um seine Hose gerade zu ziehen, gerade so weit, dass er über die anderen Sitze vor ihm schauen konnte. Dabei fiel sein Blick auf die Verbindungstür in den vorderen Wagen. Hinter der Glasscheibe stand jemand. Der junge Mann mit dem kantigen Gesicht? Die Tür war weit weg, Richter unsicher, aber das reichte, ihn nervös zu machen. Er ließ sich in seinen Sitz zurückfallen und erhob sich gleich wieder. Der Mann war fort. Richter beugte sich nach links über den Nebensitz. Nichts zu sehen. Der Fremde war verschwunden. Hatte er sich das nur eingebildet? Wurde er jetzt wirklich paranoid?

Die Tür in seinem Rücken wurde geöffnet. Ein Mann trat ein, blieb neben ihm stehen, sah über die Sitzreihen im Wagen, wie Richter es selbst auch gemacht hatte, und entschied sich für Richters Viererplatz, zog eine Zeitung aus der Manteltasche und legte sie auf den Tisch, streifte den Mantel ab und warf ihn über den von Richter. Der beobachtete das erschrocken und irritiert. Erschrocken, weil der fremde Mann sich grußlos und wie selbstverständlich ihm diagonal gegenübersetzte, irritiert, weil er genau den gleichen grauen Mantel mit dunklen Streifen wie er selbst trug. Der lag jetzt über seinem eigenen. Gerne hätte er ihn unter dem anderen hervorgezogen. Aber er traute sich nicht, fürchtete, damit Aufmerksamkeit zu erzeugen.

Plötzlich ein Ruck. Der InterCity setzte sich in Bewegung.

Endlich. Richter sah zu dem Mann, der ihm diagonal gegenübersaß, aber mehr als die schmalen Finger, die die Zeitung hielten und einen dunklen Haarschopf, der über die Zeitung ragte, konnte er nicht erkennen. Der Mann zeigte kein Interesse an ihm. Richter beruhigte sich, aber nur für einen Moment. Tat der Mann nur so, als lese er? Richter lehnte sich zurück, schloss seine Augen bis auf einen Schlitz und wartete auf ein verräterisches Zeichen seines Gegenübers.

Ein plötzliches Knacken schreckte ihn auf. „Sehr verehrte Fahrgäste, dieser Zug hat im Moment eine Verspätung von zirka fünfundzwanzig Minuten aufgrund witterungsbedingter Schäden. Wir erreichen in Kürze Frankfurt-Flughafen Regionalbahnhof. Für Ihre Anschlusszüge beachten Sie die Ansagen am Bahnsteig."

Irgendjemand im Zug fluchte. „Die unfähige ... Ich lasse mir von denen ein Hotelzimmer bezahlen. Ich fahre doch keinen Meter mehr weiter."

Ich schon, widersprach Richter in Gedanken. Ich muss nach Koblenz. In Sicherheit. Kein Auge würde er in dieser Nacht zumachen.

Der Mann ihm gegenüber blätterte die Zeitungsseiten um und sah dabei kurz zu ihm herüber. Ihre Blicke trafen sich. Zufall? Sofort ratterte es in Richters Hirn. Beobachtete er ihn doch? Gehörte er zu denen, die ihn vernichten wollten? Hatten sie doch Wind von dem Treffen in Frankfurt bekommen? Und wollten ihm nun seine Beweise abjagen? Doch der andere hatte sich schon wieder dem Studium seiner Zeitung zugewandt. Richter behielt ihn im Auge.

Der Zug fuhr in einen Tunnel ein. Das alles bedeckende Weiß vor der Scheibe verschwand, in regelmäßigen Abständen flackerten jetzt kurze Lichter vorbei. Die Geschwindigkeit nahm schnell ab, dann erschien der hell erleuchtete Bahnsteig, auf dem ein paar Menschen in ihren Mänteln standen.

Mehrere Fahrgäste stiegen aus, wenige kamen neu hinein. Richter beobachtete sie aus dem Augenwinkel. Ein Mann, mindestens sechzig, Typ Manager, schmale, randlose Brille, scharfer Blick, selbstbewusst. Er ging an ihm vorbei, ohne ihn eines Blickes zu würdigen. Hinter ihm eine Frau, etwas jünger, weite Hose unter hellgrauem Mantel. Edel. Seine Frau? Nein, entschied Richter. Zwei junge Männer, einer mit Eintracht-Schal. Dann eine Frau um die vierzig mit einem Mädchen, vielleicht zwölf, beide frierend. Sie alle gingen durch in den nächsten Wagen.

Die Türen wurden geschlossen und der Zug setzte sich in Bewegung. Die Frau auf der anderen Seite telefonierte schon wieder. Die Verspätung. Ihr Mann oder Freund wollte nicht mehr aus dem Haus, sie nicht am Bahnhof in Bingen abholen. Sie war sauer. Richter hörte zu. Was sollte er sonst machen? Was für Sorgen die Menschen hatten. Die hätte er auch gerne. Vielleicht bald. Wenn er seine Genugtuung bekommen hatte. Ob er dann ein geregeltes Leben würde führen können? Wie früher? Mit den alltäglichen kleinen Aufregern und Streitereien? Er hing seinen Gedanken nach und vergaß für einen Moment die Menschen um sich herum.

Die Stimme aus dem Lautsprecher riss ihn zurück in die Bahnrealität. „Dieser Zug hat im Moment eine Verspätung von dreißig Minuten. Wir bitten dies zu entschuldigen. Unser nächster Halt ist Mainz-Hauptbahnhof. Wir erreichen Mainz voraussichtlich um 0 Uhr 31. Der Ausstieg in Mainz befindet sich in Fahrtrichtung rechts."

Richter erkannte die Stahlträger einer Brücke. Er sah angestrengt nach draußen, erahnte den Rhein, der da unten floss. Bald darauf tauchte der Zug in einen Tunnel ein, um wenige Minuten später an einem erleuchteten Bahnsteig zu halten. „Mainz" stand auf einem Schild. Richter folgte den ausgestiegenen Reisenden mit den Augen, wie sie schnell von dem

Bahnsteig weghasteten. Zwei einsame Gestalten standen noch da, Mützen und Schals tief ins Gesicht gezogen, den eisigen Hauch ihres Atems vor dem Gesicht, im Hintergrund Weiß. Alles Weiß.

Eine der beiden Frauen gegenüber stand auf, schlüpfte hastig in ihren Mantel und eilte zum Ausgang. Richter sah ihr hinterher. Er stockte. Stand da nicht wieder der Mann mit dem kantigen Gesicht? Sah zu ihm herüber? Kurz nur, um zur Seite zu springen, als die Frau auf ihn zuhastete? Richter versuchte sich zu erinnern, ob ihm dieses markante Gesicht in Frankfurt aufgefallen war. Auf dem Weg zu dieser Kneipe? Zurück zum Bahnhof? Oder in der Kneipe? Er schloss seine Augen, rief sich die Szene in dem feucht-heißen Raum in Erinnerung. Die zwei jungen Frauen, die so frivol lachten und alle eintretenden Männer mit einem Kommentar bedachten. Ein schwules Pärchen, das sich nicht schämte, sich in aller Öffentlichkeit zu küssen. Ein Mann, der wie ein Priester wirkte in seinem schwarzen Anzug. Nein, dieses Gesicht wäre ihm sicher aufgefallen und haften geblieben. Aber konnte er sicher sein? Nein, das konnte und das durfte er nicht. Richter ermahnte sich, nicht in seiner Aufmerksamkeit nachzulassen. Keine Sekunde. Das hatte er doch gelernt, darin war er doch geübt, war einer der Besten und Erfolgreichsten gewesen. Damals, als er noch Steuerfahnder war. In Frankfurt. Wie lange war das schon her?

Ein Mann stieg ein, sah kurz in seinen Wagen, wandte sich dann um und verschwand in den vorderen. Das Zischen der sich schließenden Türen ließ Richter aufatmen. Endlich ging es weiter.

Ein Knacken kündigte eine neue Durchsage an. „Leider verzögert sich unsere Abfahrt wegen eines vor uns liegen gebliebenen Zuges."

Warten. Wieder Warten. Richter versuchte sich zu beruhigen. Für den Schnee kann niemand was. Und niemand käme doch auf die Idee, dass sich jemand bereit fand, ihm zu helfen. Jemand aus dem inneren Zirkel der Macht, jemand, der Zugang zu kompromittierenden Akten und Schriftstücken hatte. Und wie viel weniger käme jemand auf die Idee, dass er sich ausgerechnet in dieser Nacht, in der die Schneedecke unaufhaltsam Zentimeter um Zentimeter wuchs, auf den Weg machen würde. Niemand. Richter redete seine Angst nieder.

Endlich der Ruck, der anzeigte, dass es weiterging. Still war es in dem Wagen, die Frau gegenüber hatte ihr Handy weggesteckt und schien eingeschlafen zu sein, der Mann ihm gegenüber hielt sich noch immer hinter seiner Zeitung verschanzt.

Es schneite noch immer ohne Unterlass und Richter hatte den Eindruck, dass die Flocken jetzt dichter niederfielen. Richter fühlte sich ruhiger werden, jetzt, wo Frankfurt schon so weit hinter ihm lag. Langsam, aber unaufhaltsam bewegte sich der Zug durch die Nacht. Richter sah auf die Uhr. Bald eins. Um diese Zeit hätte er schon in Koblenz sein sollen.

Lichter aus den Fenstern einzelner Häuser tauchten in dem Schneegestöber auf. Ingelheim. Der Zug passierte den verlassenen Bahnhof. Westernkulisse, überlegte Richter. Und er der Lonesome Cowboy. Ihm war nicht zum Scherzen und zum Lachen zumute. Noch nicht. Abwarten, was in einigen Tagen oder in ein paar Wochen sein würde. Alles konnte sich ändern. Schnell ändern.

Mit einem Mal war es dunkel in dem Wagen, alle Lichter erloschen. Richter drückte sich in seinen Sitz. Sein Herz schlug schneller. Er lauschte konzentriert, ob sich jemand ihm näherte. Und ebenso abrupt, wie das Licht erloschen war, wurde es wieder hell in dem Wagen.

„Wir bitten Sie, die technische Störung zu entschuldigen“, erklang die bekannte männliche Stimme aus dem Lautsprecher. Ohne jede Erklärung.

Es war leise in dem Wagen. Unheimlich leise. Kein Geräusch

von dem Mann mit der Zeitung, und die Frau auf der anderen Seite des Ganges schien noch immer zu schlafen. Sie hatte ihre Augen geschlossen und den Kopf gegen die Scheibe gelehnt. Ihr Mund stand ein wenig offen. Ein unschöner Anblick, fand Richter.

Draußen wurde es gespenstisch hell. Die Lichter von Boehringer, der großen chemischen Fabrikanlage. Vor der Scheibe tanzten die weißen Flocken wild und dicht. Richter sah hinaus, beobachtete die großen Gebäude hinter den weißen Flocken. Langsam ratterte der Zug wieder in das Schneetreiben.

„Nächster Halt ist Bingen. Ausstieg in Fahrtrichtung rechts", teilte die Stimme aus dem Lautsprecher mit.

Der Mann an seinem Tisch stand auf, legte die Zeitung vor sich, griff nach seinem Mantel. Richters Auge folgte der Hand. Er hatte es geahnt. Der Mann fasste nach seinem Mantel. Ob das Absicht war? Oder ein Versehen?

„Sie haben den falschen Mantel." Richter ließ den Mann nicht aus den Augen. Der sah erst zu ihm, dann zu dem Mantel, lachte.

„Das ist ja ein Zufall. Ist mir gar nicht aufgefallen, dass wir den gleichen Mantel haben."

Richter nickte zur Antwort. Wortlos und abweisend. Dabei hielt er seine Aktentasche wie einen Schatz. Der Fremde murmelte ein „Entschuldigung!", legte den falschen Mantel beiseite und nahm seinen, zog ihn über und prüfte seine Taschen, bevor er sich umdrehte und durch den Wagen zu dem Ausstieg in Richtung Zugmitte ging. Richter stellte die Aktentasche vor sich auf den Tisch und blickte durch die Scheibe. In einiger Entfernung erkannte er Lichter. Das musste Bingen sein. Wieder ein Stück weiter, überlegte er und stellte die Aktentasche auf den Tisch, erhob sich und sah über die Sitzreihen hinweg. Der Wagen war leer, außer ihm und der Frau war niemand mehr darin.

Der Mann mit dem kantigen Gesicht? War er noch im Zug? Wo würde er aussteigen? In Bingen, Koblenz? Oder noch weiter fahren? Was, wenn er ihn wieder so anschauen würde? So merkwürdig und eindringlich?

In diesem Moment bremste der Zug so heftig, dass seine Aktentasche umkippte und auf den Sitz ihm gegenüber fiel. Erschrocken sprang Richter auf und griff nach dem Lederteil. Der Zug kam zum Stehen. Einige Sekunden lang war es gespenstisch still, bis es im Lautsprecher knackte.

„Wegen einer defekten Stromleitung aufgrund der Witterungsverhältnisse müssen wir leider einen unvorhergesehenen Halt einlegen."

Nicht mehr als diese Information. Richter fluchte. Die Frau gegenüber war aufgewacht, sah zu ihm herüber, als erwartete sie eine Erklärung von ihm. Richter schwieg, und über diesem Schweigen erloschen erneut die Lichter in dem Wagen. Um Richter war es völlig dunkel.

„Was ist los?" Die Stimme der Frau erklang unsicher aus der Dunkelheit. Nur die kleinen Notlampen brannten. „Wer hat das Licht ausgemacht?"

„Ich weiß es nicht", antwortete Richter leise und hielt sich die Aktentasche wie einen Schutzschild vor die Brust. Langsam gewöhnten sich seine Augen an die Dunkelheit. Er erkannte, dass die Frau aufstand und sich durch den Wagen vortastete. Nach einer Weile hörte er das Zischen der sich öffnenden Tür zum vorderen Wagen, dann war es einige Momente wieder still, bevor ein lauter Schrei durch die Finsternis brach. Erschrocken fuhr er hoch und ließ sich sogleich wieder in seinen Sitz fallen. Was hatte das zu bedeuten? War das die Frau gewesen, die von gegenüber? Hatte man ihr etwas angetan? Richter saß wie festgenagelt auf seinem Sitz, unfähig sich zu erheben, und wartete.

Bis die Verbindungstür wieder geöffnet wurde. Ganz langsam erhob er sich und erkannte am anderen Ende des Wagens in dem fahlen Licht der Notlampen die erstarrte Kontur eines Menschen, der ihm schließlich die Worte „Da … da, … kommen Sie …!“ entgegenstotterte. Eine weibliche Stimme. Die Frau von dem Sitz gegenüber? Richter kniff seine Augen zusammen und meinte zu erkennen, dass sie immer wieder hinter sich blickte, als ob da ein Schrecken lauerte, der jeden Moment über sie herfallen konnte.

„Kommen … Sie! Bitte!“ Jetzt klangen ihre Worte wie ein Flehen. Endlich löste sich Richter von seinem Platz, packte die Aktentasche mit seiner rechten Hand und tastete sich langsam nach vorne, bis er vor der Frau stand.

„Da … vorne“, sagte sie nur, für ihn kaum verständlich und trat dabei ein klein wenig zur Seite, doch Richter konnte nichts erkennen. Die Frau packte den Ärmel seines Jacketts und zog ihn zu sich. Richter wehrte sich erst, ließ es dann geschehen und sah schließlich angestrengt auf die Stelle, auf die der ausgestreckte Arm der Frau zeigte. Da lag etwas auf dem Boden!

„Warten Sie!“, ertönte eine Stimme aus der Dunkelheit. Das leise Kratzen eines Feuerzeugs durchbrach die Stille. Eine Flamme wanderte langsam zum Boden. Gebannt folgten ihr Richters Augen, bis in dem Lichtschein ein menschlicher Körper erkennbar wurde. Von den Beinen wanderte die Flamme langsam körperaufwärts, aber noch bevor sie das Gesicht erreicht hatte, wusste Richter, wer da auf dem Boden lag. Er hatte den Mantel erkannt. Er konnte seinen Blick nicht abwenden. Die Flamme harrte jetzt direkt über dem Gesicht aus.

„Tot!“, erklärte der Mann mit dem Feuerzeug. Es klang ganz lapidar. Wie „Kolbenfresser“ bei defektem Motor. „Ich bin Arzt.“ Er wandte sich wieder der Leiche zu. „Passen Sie auf, wo Sie hintreten! Hier ist alles voller Blut.“ Er kommentierte kühl seine Untersuchung ohne aufzuschauen. „Das sieht nicht nach einer natürlichen Todesursache aus. Wir sollten die Polizei rufen.“

„Ist … tot?“, fragte die Frau, ihre Stimme kaum lauter oder fester als zuvor. Richter beugte sich vor, um mehr zu sehen. Verkrampft lag der Körper da, unnatürlich, wie hineingequetscht in den Gang. Der Arzt war noch immer über ihn gebeugt.

„Warum … macht niemand das Licht an?“, schob sie nach. „Ich will hier raus!“

Und bevor Richter oder der fremde Mann antworten konnten, war die Frau an eine der Türen getreten und versuchte sie zu öffnen. Vergeblich. „Warum …?“, fragte sie panisch. „Helfen Sie doch!“, forderte sie, zu Richter gewandt. Doch der starrte nur zu ihr herüber, drückte seine Aktentasche fest an seinen Körper und blickte weiterhin auf die Flamme über dem toten Körper. Und durch den Schein der züngelnden Flamme erkannte er plötzlich eine Bewegung in dem anderen Wagen. Jemand näherte sich. Richter war es, als ob diese Person dabei nur ihn fixierte. Vor der Tür blieb sie stehen.

In dem Moment kam Richter ein Gedanke, der ihn taumeln ließ. Was, schoss es ihm durch den Kopf, was, wenn der Tote da nur zufällig das Opfer eines Mordanschlages geworden war? Eigentlich ein anderer gemeint war. Er! Er selbst sollte umgebracht werden! Anstelle des anderen dort im Zug liegen! Der Mörder hatte den Mantel gesehen und den Toten mit ihm verwechselt. Er sah sich um. War der Mörder noch im Zug? Hatte er seinen Fehler bemerkt? Musste ihn jetzt ausbügeln! Musste nun auch ihn umbringen! Und wenn nicht, würde es der Polizei doch recht seltsam erscheinen, dass er den gleichen Mantel trug wie der Tote. Und dann? Gespräche, Vernehmungen. Selbst wenn er anschließend seine Unschuld bewiesen hätte, er stünde im Rampenlicht der Öffentlichkeit und seine Reise nach Frankfurt würde publik, sein ganzes Unternehmen geriete in Gefahr. Nein, er musste weg, raus aus dem Zug, sich in Bingen verstecken und sich auf anderem Weg nach Koblenz durchschlagen.

Richter drehte sich schnell um und tastete sich zwischen den Sitzreihen zum Ende des Wagens, dahin, wo sein Mantel noch lag. Er hatte seinen Platz fast erreicht, da wurde es mit einem Schlag wieder hell. Er hielt kurz inne, dann griff er seinen Mantel und öffnete die Tür in den kleinen Vorraum, in dem sich die Ausstiegstür befand.

„Bleiben Sie stehen!“, befahl hinter ihm eine Stimme. Richter drehte sich um. Am anderen Ende des Wagens stand der Mann mit dem kantigen Gesicht. „Bleiben Sie stehen!“, wiederholte der seine Aufforderung. Richter musste sich zwingen, sich diesem Blick nicht zu unterwerfen und weiterzugehen und an der Tür den kleinen Knopf zu drücken. Sie reagierte nicht. Er sah sich hektisch um, erkannte den Hebel für die Notöffnung und zog ihn hinunter. Mit einem langen Zischen öffnete sich die Tür. Dann sprang Richter in die Dunkelheit, fiel hin, rollte durch den Schnee, hielt seine Aktentasche fest mit einer Hand umklammert, stand auf, rannte los und zog sich im Laufen den Mantel über.

„Kommen Sie zurück!“, hörte Richter erneut die Stimme durch das Schneegestöber. Im Laufen drehte er sich um und sah den Mann mit dem kantigen Gesicht in der offenen Tür stehen. Richter stolperte, rappelte sich auf, umfasste die Aktentasche noch fester und sah vor sich den schwachen Schein vereinzelter Lichter. Dort irgendwo, hinter diesem Schneevorhang, musste Bingen liegen. Da musste er hin, dort wäre er in Sicherheit. Er atmete heftig ein, dabei drang ihm die kalte Luft schmerzhaft in die Lunge. Der Schnee war tief und das Laufen anstrengend. Richter trat in eine Vertiefung, verlor das Gleichgewicht und stürzte in ein Loch.

II. Vernehmung, 10. Januar 2010, nachmittags

Hauptkommissar Markus Teubner aus Mainz, ein hagerer Mann von knapp fünfzig Jahren mit asketischen Gesichtzügen, saß in seinem Büro im Mainzer Polizeipräsidium hinter dem alten Holzschreibtisch, der in den vergangenen zwanzig Jahren jeden seiner Umzüge mitgemacht hatte. Er wirkte intellektuell, zu vergeistigt für den Job, aber genau das hatte er schon oft auszunutzen gewusst, wenn ihn sein Gegenüber falsch ein- und zumeist unterschätzt hatte.

Zwei der drei Zeugen aus dem InterCity, der wegen eines technischen Defekts infolge des Wintereinbruchs mit dem Namen Daisy kurz vor Bingen liegen geblieben war, hatte er am Vormittag schon befragt. Die erste, früh am Morgen, war Claudia Meinusch gewesen, die junge Frau, die den Toten in dem Zug entdeckt hatte. Danach hatte ihm Roland Scherer gegenübergesessen, der Arzt, der den Tod des Mannes festgestellt und richtig ein Gewaltverbrechen vermutet hatte. Nun wartete Teubner auf den dritten Zeugen, Hermann Zaunkönig. Er entnahm der Notiz eines Mitarbeiters, dass Zaunkönig ein aus dem Dienst ausgeschiedener Polizeibeamter aus Frankfurt war, der sich selbstständig gemacht hatte.

Teubner legte das Papier zur Seite und griff nach dem Bogen, auf dem er die bisherigen Ermittlungsergebnisse zusammengefasst hatte, die jedoch mehr Fragen aufwarfen, als dass sie Hinweise auf die Hintergründe des Geschehens in der Nacht gaben. Der Tote in dem Zug hieß Ralf Becker und war Angestellter einer Krankenkasse in Frankfurt. Er befand sich auf dem Weg zu seinem Vater in Bingen, der seit einigen Monaten Witwer war und seitdem an Depressionen litt. Dieser Becker war mit einem einzigen Messerstich getötet worden. Es hatte allerdings einen zweiten Toten gegeben und der verkomplizierte den Fall erheblich. Die Identität dieses Mannes war bislang nicht zu klären gewesen, er hatte keinerlei Papiere bei sich getragen, nur eine Fahrkarte von Frankfurt nach Koblenz, gekauft am frühen Nachmittag des gestrigen Tages. Seine Leiche war in einem Erdloch einhundert Meter von dem Zug entfernt gefunden worden. Möglicherweise, so der Befund einer ersten Untersuchung, war er in dieses Erdloch gefallen, dabei mit dem Kopf gegen einen Stein gestoßen, ohnmächtig geworden und schließlich erfroren. Dass es zwei Tote in einem bzw. in der Nähe eines Zuges gegeben hatte, war schon kurios genug, aber die Aussagen der Zeugen Meinusch und Scherer, dass dieser zweite Tote den Tatort ohne erkennbaren Grund fluchtartig verlassen hatte und aus dem Zug gesprungen war, machte die Sache noch seltsamer. Gänzlich rätselhaft wurde sie allerdings dadurch, dass die beiden Toten den gleichen Mantel trugen und sich an dem des Mannes aus dem Zug Faserspuren des Mantels von dem aus dem Erdloch fanden. Teubner erhoffte sich nun von Zaunkönig Aufklärung, weil er laut Meinusch und Scherer dem Unbekannten nachgelaufen war und ihn zum Stehenbleiben aufgefordert hatte.

Um zehn nach vier betrat Hermann Zaunkönig Teubners Büro, grüßte mit einem angedeuteten Nicken den Kommissar und ging sogleich, ohne zu fragen, an die Kaffeemaschine, wo er einen der daneben stehenden Becher füllte. Von einer Dampfschwade umgeben setzte er sich Teubner gegenüber auf einen Stuhl und machte keine Anstalten, von sich aus zu sprechen.

Der Kommissar ließ seinen Blick auf dem Mann mit dem schmalen und auffallend kantigen Gesicht ruhen. „Herr Zaunkönig?“, fragte Teubner und versuchte den herablassenden Blick des Mannes ihm gegenüber zu übersehen.

„Hermann Zaunkönig“, vervollständigte der Angesprochene.

„Hauptkommissar Teubner“, stellte der sich vor, was der andere wieder mit einem leichten Nicken quittierte.

„Sie waren Polizist?“, fragte Teubner.

Wieder bekam er nur ein Nicken zur Antwort, dann trank Zaunkönig von seinem Kaffee.

„Warum ausgeschieden?“

„Privat“, antwortete Zaunkönig, nachdem er den Becher abgestellt hatte.

„Und was machen Sie jetzt?“

Zaunkönig ließ sich aufreizend viel Zeit mit der Antwort. „Landläufig“, erklärte er schließlich, „sagt man Privatdetektiv zu meiner Tätigkeit.“

„Und was sagen Sie dazu?“

„Gar nichts.“

„Arbeiten Sie aktuell an einem Fall?“

„Muss ich diese Frage beantworten?“

„Das sollten Sie als ehemaliger Polizist doch wissen.“

Zaunkönig sah auf. „Observationen. Für Privatfirmen.“

Teubner war klar, dass dieser Mann ihm die Namen seiner Auftraggeber nicht mitteilen würde. Zumindest nicht, um ihm zu helfen.

„Wie haben Sie mitbekommen, dass es einen Toten im Zug gibt?“

Zaunkönig lehnte sich zurück. „Eine Frau hat geschrien.“

„Aber Sie sind nicht gleich zum Ort des Schreis gelaufen?“

„Es war dunkel in dem Zug, und ich bin davon ausgegangen, dass jemand im Dunkeln gestürzt ist.“

„Und warum haben Sie ihre Meinung geändert?“

„Eine Ahnung.“

„Und dann?“

„Bin ich dorthin gegangen, von wo der Schrei kam. Und als ich fast dort war, ist eine Person weggelaufen.“

„Wie konnten Sie das sehen?“

„Ein Mann hockte am Boden mit einem Feuerzeug in der Hand. In dem Lichtschein sah ich diese PersonP weglaufen.“

„Sie sind ihm dann nachgelaufen. Warum?“

„Erfahrung. Die Situation war klar.“

„Klar?“

„Jemand liegt leblos auf dem Boden. Ein anderer läuft weg.“

„Weiter!“

Zaunkönig tat mit einem Blick seine Missbilligung über den Befehlston kund. „Der Mann war schon am Ende des Wagens. Er ist hinausgesprungen und weggelaufen.“

„Sie sind ihm nicht nach?“

„Nur ein paar Meter, aber da war er schon in dem Schneetreiben verschwunden. Man konnte nichts sehen. Ich habe dann Ihre Kollegen alarmiert.“

„Um 1 Uhr 26 ging Ihr Anruf dort ein“, stellte Teubner kühl fest. „Der Arzt, der bei dem Toten im Zug war, hat dessen Tod schon um 1 Uhr 13 festgestellt.“

Zaunkönig schwieg, nahm den Becher vom Tisch, stand auf und füllte ihn an der Kaffeemaschine auf. Teubner wartete, bis er sich wieder gesetzt hatte. „Da liegen dreizehn Minuten dazwischen. Selbst wenn wir großzügig sind, fehlen mehr als zehn Minuten. Wenn Sie dem flüchtigen Mann nur ein paar Meter gefolgt sind, was haben Sie bis zu Ihrem Anruf bei der Polizei gemacht?“

„Glauben Sie nicht, dass der Tote draußen der Mörder des Mannes in dem Zug ist?“, fragte Zaunkönig.

„Einige Indizien sprechen dafür. Claudia Meinusch, die Frau, die den toten Becker gefunden hat, sagt zwar aus, dass der Mann die ganze Zeit ihr gegenübergesessen hatte. Sie hat aber eingeräumt, dass sie zwischenzeitlich eingeschlafen war und dass dieser Mann sehr wohl für ein paar Minuten hätte unbemerkt verschwinden können. Und: Die Tatwaffe wurde bei dem Toten im Schnee gefunden.“

„Das ist doch eindeutig!“, stellte Zaunkönig fest. Nun klang sogar ein wenig Verwunderung durch. „Ihnen fehlt das Motiv?“

„Vielen Dank für den Hinweis“, erwiderte Teubner spöttisch. „Bis jetzt haben wir keinen Anhaltspunkt gefunden, dass die beiden Männer sich gekannt haben. Verwunderlich ist allerdings, dass sie beide den gleichen Mantel trugen.“

„In der Tat!“, kommentierte Zaunkönig sarkastisch.

„Ein Umstand, der Raum zum Spekulieren lässt. Lassen wir mal beiseite, was gegen den Toten im Schnee als Täter spricht.“ Teubner sah den ehemaligen Kollegen aufmerksam an. Dieser arrogante Blick, dachte er.

„Aber warum ist er dann …“

„Nein, nein“, schnitt Teubner dem anderen das Wort ab, „lassen Sie mich zu Ende denken. Wenn Beckers Tod ein Versehen oder eine Verwechslung war?“

„Eine Verwechslung?“, fragte Zaunkönig und er klang überrascht.

‚Nun tut er dümmer, als er ist‘, dachte Teubner, und das enttäuschte ihn.

„Beide Tote trugen denselben Mantel. Sie haben zudem die gleiche Statur. In der Notbeleuchtung hat der Mörder nur den Mantel gesehen und zugestochen.“

„Möglich“, erwiderte Zaunkönig, wandte aber ein: „Wie soll der Mörder den Zug verlassen haben? In dem Wagen, durch den ich gelaufen bin, war niemand. Der Mörder muss also draußen gelauert haben. Aber während des Stromausfalls waren auch die Türen verriegelt und ließen sich nicht öffnen.“

„Das gibt mir auch zu denken“, entgegnete Teubner vieldeutig und machte eine Kunstpause. „Sie waren ja, wie ich schon feststellte, lange verschwunden ...“

„Wollen Sie damit sagen, dass ich …“, echauffierte sich Zaunkönig.

„Was ich sagen will“, erwiderte Teubner ruhig, lehnte sich dabei in seinem Stuhl zurück und verschränkte die Hände hinter seinem Kopf, „ist, dass Sie sehr lange in der Zugtür gestanden haben müssen und ich die Hoffnung habe, dass Sie dabei vielleicht doch etwas gesehen oder gehört haben.“

Zaunkönig ließ sich ein paar Sekunden Zeit, bevor er seinen Kopf schüttelte. „Wie denn, bei dem Schneetreiben?“

Teubner nickte verständig. „Leider hat es die ganze Nacht geschneit, sodass mögliche Spuren mit Schnee bedeckt wurden." Er machte eine kurze Pause. „Der Tote aus dem Erdloch ist in Frankfurt in den Zug gestiegen. Was könnte er dort gemacht haben?"

„Woher soll ich das wissen?", erwiderte Zaunkönig.

„Sie sind auch in Frankfurt zugestiegen", stellte Teubner kühl fest.

„Ich wohne in dieser Stadt", war die Antwort. Zaunkönig trank von seinem Kaffee und sah den Kommissar stumm an.

„Frau Meinusch, die Zeugin aus dem Zug, sagt aus, dass der Mann eine Aktentasche bei sich trug, die er wie seinen Augapfel hütete. Die lag neben ihm in dem Erdloch, aber sie war bis auf eine Brotdose leer. Ein Blatt Papier, das wir ein paar Meter weiter im Schnee fanden, war so durchweicht, dass es unlesbar geworden ist. Mehr Papiere wurden nicht gefunden."

Teubner sah den ehemaligen Kollegen aus Hessen nachdenklich an.

Zaunkönig lehnte sich ein wenig zurück und taxierte den Kommissar mit einem Blick, als ob er überlege, zu welchen Schlüssen er wohl fähig war.

„Darf ich fragen, warum Sie in dem Zug waren?", fragte Teubner.

„Sie dürfen fragen", antwortete Zaunkönig und sah den Kommissar dabei aufreizend an.

Teubner erwiderte den Blick nicht, sondern schielte zur Seite auf einen niedrigen Aktenbock, auf dem ein an den Rändern durchweichtes, aber noch gut lesbares Blatt Papier lag, das ein Mitarbeiter unter einem umgeknickten Baumstamm gefunden hatte. Daneben lag, verdeckt von einem Spannordner, die Personalakte von Sven Richter, aus der hervorging, dass er Steuerfahnder in Frankfurt gewesen war, dem in einem Gutachten Anpassungsstörungen und eine paranoid-querulatorische Entwicklung attestiert wurde. Vor mehreren Jahren war er vom Dienst suspendiert worden.

Teubner drehte sich wieder Zaunkönig zu, schob seine Brille zurück und berührte mit dem Zeigefinger seine Nase. Dass er diesen Zaunkönig für die beiden Morde drankriegen würde, dessen war Teubner sich sicher. Aber die Hintermänner zu finden, diejenigen, die den Mord an Richter in Auftrag gegeben hatten und denen er nützte, und erst recht, sie zu überführen, das schien ihm eine fast unlösbare Aufgabe.

Und eine äußerst gefährliche zudem.

Vera Bleibtreu alias Angela Rinn
entstand im selben Jahr wie die Berliner Mauer, erwies sich jedoch als haltbarer. Sie lebt seit 1993 in Mainz und kann sich seitdem ein Leben ohne Rhein, Wein und Meenzer nicht mehr vorstellen. Ihre Brezeln verdient sie als Pfarrerin in Gonsenheim, sie ist Autorin in der Rundfunkarbeit und Moderatorin bei gutenberg.tv. Veröffentlichungen: „14 Gründe, warum es sich lohnt zurückzublicken"; „Lebenslinien" (beides EVA Leipzig) und „Trauerspiel" (Knecht-Verlag).

Antje Fries (Herausgeberin)
lebt seit 1997 in Osthofen/Rheinhessen, Studium der Germanistik und Anglistik sowie Lehramt an Grund- und Hauptschulen, derzeit an einem außerschulischen Lernort sowie in diversen pädagogischen, journalistischen und literarischen Projekten tätig. Hat fünf Anne-Mettenheimer-Krimis im Leinpfad Verlag veröffentlicht. www.antjefries.de

Friederike Harig
lehrt am Internationalen Studienkolleg der Universität Mainz. 2009 erschien ihr Krimi „Professorenmord". Sie ist Mitherausgeberin der Anthologie „Einblicke. Die Dichter und ihre Werkstatt" sowie des 16. Jahrbuchs für Literatur. Mit ihrem Mann, zwei Katzen und einem Pferd lebt sie seit zehn Jahren in der rheinhessischen Metropole.

Jürgen Heimbach
wurde 1961 in Koblenz geboren; studierte ab 1985 Germanistik und Philosophie in Mainz, arbeitet seit 1996 als Redakteur bei 3sat und dem ZDFtheaterkanal; er lebt mit seiner Familie in Mainz. Veröffentlichungen: Jugendroman „Johannes'

Nacht" (Societäts Verlag) und der Krimi „Plötzlicher Tod einer Nutte" (Leinpfad Verlag). www.juergen-heimbach.de

Heidrun Immendorf

1962 geboren in Aachen, dort auch Studium der Germanistik und Geschichte, danach Redakteurin im Hörfunk bei WDR, SFB und Radio FFH. Sieben Jahre lang lebte sie in Mainz, wo ihre beiden Krimis „Falters Schrei" und „Falters Zweifel" entstanden. Heute wohnt sie in Bremen, arbeitet unter anderem als Dozentin für kreatives Schreiben an der Uni Bremen und veröffentlicht regelmäßig Kurzkrimis aus dem Rheinhessischen.

Peter Jackob

wurde 1965 in Mainz geboren, Studium der Allgemeinen und Vergleichenden Literaturwissenschaft (Abschluss Promotion); lebte vierzehn Jahre lang in Italien und kehrte 2008 nach Mainz zurück. Veröffentlichte Gedichte und Krimis: „wortschatten" und „subsequenzen", „Der Schatten. Wandel einer Metapher in der europäischen Literatur", „Die Jagdgesellschaft. Ein Sherlock Holmes Roman", „Narren-Mord. Ein Mainzer Fastnachts-Krimi" (Leinpfad Verlag). www.peterjackob.de

Wolfhard Klein

Studium in Publizistik, Soziologie und Sport; arbeitete er als Journalist für Stern, konkret und Twen, ist Programmchef von SWR4 Rheinland-Pfalz. Zuletzt erschienen die Krimis „Flughafen Ibiza" und „Schwarzgeld Ibiza" (beide éditions trèves). Klein lebt in Jugenheim. www.wolfhard-klein.de

Timothy McNeal

geb. 1944 im heutigen Russland, publiziert seit 25 Jahren Lyrik, Krimis und Science Fiction in deutschen und US-amerikanischen Verlagen; er lebt in Alzey/Rhh., wo er neben dem Schreiben als Übersetzer und Polizei-Dolmetscher arbeitet. www.timothymcneal.de

Olaf Paust
ist in Alfeld an der Leine geboren, in Pirmasens aufgewachsen, wohnt seit 13 Jahren in Rheinhessen. Er arbeitet als Redakteur und Sprecher in der Nachrichtenredaktion des SWR in Mainz. www.olaf-paust.de

Christian Pfarr
Journalist, Autor, Komponist; geb. 1959 in Hanau, lebt seit 1980 in Mainz; veröffentlichte u.a. die Mainz-Krimis „Zaubernuss“ und „Königsweg“ (beide Leinpfad Verlag) sowie 2010 die Kurzkrimi-Sammlung „Märchen, Verbrecher und Füchse“. www.christianpfarr.de

Claudia Platz
geboren in Ludwigshafen/Rhein, MTA-Ausbildung und Anthropologiestudium, seit 2001 freie Autorin, verheiratet, drei Kinder, lebt in der Nähe von Mainz.
Veröffentlichungen: „Der Lubberer“, „RosenmonTod“, „Der Korridor“ (alle Rhein-Moselverlag), „Der zweite Blick“, „Die falschen Caesaren“ (beide Leinpfad Verlag), außerdem diverse Kurzgeschichten. www.claudiaplatz.de

Astrid Reck
geboren 1966 in München, kam sie1980 nach Mainz; sie studierte Geographie, Publizistik und Politik, volontierte bei der Allgemeinen Zeitung und arbeitet als Hörfunk- und Fernsehjournalistin. Nach Jahren auf Reisen lebt sie jetzt wieder in Mainz. Letzte Veröffentlichung: Kurzkrimi „Perfekte Opfer“ in der Anthologie „Perfekte Opfer“ (Leinpfad Verlag) 2009

Marion Schadek

geboren 1968 in Hildesheim, Niedersachsen. Nach dem Studium in Göttingen Einstieg in den Journalismus durch ein dpa-Volontariat. Lebt seit 1995 in Mainz und veröffentlicht Krimis für Kinder und Erwachsene, zuletzt „Joe de Mayence – Löwenstark" (2008) und den Doppelband „Sündenfall in der Sakristei/Bilderwut" (2009), beide im Verlag DK Dieter Kumpf, Heppenheim.

Andreas Wagner

Jg. 1974, ist als Winzer Quereinsteiger: Der promovierte Historiker führt das von den Eltern übernommene Weingut seit 2002 zusammen mit seinem Bruder Ulrich. Er ist verheiratet, hat drei Kinder und lebt in Essenheim. Veröffentlichungen: „Herbstblut" (Piper), „Abgefüllt", „Gebrannt" und „Letzter Abstich". (alle drei Leinpfad Verlag). Wagner lebt mit seiner Familie in Essenheim. www.wagner-wein.de

Lieben Sie Krimis? Wir haben noch mehr!
Und: Alle spielen „gleich nebenan"!!

Antje Fries: Kaltgestellt oder: Die Rechte des Fälschers
Ein Kunstfälscher, fies und erfolgreich, wird brutal ermordet. Eine Spur führt in eine Mainzer Galerie, eine andere in ein Frankfurter Museum. Und was wissen der Bruder und die Ex-Frau über seine Fälschungen? - Spannend bis zur letzten Seite!
ISBN 3-937782-43-5, Broschur, 252 Seiten, 10,90 €

Antje Fries: Knielings Garten oder: Gegen jeden ist ein Kraut gewachsen
Es geht um Pflanzengifte, den unehelichen Sohn eines katholischen Pfarrers, um einen unsympathischen Winzer und dessen Ehefrau mit dem Vorzeigegarten. Und natürlich geht es um Geld … *Das Lebensgefühl in Rheinhessen scheint der (...) Krimiautorin dagegen selbst bestens vertraut.* (FAZ)
ISBN 978-3-937782-69-0, Broschur, 240 Seiten, 10,90 €

Antje Fries: Kleine Schwestern
Antje Fries stellt den „Kleinen Schwestern" einen Prolog voran, der dem Leser die Richtung weist: Achtung Psycho! Spannend bleibt die Suche nach dem Täter dennoch, weil man weiß: Noch leben die verschwundenen Mädchen – aber wie lange noch? Höhepunkt: Die mutige Flucht der kleinen Vanessa aus dem Versteck des Verbrechers. (…) Die Mettenheimer-Krimis spielen mitten im rheinhessischen Alltag. Land, Leute und Lebensgewohnheiten sind so selbstverständlich, dass Lokalkolorit unbemerkt mitgelesen wird. Bestens! Schließlich will man einen Krimi lesen und keinen rheinhessischen Reiseführer. (AZ)
ISBN 978-3-937782-81-2, Broschur, 188 Seiten, 9,90 €

Antje Fries: Nibelungen-Tod
Was die Geschichte angeht, beweist Antje Fries (...) erneut Gespür für Skurriles. Mehr über die Geschichte zu verraten, würde die Spannung rauben. Nur soviel: Es steckt viel Herzblut im „Nibelungen-Tod", in jeglichem Sinn des Wortes. Hinzu kommt Humor in bester Fries'scher Manier: Die Pressekonferenzen von Wormser Oberbürgermeister und Festspiel-Intendant – das ist Lokalposse pur. (AZ)
ISBN 978-3-937782-97-3, Broschur, 256 Seiten, 10,90 €

Perfekte Opfer. 13 neue Kurz-Krimis aus dem Mörderischen Rheinhessen
Vielen Autoren tut es gut, sich jenseits der längeren Kriminalromane auf kürzere Prosa zu stürzen. Dieses Buch ist ein Beleg dafür. Die meisten der 13 Geschichten kommen origineller und unkonventioneller daher, als es der Leser von seinen Autoren gewohnt ist. Hier spielen sie mit wechselnden Perspektiven, ungewöhnlichen Ideen. (…) „Perfekte Opfer" ist die perfekte Herbstlektüre für dunkler werdende Abende. (Rhein-Zeitung)
Wolfhard Klein (Hg.), ISBN 978-3-937782-89-8, Hardcover, 240 Seiten, 14,90 €

Andreas Wagner: Abgefüllt. Ein Weinkrimi

In der Essenheimer Gemarkung wird ein Toter gefunden, den niemand zu vermissen scheint. Aber dieser Tote hat ein Geheimnis, hinter dem auf einmal nicht nur der Bezirkspolizist Kendzierski her ist. Seine geheimen Nachforschungen führen ihn in verschiedene Weingüter. Er taucht dabei nicht nur in die Tiefen rheinhessischer Keller, sondern auch in die Abgründe menschlicher Seelen ein.

ISBN 978-3-937782-73-7, Broschur, 236 Seiten, 10,90 €

Andreas Wagner: Gebrannt. Ein Weinkrimi aus Rheinhessen

Der Seniorchef des Essenheimer Weinguts Baumann wird nachts in der Scheune erstochen aufgefunden. Nicht genug damit, hat es in der Nähe des Tatorts auch noch gebrannt ...

SISBN 978-3-937782-85-0, Broschur, 232 Seiten, 10,90 €

Andreas Wagner: Letzter Abstich. Ein Weinkrimi

Wieder ist Andreas Wagner ein überaus spannender und realistischer Krimi gelungen. Der geneigte Leser erfährt außerdem viel über die Arbeit des Winzers in den Wintermonaten im Keller(„Letzter Abstich“) und auch der Begriff „Terroir“ wird am Beispiel der Löss- und Kalkböden rund um Essenheim profund erklärt. Kurzum: Spannende und lehrreiche Unterhaltung mit viel Lokalkolorit auf höchstem Niveau. (rheinhessen.de)

ISBN 978-3-942291-08-8, Broschur, 208 Seiten, 9,90 €

Claudia Platz: Der zweite Blick. Tod in Nahaufnahme

Claudia Platz kann die spannende Geschichte einer Verfolgung gut erzählen und verbindet sie geschickt mit einigen scharfsinnigen Beobachtungen über einen Journalismus, der seine eigenen Schamgrenzen immer weiter absenkt. Das ist solide Krimikunst, mit der Platz das Genre „Regionalkrimi“ deutlich hinter sich lässt und zeigt, dass auch in kleinen Verlagen Schriftstellerinnen heranwachsen können. (Tagesspiegel)

ISBN 978-3-937782-51-5, Broschur, 263 Seiten, 10,90 €

Claudia Platz: Die falschen Caesaren. Ein historischer Krimi aus dem römischen Mainz

Fans von historischen Krimis kommen im neuen Buch auf ihre Kosten. Claudia Platz hat genau recherchiert und ihr römisches Wissen geschickt in die spannende Krimihandlung eingebaut. (AZ)

Aus der Sicht der Landesarchäologie fügen sich hier hervorragend historische Quellen und Grabungsergebnisse mosaiksteinartig zu einem farbigen Mainz-Bild zusammen, das vor fast 2000 Jahren einmal Wirklichkeit gewesen sein könnte.

Dr. Gerd Rupprecht, Landesarchäologe

ISBN 978-3-937782-65-2, Broschur, 314 Seiten, 11,90 €, Zweite Auflage!!

Christian Pfarr: Zaubernuss

Die Zaubernuss ist mehr als ein Mainz-Krimi: Komödie, Liebesgeschichte, Wissenschaftssatire und vor allem eine respektvoll-augenzwinkernde Hommage an Sherlock Holmes, Hercule Poirot, Father Brown und Co.

„Ist diese Geschichte hier gut? Ja, sie ist gut! Ist sie aufregend? Das ist sie! Kann Christian Pfarr erzählen? Ja, kann er! Da ist ein Talent im Anflug, ein großes Talent.“ (Jacques Berndorf)

ISBN 978-3-937782-78-2, Broschur, 206 Seiten, 9,90 €

Christian Pfarr: Königsweg oder: Der steinerne Zeuge

Aus dem Mainzer Dom-Museum ist eines der bedeutendsten und schönsten Exponate, der ‚Kopf mit der Binde', gestohlen worden. Und zwar ausgerechnet am Rosenmontag! Und nicht nur das: Es gibt keine Spuren eines Einbruchs, jemand muss sich also sehr gut ausgekannt haben …

ISBN 978-3-937782-84-3, Hardcover, 80 Seiten, 9,90 €

Jürgen Heimbach: Plötzlicher Tod einer Nutte

Der ehrgeizige Politiker Wolfgang Anstett hat alles erreicht, wovon andere nur träumen können: Seine Karriere scheint ungefährdet, sein Familienleben ist glücklich – wenn da nicht seine Vorliebe für käuflichen Sex der übelsten Spielart wäre. Als die Prostituierte Elena plötzlich tot im Bett liegt, erhält er unerwartete Hilfe, die aber ihren Preis hat und Jahre später nicht nur ihn, sondern auch den gut aussehenden „Reza“, der endlich aus dem Milieu ausstiegen will, in einen tödlichen Sog zieht …

ISBN 978-3-937782-86-7, Broschur, 312 Seiten, 11,90 €

Peter Jackob: Narren-Mord. Ein Mainzer Fastnachts-Krimi

Nun aber erscheint erst mal „Narren-Mord“, ein Krimi mit viel abstrusem Witz, der auch für Nicht-Mainzer und Fastnachtsmuffel einiges zu bieten hat. Denn wer nur den Fall verfolgt, kommt hier genauso auf seine Kosten wie der alteingesessene Spezialist. Beide werden ihren Spaß haben an dem merkwürdigen Kommissar, dessen Horizont kaum über die Mainzer Altstadt hinausreicht, für den Frauen eine fremde Welt sind – und der dennoch einen der verzwicktesten Fälle in der Mainzer Regionalkrimigeschichte löst. (Rhein-Zeitung)

Peter Jackobs Krimi ist Mainz pur, der jeden, der die Stadt zur Fastnachtszeit kennt, an vielen Stellen schmunzeln lässt. Gleichzeitig gelingt es ihm, inmitten des närrischen Treibens eine Krimihandlung voranzutreiben, die bis zum Schluss spannend bleibt. (..) „Narren-Mord“ – solide Krimi-Kost in närrischer Kulisse. (AZ)

ISBN 978-3-937782-87-4, Broschur, 200 Seiten, 9,90 €